사랑은 외나무다리에서

2

청어
람

사랑은 외나무다리에서 2

초판 1쇄 찍은날 2025년 01월 31일
초판 1쇄 펴낸날 2025년 02월 14일

글 임예진
펴낸이 서경석
총괄 서기원 **책임편집** 김세령 배현아 서지혜 황창선
기획·마케팅 박문수 **디자인·제작** 이문영

펴낸곳 도서출판청어람
출판등록 1999년 05월 31일(제38-7-1999-000006호)

주소 서울특별시 구로구 디지털로272, 404호
전화 02-6956-0531
팩스 02-6956-0532
메일 chungeoram_book@naver.com

ISBN 979-11-04-01458-1 04680
        979-11-04-01456-7 (세트)

KOMCA승인필

사랑은 🌸
외나무다리에서 2

2024년 독목고등학교 수업 계획서

교과목명 사랑은 외나무다리에서

교과구분 12부작 미니시리즈 로맨틱 코미디

수업목표 네 원수를 사랑하라!

수업개요

세기의 사랑이라 일컬어지는 "로미오와 줄리엣"
두 사람이 열렬한 사랑에 빠지고 죽음에 이르기까지
걸린 시간은 일주일 남짓이었다고 한다.

세상의 쓴맛은 혀끝에도 대보지 못한 어린 나이
사랑의 황홀함만 맛보기에도 짧은 시간
그리고 죽음으로 완전히 완벽해진 사랑 대신
로미오와 줄리엣이 죽지 않았다면,
죽음 대신 오해 속 증오로 얼룩진 이별을 했다면,

그리고 18년의 세월이 흘러 적당히 지치고 바랜
보통의 어른이 되어 다시 만났다면?

여기, 남자 석지원과 여자 윤지원이 그렇게 다시 만났다.
같은 날 같은 이름으로 태어난, 집안 대대로 원수인
희대의 라이벌이자 눈만 마주치면 싸우는 트러블메이커.

아무도 모르게, 있는 힘껏 사랑했던 열여덟의 여름은 식어버렸고
사랑 같은 건 이제 좀 우습고 지겨운 나이가 되어
달갑지 않은 재회를 하고 만 서른여섯의 로미오와 줄리엣.

흘러버린 세월 속에 남은 건 서로를 향한 분노와 원망뿐인
두 소꿉원수의 전쟁 같은 로맨스를 통하여
치졸하고 구질구질하며 유치하기 짝이 없는
그러나 동시에 세월에 지치고 세상에 꺾인 서로에게
단 하나의 구원이자 기적이 될,
당최 종잡을 수 없는 이 사랑의 행로를 함께 지켜보자.

목차

석지원 (36세) 석반건설 전무이자 독목고 이사장

타고난 쾌남이다. 어렸을 때부터 공부도 잘했고 운동도 잘했다. 잘 놀고 잘 뛰고 잘 웃고 잘 먹었다. 남학생들 사이에서는 믿음직하고 재미있는 리더였고, 여학생들에겐 늘 선망의 대상이었다. 그런데 이상하게도 윤지원에게는 달랐다.

일곱 살, 골목대장 자리를 윤지원에게 뺏긴 걸 시작으로 초등학교 때 저보다 살짝 커버린 윤지원에게 달리기를 지면서 큰 시름에 빠졌으며 키가 훌쩍 커버린 중학교 때부터는 더 이상 싸움이나 달리기에선 적수가 안 됐지만, 곧잘 전교 1등 자리를 내주었다. 야무지게 얄미운 기집애. 그 애 앞에선 어쩐지 덜렁대고 당황하고 멍해지는 날들이 많았다. 이 울렁거림이 대체 무엇인지 석지원은 오랫동안 알지 못했다.

그래서 고등학교 2학년 어느 날 급식실에서,
여느 때처럼 윤지원과 성적으로 시비가 붙었던 그날 불쑥 말해버린 것이다.
이번 기말고사에서 내가 너 이기면, 너 나랑 사귀자고.

중간고사 성적은 윤지원이 전교 1등 석지원은 전교 6등이었다. 희던 귓바퀴가 빨개지며 어이가 없다는 듯 허, 하고 웃던 윤지원은 지나치게 예뻤다. 기말고사가 지나고, 석지원은 내내 자신을 흔들던 감정이 무엇인지 정확히 깨달았고 둘은 열여덟의 여름을 앞두고 뜨겁게 사랑에 빠졌었다. 세상 그 누구도 모르게. 가을의 시작과 함께, 집안끼리의 반목과 운명의 장난으로 둘은 지독한 오해 속 아픈 이별을 했고 18년 후, 독목고의 이사장이 되어 윤지원과 재회한다.

그리고 평온했던 그의 일상이 윤지원으로 인해,
사정없이 흔들리기 시작하는데.

윤지원 (36세) 체육 교사. 창의체험부 소속

고등학교 시절 '독목고 미친개'라는, 주로 교사에게 주어지는 별명을 입학 3개월 만에 거머쥔 소녀였다. 강자에게 강하고 물정 모르는 약자에도 강하고 불의는 1초도 못 참고 편협한 정의를 혐오하며 악습과 불합리는 따지고 고쳐야 직성이 풀리는 고삐 풀린 야생마 같던.

학생회에 들어가 툭하면 대자보를 붙이고 선생님들과 자주 싸웠으며 학생들과도 가끔 싸웠다. 그러나 따지고 보면 다 맞는 말인 데다 그야말로 미친개처럼 덤벼들었기 때문에 누구도 그녀를 크게 어쩌지는 못했고 사실 언제나 당당한 윤지원을 좋아하는 사람도 많았다. 티 나지 않는 세심함으로 약자를 도왔고, 음치임을 부끄러워하지 않고 축제 무대에 올라 노래를 불렀으며 체육대회 계주에선 마지막 주자로 나서 번번이 역전을 이뤄내 영웅이 되곤 했다. 그리고 그럴 때마다 세상에서 가장 사랑스럽게 웃던, 반짝이는 청춘이었다.

그러나 대학 졸업 후 들어간 회사에서 동료의 성추행 문제에 총대를 메고 나섰다가 거하게 뒤통수를 맞았다. 내부고발자를 향한 차가운 시선과 오랜 소송, 믿었던 사람들에 대한 배신감에 설상가상 부모의 죽음까지 겹치며 윤지원은 바닥의 바닥까지 무너졌다.

겨우 정신을 차려 다시 공부를 하고 할아버지 윤재호가 이사장으로 있는 독목고의 체육 교사가 되면서 윤지원은 정의니, 신념이니 하는 것들을 제 안에서 완전히 지웠다. 그냥 적당히 세상과 타협하면서 누구와도 대립하지 않고 조용히, 고요한 연못처럼 살고 싶었고, 그렇게 살고 있다고 생각했다.

석지원이 재단을 사들이고 뻔뻔하게 이사장으로 제 앞에 나타나기 전까지는.

석지원은 윤지원이 처음 빠진 사랑이었고, 최초의 죄책감이자 좌절이었다. 석지원의 집안이 자신의 할아버지 때문에 몰락한 후, 마치 그 여름의 사랑이 모두 환상이었던가 싶게, 그녀 앞에서 매몰차게 사라진 석지원을 당연하다고 여기면서도 죽을 만큼 그리웠고 그만큼 미워했다.

물론 그 또한 어릴 때 이야기다.
석지원과 재회했을 때 18년이나 지난 짧고 어렸던 연애를 가지고
치사하게 굴고 싶은 마음 따위 없었고,
남은 감정 역시 없다고 생각했는데.

분명 그랬는데...!

공문수 (29세) 전직 국민 스타였던 고교수영 선수. 독목고 체육과 교생

치명적인 부상 후 수영계를 떠나 교직으로 마음을 돌렸고 독목고 체육과 교생으로 실습을 나왔다. 길을 걸으면 알아보는 사람이 소싯적 열 명 중 열한 명이었는데 지금은 열 명 중 서넛 정도다. 그것도 마음먹고 아주 번화한 곳을 꽤 돌아다녀야. 그게 다 머리를 기른 후 지나치게 잘생겨진 내 탓이라고 긍정적으로 생각한다.

사실 오래전 공문수는 윤지원에게 제 바닥을 보여주고 그녀의 바닥 또한 보았던 적이 있다. 병원에서 부상으로 수영을 더 이상 할 수 없다는 선고를 받고 옥상에 올랐을 때, 별도 달도 없이 깜깜하기만 하던 그 밤에 윤지원이 있었다. 부모를 잃은 윤지원과 수영을 잃은 공문수는 같은 이유로 옥상에 올랐던 터였다.

그날 공문수는 윤지원 때문에 목숨을 건졌고, 홀연히 사라진 그녀가 오래 궁금했다. 궁금함은 그리움이 되었고 독목고에서 다시 만났을 때는 아마도, 사랑이 되었던 것 같다.

윤지원은 그날을 전혀 기억하지 못하는 것 같지만.

차지혜 (36세) 수학 교사, 진학부

윤과 석의 어린 시절 친구. 맨날 싸워대는 윤지원과 석지원을 보며 혀를 차던 어른스럽고 조용한 아이였다. 특히 윤지원과는 늘 붙어 다니며 친하게 지냈는데 그런 윤지원에게도 말하지 못한 그녀의 비밀은 오랫동안 석지원을 혼자 좋아했던 것이다. 고등 2학년이 되어 윤지원과 석지원, 둘과 같은 반이 되었고, 마음은 무럭무럭 자랐다. 하지만 모두의 사랑과 동경을 받는 석지원에게 마음을 고백하기는 쉽지 않았다.

꼭 같은 대학에 들어가서 고백해야지.
지혜의 목표는 그것이었다.

그러나 고2 가을에, 석지원네가 쫓기듯 마을을 떠난 후 앓아누운 윤지원을 찾았다가 차지혜는 아무도 몰랐던 두 사람의 연애를 알게 되고, 참을 수 없는 비참함과 분노를 느낀다.

윤재호 (85세) 윤지원의 할아버지이자 독목고의 전 이사장

지역에서 가장 큰 운수회사를 운영하며 동시에 독목고 재단을 이끌었다. 독목고는 그의 인생이자 자부심이었다. 그러나 아들과 며느리를 동시에 잃고 아들이 재단의 돈을 끌어 제 사업에 썼다는 사실이 밝혀져 재단까지 어려움에 처하자 크게 휘청한다.

하지만 그에게는 하나뿐인 손녀 윤지원이 있었고, 무너질 수 없었다. 늙고 지친 몸으로 온갖 애를 다 써봐도 재단은 점점 망가져 간다. 결국 자신에게 깊은 복

수심을 가진 석경태에게 재단을 넘길 수밖에 없는 상황이 오지만 그래도 윤재
호는 웃었다.

학교가 안정되어 학생들이 마음 편하게 공부하게 된다면 자신의 굴욕 정도는
아무것도 아니라고 생각한다. 그저 관사에 머물며 낙엽을 쓸고 꽃과 나무를 가
꾸며 남은 생을 살면 좋겠다 했건만, 윤지원과 석지원 둘의 관계가 심상치 않다.

운명은 그를 다시 한번 시험한다.

<석지원의 가족>

석경태 (65세) 석지원의 아버지. 석반건설의 회장

18년 전, 윤지원 집안 때문에 사업이 힘들어졌고 그로 인해 윤씨 집안에 원한이
깊다. 툭하면 버럭 소리를 지르기 일쑤고, 뭐든 제멋대로인 인물. 독목고 재단
을 사들이고, 윤재호에게 굴욕적인 복수를 할 생각에 들뜨지만 어쩐지 뜻대로
되는 일이 없다.

한영은 (63세) 석지원의 어머니

유쾌하고 활발한 성격이다. 극성스러운 남편과 달리 아들 석지원을 전적으로
믿고 응원해 준다.

안수자 (82세) 석경태의 어머니이자 석지원의 할머니

젊은 시절 윤지원의 할아버지 윤재호와 석지원의 할아버지 석반희에게 동시 구

애를 받으며 온 마을이 떠들썩하게 연애를 했었더랬다. 석반희를 택했고 결혼을 하고 그가 먼저 세상을 뜬 후에, 말도 많고 탈도 많은 석씨 집안의 어른으로 산전수전을 다 겪었다. 막무가내인 석경태가 유일하게 꼼짝 못 하는 상대다.

<독목고 선생님들>

지경훈 (59세) 독목고 행정실장

윤지원 아버지인 윤호석의 친구이자 동업자였다. 어린 시절 부모를 잃은 그를 윤재호가 데려와 아들처럼 키웠다. 그래서 친구인 윤지원 아버지의 죽음 이후, 쇠약해진 윤재호와 윤지원을 물심양면 보필하며 무너져가는 학교 살림을 맡고 있다. 두 사람이 가장 신뢰하고 의지하는 사람이기도 하다. 꼼꼼하고 치밀하다.

맹수아 (36세) 수학 교사, 창의체험부

윤지원과 동료 교사로 만나 단짝 친구가 되었다. 지혜와 같은 수학과 교사로 서로를 격렬히 혐오하고 자주 다툰다. 물렁해진 윤지원은 그저 허허 웃지만, 은근슬쩍 윤을 무시하고 염려인 척 아픈 곳을 찔러대는 차지혜가 꼴 보기 싫어서 싸움닭처럼 굴고 있다.

교사의 사명감이니 참된 스승이니 하는 말을 제일 싫어하며 월급만큼만 가르치고 승진하는 게 목표다. 동료든 학생이든 질척이는 감정을 주고받는 것도 질색이나 동료를 넘어 친구가 된 윤지원에게는 제 감정을 잘 내보이고 그녀를 진심으로 걱정하고 아낀다.

가난한 부모와 형제들을 책임지는 가장으로, 끝이 보이지 않는 가난에 대한 중압감과 책임감을 가벼운 연애로 해소하며 산다. 잘 반하고 잘 꼬시고 화끈하게 연애하고 금방 헤어진다.

숙취가 있을 때마다 보건실 신세를 지면서 홍태오와 자주 엮인다. 선생 같지 않은 자신을 홍태오가 한심해한다는 걸 잘 알고 있다. 부처님에게 미움받는, 그의 잔잔한 마음을 분노로 요동치게 할 수 있는 유일한 사람이라는 요상한 자부심(?)이 있다.

홍태오 (39세) 보건교사. 창의체험부

지적이며 점잖고 잘생긴 보건교사다. 간호사로 5년쯤 근무하다 보건교사가 되었다. 호수처럼 고요하고 어떤 상황에서도 의연하며 다정하다. 학교 공식 일꾼인 윤지원을 곧잘 도와주고, 힘든 티를 내지 않는데도 알아보고 위로해 준다.

변덕수 (50세) 국어 교사. 진학부 부장

윤지원과 석지원의 고2 시절 담임선생님이었다. 오지랖이 넓고 말하기를 좋아하긴 하나 따뜻하고 유쾌한 사람이다.

이재규 (48세) 화학 교사. 창의체험부 부장

주식으로 인생 역전할 꿈을 꾼다. 변덕수와 붙어 다니며 교내의 각종 소문과 사건에 관심이 많다.

강영재 (55세) 독목고 교감

교장직무대리 중이다. 진짜 교장이 될 날만을 기다리고 있다. 출세에 관심이 많고, 처세에 능하다.

장온유 (27세) 국어 교사. 진학부

쾌활하고 사람들과 잘 어울리는 성격. 체육과 교생으로 온 공문수의 팬으로, 동료로 온 그에게 관심이 있다.

<윤지원의 반 학생들>

고해수 (18세)

2-1반 반장. 공부 말고는 아무것도 못 하는 모범생. 정확히는 공부와 관련되지 않은 것은 쓸모없다고 생각해 아예 관심이 없다. 툭하면 분위기를 흐리는 기석이 별로다.

엄기석 (18세)

공부 빼고는 모든 걸 잘하는 만능 재주꾼. 운동 노래 악기 개그, 못하는 게 없고 모든 걸 기꺼이 즐기며 바쁘게 산다. 모두가 기석을 좋아하는데, 유일하게 해수만이 자신을 미워하고 그 사실을 숨기지도 않는다는 걸 잘 안다. 그러라지, 저 역시 공부밖에 모르는 따분한 고해수 따위 딱 질색이다.

김유미 (18세)

고해수와 단짝이다. 해수를 동경하면서도 질투한다. 극성인 엄마 때문에 불안하고 힘겨운 날들을 보내고 있다.

정율 (18세)

윤지원의 반으로 전학 온 학생. 늘 엎드려 있고 아무와도 어울리지 않지만, 전학 직후 중간고사에서 전교 1등을 해 모두를 놀라게 한다.

일러두기

1 임예진 작가의 집필 방식을 최대한 따랐습니다.

2 드라마 대사는 글말이 아닌 입말임을 감안해, 한글맞춤법과 다른 표현이라 해도 최대한 살렸습니다.
   지문의 경우 한글맞춤법을 최대한 따르되, 어감을 살리기 위해 그대로 둔 표현도 있습니다.

3 물음표, 마침표, 쉼표 등 문장 기호의 표기는 작가의 의도를 따랐습니다.

4 대본에 사용된 '/' 표기는 짧은 장면 전환을 의미하는 작가의 표현입니다.

5 미방영 내용이 포함되어 있으며, 방송된 부분과 다를 수 있습니다.

용어정리

E 효과음(Effect)을 뜻하며, 보통 등장인물은 보이지 않고 목소리만 들리는 경우에 주로 사용한다. 휴대폰 소리, 사이렌 소리 등 모든 효과음이 해당한다.

인서트 화면의 특정 동작이나 상황을 강조하기 위해 삽입한 화면을 뜻한다.

몽타주 따로따로 편집된 장면들을 적절하게 떼어서 붙여 하나의 긴밀하고 새로운 장면을 만드는 것을 뜻한다.

cut to 가까운 공간 안에서의 각도 전환을 의미한다.

F 필터(Filter)의 약자로, 전화기 너머의 목소리나 마음속으로 하는 이야기 등을 표현할 때 사용된다.

N 내레이션(Narration)의 약자로, 장면 밖에서 들려오는 목소리를 나타낸다.

제 7 회

#1. 라일락 벤치 근처. 밤

석지원의 손바닥 위로 내려앉는 보랏빛 라일락 꽃잎 하나.
석지원 멍하니 제 손바닥 위에서 하늘거리는 꽃잎을 보고 있다.
다섯 갈래로 갈라진 라일락 꽃잎이 반짝 빛을 낸다.
순간 뭔가 떠오른 석지원.
당혹감으로 눈이 커지다가 이내 질끈 감고 만다.

#2. 떠오르고 만 석지원의 기억 몽타주 빠르게

1. 약국. 밤 (5회 #70.)
약을 사서 먹는 석지원.

2. 사택. 석지원의 방. 밤 (5회 #72.)
힘겹게 일어나 재킷을 벗는 석지원.

3. 옛 윤지원의 집 담벼락. 밤 (5회 #82. 석지원의 꿈)

멀어지는 윤지원을 따라가 손을 잡으려던 순간.

4. 사택. 석지원의 방. 밤 (5회 #83. #87.)
윤지원의 손목을 잡는 석지원의 손.
윤지원에게 입을 맞추는 순간.

#3. 라일락 벤치 앞. 밤

떠오른 기억에 머리를 짚으며 비틀하는 석지원.
그 옆에 서서 흐드러진 미친 라일락을 보며 경악한 윤지원.
석지원, 고개를 돌려 그런 윤지원을 본다. 무슨 짓을 한 건가,
당황과 죄책감에 윤지원을 향해 한발 다가가며.

석지원   ...생각났어. 그날 밤... 내가, (하는데)
윤지원   이... 미친...!

거칠게 석지원을 밀치고 미친 라일락을 향해 바짝 다가가는 윤지원.
실제일 리 없다는 듯 눈을 비벼본다. 휘청하는 석지원.

윤지원   (분노) 미친 나무 이거, 이게 진짜 제대로 미쳤... 지금 어디서 감히 꽃
          을...
석지원   (보면)
윤지원   (나무를 발로 차며) 이런... 씨... 이 꽃 같은...!

하다가, 아픈 발목 때문에 휘청거리면 석지원 그런 윤지원을 턱 잡아
준다.
눈을 뾰족하게 뜨고 돌아보는 윤지원.

윤지원	왜요!
석지원	내가, 생각이 다 났다고.
윤지원	(버럭) 뭐가!
석지원	그날 밤이!
윤지원	밤? (얕게 기침을 하고는) 무슨 밤?
석지원	...감기 그거 나한테 옮은 거잖아.
윤지원	(!!!! 얼어붙어 보면)
석지원	(긴장한 얼굴로) 나는... (하는데)
윤지원	하지 말죠.
석지원	(보는) 뭘 하지 말죠?
윤지원	(침을 꿀꺽 삼키고) 기억이 났든 말든 키... 그게 뭐 대단한 일이라고.
	이제 와서 서로 소회를 나누는 것도 웃기잖아요?
	그냥 똥 밟았다 생각하고 잊어줄 테니까 더는 말하지 말자고요.
석지원	(화가 나서 보는) 뭘 밟아요?
윤지원	(도도하게 지나치며) 없던 일로 하자고요. 내가 그렇게 해준다고.
석지원	(막아선다)
윤지원	말했잖아요. 더 얘기하기 싫다니까요?
석지원	아 그래요? 뭐 좋습니다. 그 얘긴 그만하죠.
윤지원	(새침하게 흘겨보고 다시 가려는데)
석지원	근데 우리 다른 할 말이 있지 않나?
윤지원	(멈칫하지만) 아뇨?
석지원	있잖아. (턱으로 까딱 나무 가리키며) 연애해야죠, 나랑.
윤지원	(하얗게 질려서) 무슨 그런 끔찍한 소릴... 저기요, 이사장님!
석지원	내기했잖아요. 꽃이 피었고, 내가 이겼고.
윤지원	아니 그렇긴 한데, 그렇다고 어떻게 우리가 연애를... 말이 됩니까?
석지원	말이 되든 말든 내기는 내기니까.
윤지원	정신 차리세요, 제발!
석지원	정신이 나갔든 말든 내기는 내,
윤지원	(버럭) 아니 그렇게 욱해서 쉽게 얘기하실 게 아니라고요!

석지원   더 쉽게 얘기해 줄까요? 오늘부터 우리...
윤지원   (보면)
석지원   (훅 다가와 귀에 대고 속삭) 1일.

윤지원 질끈 눈을 감는데. 싸늘하게 웃어 보이고는 휙 몸을 돌려 가는
석지원.
야속하게도 만개한 라일락 나무에서 암전.

#4. 상동. 낮

밤의 라일락 나무에서 서서히 밝아지면, 나무 아래 모여서 웅성대고
있는 학생들. 그 사이에 공문수가 서서 물끄러미 나무를 본다.

#5. 학교 복도. 낮

텅 빈 복도. 창밖을 내다보고 있는 차지혜. 저만치 사람들이 모여 있
는 미친 라일락이 보인다. 햇살 아래 활짝 핀 꽃들이 어지럽게 흩날리고.
어깨에 멘 가방에서 윤지원의 핸드폰을 꺼내 가만히 내려다보는 차지혜.
마음이 복잡하다. 시무룩한 얼굴로 다시 가방에 넣고 몸을 돌려 걸어
간다.

#6. 교무실. 낮

윤지원 자리를 둥그렇게 둘러싸고 웅성대는 변덕수와 이재규 맹수아
장온유.
어정쩡한 미소를 지으며 서류 정리를 하는 윤지원. 트레이닝복 차림

이다.

차지혜가 걸어와 선생님들과 대충 인사를 나누고 제 자리에 앉는다.

장온유   (신난) 세상에... 진짜 꽃이 필 거라고는 생각도 못 했어요.

윤지원   (힘없이) 저도요.

이재규   그러니까 이사장님도 꽃이 핀 걸 봤다는 거지?

윤지원   봤겠죠... 눈이 있으니까...

변덕수   그래? 뭐래? 지원이는 뭐래?

윤지원   (눈빛 불안한데 애써) 아유, 뭘 뭐래요. 다 장난이지.
다 큰 어른들이 그런 돼먹지 못한 내기로 진짜 연애라도 할까 봐요?

맹수아   아... 아깝다. 나라면 그 내기 안 놓친다.

윤지원   (살짝 째려보며 뭐라 하려는데)

차지혜   (몸만 기울여서) 맹쌤은 이게 재밌어요? 윤쌤이나 이사장님이나 이성과 지성을 갖춘 어른들인데 당연한 얘기지, 아깝긴 뭐가 아까워요?

맹수아   (지지 않고) 나라면...! 이성과 지성을 못 갖춘 나라면 그렇다고요.

변덕수   모여서 뭔 얘기만 하면 둘이 싸우면서 끝나더라...

윤지원   (지쳐서) 그러니까 그만 모이는 게 어떨까요? 여러분이 생각하시는 그런 일은 절대 일어나지 않을 거...

하는데, 불쑥 사람들 틈으로 들어와 윤지원의 책상에 살짝 걸터앉는 석지원.
윤지원과 마주 보는 모양새로 몸을 틀더니 화사하게 웃는다.
선생님들 일제히 얼어서 보고 있고, 윤지원 하얗게 질려가는데.

석지원   (핸드폰 들어 살짝 흔들며) 연락이 안 돼서요.

윤지원   예? 그게 제가 핸드폰을...

석지원   퇴근하고 뭐 합니까?

윤지원   예?

석지원   (빤히 보며 다정하게 씩 웃으면)

윤지원   (제발 하지 말라고 작게 고개를 젓는데)
이재규   (눈 반짝이며) 외람되지만, 그건 왜 물으시는?
석지원   아, 끝나고 데...

         윤지원 벌떡 일어나, 석지원의 입을 막다시피 하며 문으로 마구 밀기
         시작한다.
         와중에 책상에 놓인 아무 서류 하나를 움켜쥐고.

윤지원   아! 보고서요? (서류 흔들며) 지금! 지금 보고드릴게요! 가시죠!!

         억지로 석지원을 밀어서 교무실 밖으로 나가는 윤지원.

맹수아   우리 윤쌤이 들고 간 서류...
장온유   저도 봤어요. 이번 달 급식 메뉴표!

         한층 흥미진진해지는 표정들. 이재규와 변덕수, 뭔가 깨달은 듯 서로
         를 본다.

변덕수   아, 이게 바로 그...
이재규   도파민...
변덕수   개터짐!

         차지혜 노트북을 탁 덮고 일어나는 데서.

#7. 이사장실. 낮

         이기하가 책상에 서류를 하나 내려놓고, 소파로 걸어와 막 앉으려는데.
         거칠게 열리는 문으로 쏟아져 들어오는 석지원과 윤지원.

놀란 이기하, 얼떨결에 소파 옆에 쪼그리고 앉아 몸을 숨긴다.
윤지원 냅다 석지원을 밀어버리면 소파에 털썩 주저앉는 석지원.

윤지원	미치셨나, 정말!
석지원	그러게 왜 연락을 안 받습니까, 사귀는 사이에. 섭섭하게.
윤지원	핸드폰 잃어버렸다고요!
석지원	...언제요? 어제 서울 갔을 때 잃어버렸나, 혹시?
윤지원	네! (하다가) 그게 중요한 게 아니라 지금 뭐 하는 거예요?
석지원	몰라서 물어요? 우리 어제부터,
윤지원	진짜 연앤지 뭔지를 하자고요, 나랑? 1학년 1반부터 3학년 6반까지 소문 퍼지는 데 10분이면 차고 넘치는 이 학교에서?
석지원	(얄밉게 끄덕이면)
윤지원	그쪽과 나를 모르는 사람이 다섯 명도 안 되는 이 동네에서?
석지원	기꺼이.
윤지원	내가 죽어도 못하겠다면?
석지원	(일어나며) 그런 게 어딨습니까. 내기를 했으면 지켜야지.
윤지원	내기고 나발이고 내가 안 한다는데 뭐 어쩔 건데요, 뭐, 뭐, 경찰에 신고라도 하게? 확 그냥 자르게요? 것도 아니면 깔끔하게 한 대 치든가.
석지원	왜 이렇게 당당하지? 이럴 거면 애초에 응하지 말았어야죠.
윤지원	작정하고 사람을 코너로 몰아대니까 그런 거 아니에요! 예나 지금이나 얍삽하게 진짜...
석지원	얍삽?
윤지원	아니, 따지고 보면 옛날에 한 내기 그쪽도 안 지켰네. 누나라고 안 불렀잖아요?
석지원	(어이가 없어서) 누나가 여기서 왜 나옵니까? 무슨 억지야?
윤지원	억지는 여기서 우리가 사귀는 게 억지예요.
석지원	아니 내기를 했으면,
윤지원	이사장님.

석지원	(보면)
윤지원	열여덟, 아니잖아요. 우리?

뭔가 말하려다가 마는 석지원. 윤지원 단호한 얼굴로 짧게 인사를 하고 나간다.
석지원, 어쩐지 억울하고 섭섭하기도 하다. 신경질적으로 넥타이를 풀며 책상 쪽으로 몸을 돌리다가 쪼그려 앉은 이기하를 발견하는.

석지원	아, 깜짝... 여기서 뭐 해?
이기하	(일어나더니 지그시 보는) 전무님, 연애가 하고 싶으세요?

#8. 운동장 농구대 앞. 낮

농구공 보관대가 서 있고, 질린 표정의 윤지원을 에워싸고 있는 학생들.
공문수가 그런 윤지원 앞에 서서 학생들을 막아주고 있다.

학생1	쌤, 이사장님이랑 진짜 사귀어요?
윤지원	(학생들 헤치고 걸어가며) 아니.
학생2	다이아 반지 받으셨다던데 진짜예요?
윤지원	(양손 들어 보이며) 안 받음.
학생3	에이, 혼인신고 하셨다던데.
윤지원	(멈춰서서 허공을 보며 한숨을 내쉬면)
공문수	(얼른 학생3에게 장난스레 헤드락을 걸며) 그만!
	그만들 하고 빨리 줄 서! 수업 시작이야.

아쉽다는 듯 야유하는 학생들을 윤지원에게서 떼어놓는 공문수.

#9. 이사장실. 낮

창밖을 바라보며 나란히 선 석지원과 이기하. 운동장에는 수업 중인
윤지원.
석지원 눈이 윤지원의 움직임을 따라간다.

이기하   내기일 뿐이다, 이 말씀이시죠?
석지원   당연하지. 다른 뭐가 있겠어.
이기하   (슥 보며) 그런 것치고는 굉장히 간절해 보이...
석지원   (휙 째려보면)
이기하   (눈 피하며) 제 말은... 그렇게 연애, 아니 내기에 안달이 나 있다는 걸
        들키면 안 된다는 거죠.
석지원   (관심 없다는 듯) 그럼?
이기하   나도 너한테, 아니 이 내기에 관심이 없는 척, 안 해도 그만이라는 듯
        무심하고 냉정하게. 그런데 어딘가 상처받은 것처럼.
        그때부터 (창밖 가리키며) 체육 선생님은 전무님을 신경 쓰게 되겠죠.
        어머 왜 저럴까...? 하면서. 신경 쓰이기 시작하면 게임 끝이거든요.

수업이 끝나는 종이 울린다. 석지원 말없이 창밖을 보고 있다.
아이들에게 둘러싸인 윤지원을 보호하듯 서서 웃고 있는 공문수가 보
인다.

석지원   (찌푸리는) 됐어. 난 그런 유치한 수작은 필요 없어.

#10. 중간고사 + 석지원의 당당한 수작 몽타주

1. 교무실. 낮
교무실 벽에 붙은 커다란 칠판. 〈중간고사〉 적혀 있고.

아래는 선생님들의 감독 스케줄이 적혀 있다. 그 아래 있는 사물함에 시험지와 OMR카드가 든 봉투가 반별로 빼곡히 꽂혀 있다.
선생님들 저마다 와서 칠판을 확인하고 봉투를 빼서 나가는 데서.

2. 이사장실 앞 복도. 밤
걸어오는 윤지원. 그때 이사장실 문 열리며 불쑥 나오는 주먹. 보면 석지원이다.
손을 펼치면 6회 #66.의 잎이 다섯 갈래로 갈라진 라일락 꽃잎이다.

석지원   받아들여요.
윤지원   (입을 손바닥 가까이 대고 후 불어서 꽃잎을 날리고 간다)

3. 2-1반 교실. 낮
장온유 교탁 앞에 서 있고 시험을 치는 학생들. 성의 없이 마킹을 하다가 대충 덮고 엎드려 버리는 엄기석과 무섭게 집중한 고해수,
불안한 얼굴의 김유미. 무표정한 얼굴로 빠르게 문제를 푸는 정율.

4. 교무실. 낮
창가에 서서 커피를 마시는 윤지원. 더러 앉아 있는 다른 선생님들.
그때 창밖으로 스윽 모습을 드러내는 석지원. 씩 웃으며 윤지원에게 뭔가 말하려는데 야멸치게 커튼을 확 치는 윤지원.

5. 2-1반 교실. 낮
교탁 앞에는 윤지원. 마지막 시험 시간인 듯, 종이 울리면 답안지를 걷기 시작한다.
기뻐하며 환호하는 아이들. 지친 듯 크게 한숨을 쉬는 고해수.
시무룩한 얼굴로 엎드리는 김유미. 깊은숨을 내쉬는 정율 등등.

6. 학교 중정. 낮

답안지가 든 봉투를 들고 걷고 있는 윤지원. 뒤에서 코너를 돌아 나타나는 석지원.
주변 둘러보면 아무도 없다.

석지원   저기요.
윤지원   (들었지만 발걸음 더욱 빨리하면)
석지원   윤지원 선생님, 저기요.
윤지원   (더욱 빠르게 걷는다)
석지원   저기... (하다가 약간 크게) 자기야!

윤지원 화들짝 놀라 주변을 살피며 달려오는.

윤지원   미쳤어요?
석지원   자기야 이런 거 좋아하시는구나. 반응이 바로... (하는데)
윤지원   (석지원 정강이를 야무지게 차고 가는)

#11. 사택·부엌·밤
~~~~~~~~~~~~~~~~~

식탁에 둘러앉은 윤재호, 공문수, 윤지원. 삼겹살을 굽는 중이다.
공문수가 쌈을 싸서 윤재호 입에 넣어주고 하나를 더 싸서 윤지원에게 내민다.

윤지원   아우, 됐어. 공쌤 많이 먹어.
공문수   아이 그냥 드세요, 빨리. 팔 아파요!

됐다고 손사래 치며 웃다가 결국 받아먹는 그때, 거실로 들어오는 석지원. 두 사람을 보고는 미간이 꿈틀한다. 들려오는 이기하의 목소리.
(#9. 이사장실)

이기하(E) 나도 너한테, 아니 이 내기에 관심이 없는 척, 안 해도 그만이라는 듯
         무심하고 냉정하게. 그런데 어딘가 상처받은 것처럼.

윤재호   어이, 이사장. 배가 고파서 우리 먼저 판 벌였네. 손만 씻고 와 앉아.
석지원   (건조하게) 아닙니다. 저는 속이 좀 좋지 않아서.
윤재호   아이구 그렇다고 저녁을 굶으면 쓰나...

         윤재호에게 공손히 고개를 숙여 보이고는 2층 계단 쪽으로 가는 석지원.
         윤지원과 잠깐 눈이 마주치면 싸늘하게 외면하고 간다.

윤지원   왜 저래...

#12. 사택. 2층 계단 앞. 밤

         막 2층 계단을 오르는 석지원. 윤지원의 얼굴을 살핀다. 즐거워 보인다.
         시무룩한 얼굴로 거실로 올라서는데 배도 고픈. 슬쩍 배를 문지르며
         계단을 오른다.
         거실 전등이 잠시 흐려지다가 다시 밝아진다.

#13. 사택. 부엌. 밤

         어두운 부엌. 씻은 듯 편한 차림으로 냉장고 앞에 선 윤지원.
         문을 열어 물을 꺼내다가 문득,

윤지원   멀쩡하게 생겨가지고 왜 툭하면 아파? (냉장고 문을 닫고 싱크대에 놓
         인 밥통을 열더니 냄비 하나를 꺼내는)
         아니 그리고 지가 왜 눈을 그렇게 떠? (냄비에 밥을 퍼 넣고 물도 한

컵 부어서 가스렌지에 올리는) 사람 신경 쓰이게 진짜...

신경질적으로 가스 불을 켜는 윤지원. 씩씩대면서도 죽을 만든다.

#14. 사택. 2층 거실. 밤

죽이 놓인 작은 쟁반을 들고 석지원의 방문 앞에 서 있는 윤지원.
잠시 고민하다 고개를 젓더니 계단 쪽으로 발길을 돌린다.
그러나 몇 걸음 못 가 다시 돌아오는. 대충 노크를 하고 벌컥 문을 열면.
책상에 등을 돌리고 앉아 있다가 흠칫 놀라며 뒤를 돌아보는 석지원.
손에 컵라면을 들고 막 한 젓가락 뜨던 참이다.
어이가 없어서 입을 떡 벌리고 보다가 돌아서려는 윤지원.
석지원 얼른 다가와 그런 윤지원을 방으로 끌어들이고 문을 닫는다.

석지원   죽이네요?
윤지원   어유, 하여간 내가 쓸데없이 마음이 약해서...
석지원   (웃음 나는) 신경 쓰였나, 내가 저녁을 굶어서?
윤지원   (얄밉다) 신경은 무슨. 한집 사는 사람끼리 인류애 뭐 그런 거라고 합
         시다, 나도. (돌아서는데)
석지원   (잡으며) 죽도 먹어보게 두고 가요. 맛있겠는데.
윤지원   (새침하게) 됐네요. 몰래 끓여 온 라면이나 맛있게 드시죠.

둘, 쟁반을 잡고 옥신각신한다. 그러다 손이 미끄러진 윤지원이 쟁반
을 놓치고.
바닥으로 떨어지는 쟁반과 죽그릇. 그와 동시에 민첩하게 발을 피하
는 윤지원.
질끈 눈을 감는 석지원. 그릇과 쟁반이 나뒹구는 소리 들리고 두 사람
동시에 내려다보면 석지원의 발에 하얀 죽이 잔뜩 튀어 있다.

짧게 터져 나오는 비명을 참는 석지원에서.

#15. 사택. 2층 욕실. 밤

욕조에 걸터앉은 석지원. 윤지원 그 앞에 삐딱하게 서서 샤워기로 발에 물을 뿌려주는 중이다. 석지원의 발등이 빨갛다.

윤지원   (중얼거리는) 애초에 저 방만 가면 내가...! 가는 게 아니었어.
석지원   내가 여기 들어와서 그쪽 땜에 이런 신체적 고통을 몇 번이나 당했는지 알죠? 한 번은 정신적인 충격도 함께.
윤지원   누가 들어오래.
석지원   혼자만 살겠다고 그 와중에 발을 피해요?
윤지원   민첩함을 좀 더 길러보세요.
석지원   어떻게 책임질 거예요.
윤지원   뭘요?
석지원   (탄식하듯) 아... 따가워.
윤지원   거의 식었구만 뭘. (짜증과 후회의 한숨을 내쉬면)
석지원   라일락 꽃 길어봐야 2주 피어 있는 거 알아요?
윤지원   근데요.
석지원   꽃이 지면 헤어집시다. 타협안입니다.
윤지원   그렇게 나를 차고 싶어요?
석지원   (빤히 보다가) 이렇게까지 질색하니까 오기가 생겨서.
윤지원   내가 또 거절하면 계속 이렇게 질척거리나요?
석지원   아마도.
윤지원   꽃이 질 때까지? 좋아요. 그래요 사귑시다. 대신 이런 유치하고 어이없는 놀음에 놀아나는 사람으로 보이기 싫으니까 사람들한테는 절대 비밀로 해주시고.
석지원   (손을 쭉 뻗어 내밀며) 콜.

윤지원, 보다가 샤워기를 슬쩍 올려 석지원 얼굴에 물을 찍 뿌리고 샤
워기를 끈다.
물이 뚝뚝 떨어지는, 황당한 표정의 석지원을 두고 휙 돌아서는 윤지원.

석지원   (얼굴 닦으며 웃긴) 내일 학교 끝나고 데이트합시다.
윤지원   네 알겠습니다. (이 악물고) ...자기야.

막 일어나다가, 놀라서 미끌하며 다시 욕조에 앉으며 어이가 없다는
듯 웃는 석지원.
이미 나간 윤지원이 힐끗 돌아보고는 쿵- 문을 닫는 데서 암전.

#16. 교사 식당. 낮
~~~~~~~~~

윤지원과 공문수 맹수아 차지혜가 앉아 밥을 먹고 있다.
그 옆에 식판을 들고 와 앉는 변덕수. 모두 인사를 한다.

변덕수   저기 선생님들? 오늘 월급날인데 회식 어때, 1차는 내가 쏜다.
맹수아   아... 저는 오늘 엄마 모시고 병원 투어 갑니다. 월급 털리러.
차지혜   전 오늘 좀 피곤해서...
변덕수   피곤한 거는 술을 마셔야 풀려, 지혜야. 윤쌤은?
윤지원   (괜히 침을 꿀꺽 삼키고) 저는 야... 약속이 있습니다.
공문수   누구랑요?
윤지원   ...친구.
맹수아   친구래 봐야 나 아님 차쌤인데 누굴까? 말을 더듬게 만드는 친구가?
윤지원   대학 친구. 아무도 모르는 나만의 대학 친구.
차지혜   너 대학 친구 만난다는 거 나 거의 처음 들어본다.
맹수아   (눈을 가늘게 뜨고 쿵쿵) 냄새가 나... 라일락 꽃 향기가...

하는데, 마침 식판을 든 석지원과 이기하가 옆을 지난다.
선생님들과 인사를 나누고 윤지원은 보는 둥 마는 둥 지나는.

변덕수   (윤지원 보며) 어어? 윤쌤한테 싸늘한데?
윤지원   그러니까요. 제가 따끔하게 말했거든요. 시답잖은 내기로 사람 괴롭
          히지 말라고.
공문수   (윤지원과 석지원을 번갈아 본다)
맹수아   이렇게 시시하게 끝을 낸다고? 넌 진짜 이사장님이 그렇게 싫어?
윤지원   (찔려서) 싫지! 완전 싫어. 이사장이랑 연애하느니 나 그냥 머리 깎고
          절에 들어갈 거야. 그게 나아.
차지혜   (씁쓸하게 웃고 혼잣말처럼) 옛날에도 들어본 말이네.
변덕수   (서글프게) 이 외롭고 가난한 기러기아빠가 쏜다는데도 술친구 해줄
          선생님이 정말 진짜 아무도 없는 거야? 공쌤도?
공문수   (어색하게 웃는) 다... 담에 다 같이 회식해요, 선생님.

윤지원 슬쩍 석지원을 보면, 태연한 얼굴로 밥을 먹고 있다. 작게 한
숨을 내쉰다.

#17. 교무실 복도. 낮

손에 치약과 칫솔을 들고 교무실을 향해 걸어오는 윤지원.
교무실 옆 상담실을 지나는데 슬쩍 열리는 문. 삐죽 고개를 내미는 석
지원.
화들짝 놀라는 윤지원. 주위를 둘러본다.

윤지원   (어이가 없어서) 뭐 하는 거지?
석지원   (작게) 어디서 어떻게 볼지 얘길 안 한 거 같아서요.
윤지원   ...그걸 지금 이렇게 튀어나와서? 비밀로 하자면서요?

석지원   (더 작게) 그래서 몰래 얘기하잖아요.

윤지원   (짜증 난 얼굴로 보면)

석지원   퇴근하고 주차장 내 차...

윤지원   오, 주차장에 세워진 그쪽 차에 타서 같이 나가자?
         완벽한 비밀이겠어요. 어이구 사람들이 정말 아무도 모르겠다, 그죠?

석지원   그럼...?

윤지원   (잠시 생각하다) 퇴근하고...

하는데, 교무실 문 열리고 나오는 변덕수. 윤지원 빠르고 강하게 석지
원을 상담실 안으로 냅다 밀어버리고 문을 닫는다. 쿵- 하는 소리가
들린다.
변덕수에게 자연스럽게 인사를 건네고 교무실로 들어가는 윤지원에서.

#18. 보건실. 낮

책상 앞에 앉아 노트북을 들여다보는 홍태오. 얼핏 검색창에 〈양소
권치과〉 보이고, 검색 버튼을 클릭하면 전화번호와 지도 등이 뜬다.
그때, 문 열리고 들어오는 엄기석. 홍태오 얼른 화면을 끈다.

홍태오   (미소로) 오늘 시험 끝났는데 아직 집에 안 갔니? 어디 다쳤어?

엄기석   (굳은 얼굴로 천천히 다가오는)

홍태오   어, 너 그때 해수 업고 온 친구네, 그치? 엄기석이던가?

엄기석   (해수의 이름에 얼굴이 꿈틀하는)

인서트 > 보건실 복도. 밤 (6회 #46.과 동일 상황)
살짝 열린 문틈으로 보건실 안을 들여다보고 있는 엄기석.
*침대에 누운 고해수와 그 앞에 앉아 해수의 뺨과 이마를 애틋하게 쓸
어주는 홍태오.*

비틀하며 뒤로 물러나는 엄기석. 충격에 빠진 얼굴로 천천히 문을 닫는다.

엄기석   (질끈 눈을 감았다 뜨고) 고해수...
홍태오   응? 해수?

엄기석 입을 달싹거리다가 차마 말 못 하고 휙 몸을 돌려 간다.
의아한 얼굴로 보는 홍태오.

#19. 이사장실. 낮

심각한 얼굴의 석지원. 그 옆에 팔짱을 끼고 서서 보고 있는 이기하.
보면 책상에 넥타이 서너 개가 놓여 있는데 다 비슷한 색깔들이다.

이기하   전무님, 이게 정말 최선이세요? 비슷비슷해 보이는 푸른 계열의 넥타
          이 서너 개를 두고 고민하시는 게?
석지원   다 다른 거야. 봐봐, 완전 달라.
이기하   드라마나 영화에 나오잖아요. 맨날 추리닝만 입고 만나던 사인데 별
          안간 멋진 슈트를 딱 떨쳐입고 나타났을 때 그 심쿵.
석지원   근데 난 늘 슈트를 입고 항상 멋진데 어떡하지?
이기하   ...예. 그래서 제가 생각한 게 오히려 전무님은 좀 이렇게 꾸안꾸 캐주
          얼룩으로 승부를 보시면 어떨까 하는.
석지원   뭔 꾸?
이기하   꾸민 듯 안 꾸민 듯 꾸민. 요즘은 또 그런 게 대세...

하는데, 들리는 노크 소리. 곧이어 문 열리고 들어오는 윤지원.
석지원 책상에 놓인 넥타이들을 황급히 쓸어 책상 밑으로 숨긴다.
무표정한 얼굴로 결재판을 툭 놓고는 인사하고 나가는 윤지원.

석지원, 결재판 열어 보면 〈여섯 시. 정류장〉
저도 모르게 씩 웃다가 이기하와 눈이 마주치면 석지원보다 더 흐뭇하게 웃고 있는 이기하. 얼른 표정 관리하며 결재판을 덮는 석지원에서.

#20. 사택. 윤지원의 방. 낮

몇 가지 외출복들을 침대에 늘어놓고 그 앞에 선 윤지원.

윤지원 옷을 사도 사도... 입을 게 없네. (하다가) 없으면 뭐!
그 자식 만나는데 옷이 개떡 같으면 뭐!

하며 늘어놓은 옷들을 마구 걷는데, 손에 잡히는 무언가. 보면 이불 아래 있던 윤지원의 옛날 핸드폰이다. 열어서 사진첩을 보면 교실에서 윤지원과 차지혜, 정민지가 얼굴을 맞대고 찍은 사진. 그 뒤로 석지원이 끼어들려고 애쓰고 있다.
다시 넘기면 라일락 벤치에서 머리에 꽃을 꽂고 활짝 웃고 있는 윤지원.

인서트 > 라일락 벤치. 낮 (회상)
열여덟의 석지원이 윤지원의 머리에 라일락 꽃들을 꽂아준다.
윤지원, 웃음을 터뜨리면 석지원, 윤지원의 핸드폰을 들어 그 모습을 찍는다. 한껏 예쁜 척을 하는 윤지원.

잠시 보다가 책상 앞에 앉아 노트북에 핸드폰을 연결하고 뭔가 조작하는.
곧이어 자료를 전송하는 화면이 뜬다. 작게 미소 짓는 윤지원.
그러다 문득 시계에 눈이 가는데 6시 5분 전이다. 화들짝 놀라는 윤지원.
벌떡 일어나면 책상 의자에 아무렇게나 걸쳐진 트레이닝복에 눈이 간다.

#21. 치과 대기실. 낮

사람들로 붐비는 대기실. 접수대 앞에 서 있는 홍태오의 뒷모습.
접수대 직원이 뭔가 말하며 고개를 저으면 끄덕이며 돌아서는 홍태오.
막막한 얼굴로 잠시 서 있다가 대기실 의자에 털썩 앉아 골똘히 생각
에 잠긴다.

#22. 양소 시내 거리 일각. 낮

터덜터덜 걷고 있는 맹수아. 잠시 후 양손에 쇼핑백을 몇 개 든 60대 여,
수아의 엄마가 달려와 수아의 팔짱을 낀다.

수아모   기지배 왜 이렇게 걸음이 빨러.
맹수아   엄마가 느린 거야. 또 뭐 봤어?
수아모   (정육점 가리키며) 아니 느이 아부지 좋아하는 소고깃국 끓일까,
          한우 사다가? 너 월급도 탔는데.
맹수아   아빠는 좋겠네. 일 안 하고 집에만 있어도 엄마가 이렇게 챙겨줘서.
          근데 내 월급이 엄마, 삼백오십이잖아. 삼천오백 아니구.
수아모   (흘겨보는) 고작 소고기 가지고 또 엄마 설움 준다.
맹수아   ...그럼 수입산으로 사. 봐봐, 엄마 봄잠바 없대서 사줬지. 이번 달 곗
          돈도 내가 대신 냈지? 임플란트도 해주잖아.
수아모   임플란트... 그거는 할부잖어!

#23. 치과 대기실. 낮

대기실에 나란히 앉은 맹수아와 수아 모.

맹수아	할부도 내 월급에서 나가는 거야. 땅 파서 갚는 거 아니고.
수아모	(눈치 살피며) 그럼 수영이 경수 용돈도 없겠네?
맹수아	(허탈하게 웃다가) ...다음 달. 다음 달에 준다 그래.
	근데 엄만 가만 보면 나 빼고 살뜰히도 챙겨. 나만 쏙 빼고.
수아모	너는 알아서 앞가림 잘하니까. 우리 집 기둥이잖아.
맹수아	나 맹기둥... 낡고 지쳐서 무너지기 일보 직전.
수아모	으유... 알았어! 그냥 소고기 안 사, 안 살게.
맹수아	아니, 사지 말라는 게 아니고...
직원	정현옥 어머니?
수아모	(일어나며) 어, 나예요, 나.
맹수아	잘하고 오셔.

수아의 뒤에 앉아 있던 누군가 조심히 몸을 일으킨다. 맹수아, 엄마가
시야에서 사라지면 등받이가 없는 의자란 걸 생각하지 못하고 머리를
뒤로 툭 기대며.

맹수아	(작게, 한숨처럼) 지겨워.

하다 머리가 닿은 것이 사람인 걸 눈치채고 얼른 몸을 떼고 일어나는데.
엉거주춤 서 있던 사람, 홍태오다. 두 사람 눈이 마주치는 데서.

#24. 버스 정류장. 저녁
~~~~~~~~~~~~~~~

정류장을 좀 지나 서 있는 석지원의 차. 그 앞에 서 있는 석지원.
편한 바지와 밝은색 카디건이 어색해 이리저리 매무새를 만져 보다
시선을 돌리면, 마침 틱, 불이 들어오는 가로등들.
멀리 그 아래에서 윤지원이 달려오고 있다.
늦었다는 듯 시계를 보며 뛰어오는 말간 얼굴을 멍하니 보는 석지원.

인서트 > 1. 기차역. 낮 (과거) (3회 #35.와 같은 착장)

서성이고 있는 열여덟의 석지원. 그때 저만치서 빨간 원피스 차림으로 달려오는 윤지원. 여름 햇살 아래서 더없이 환하게 웃는다.

인서트 > 2. 구립 도서관 입구. 밤 (과거)

서 있는 석지원. 저만치서 반쯤 졸면서 오는 윤지원. 메고 있는 가방도 열려 있다.
절레절레, 다가가 가방을 닫아주면 어리광처럼 석지원의 가슴에 머리를 툭 기댄다.

인서트 > 3. 연못가. 낮 (과거)

의자에 앉아 있는 석지원. 뒤를 돌아보면 양손을 흔들며 신나게 달려오는 윤지원.
씩 웃으며 일어나는데 발이 꼬여 넘어지는 윤지원. 놀라 뛰어가는 석지원.

점점 가까이 다가오는 윤지원. 석지원을 보자 천천히 속도를 줄여 걷는다.
보면 #20. 걸려 있던 트레이닝복 차림이다. 석지원 앞에 당도하는.
빤히 자신을 보는 석지원의 모습이 윤지원도 너무 어색하다. 뭐? 하듯 흘겨보곤 먼저 차에 오르는 윤지원.

#25. 차 안. 밤

문을 열고 운전석에 올라타는 석지원. 안전벨트를 하던 윤지원과 눈이 마주치면,
어색하다. 얼른 고개를 돌리는 두 사람.
석지원 능숙하게 시동을 켜는가 싶더니 갑자기 와이퍼가 작동한다.

어이없는 눈으로 보는 윤지원. 헛기침하며 와이퍼를 끄는 석지원.

윤지원	(동시에) 어디 가요, 우리?
석지원	(동시에) 어디 갈래요?
윤지원	...그걸 지금 나한테 묻는다고?
석지원	그럼 누구한테 묻지?
윤지원	아니 데이트하자고 매달리고 애원하고 협박할 때는 언제고...
석지원	무슨 그렇게까지 했다고 내가...
윤지원	뭐 아무런 계획도 없이 나온 거예요?

인서트 > 이사장실. 낮 (#19.에 이어지는)

이기하	*남자가 데이트 코스를 알아서 짜온다. 그건 곧 뭐다?* *다 내 맘대로 하겠다랑 같은 의미거든요. 좀 엠지스럽지 못하죠. 상대의 의견을 먼저 묻고 존중하는 게 요즘 트렌듭니다.*
석지원	*(미심쩍은) 진짜야? 요샌 그런다고?*
이기하	*(자신만만) 그럼요. 저만 믿으세요, 전무님.*

석지원	(작게) 이 자식... (하다가 차 출발시키며) 있어요, 계획. 혹시라도 가고 싶은 데가 따로 있을까 봐 배려한 거지.

말과 달리 입술을 깨물며 초조해지는 석지원의 표정. 윤지원 보다가 피식 웃는다.

#26. 도로 전경. 밤

도로를 시원하게 달리는 석지원의 차.

#27. 양소 시내 슈퍼 앞. 밤

맥주가 잔뜩 든 봉지를 들고나오는 차지혜. 나오자마자 한 캔 꺼내 드는데.

변덕수(E)   차쌤...!
차지혜   (화들짝 놀라 그대로 멈춘다) 아니야...
변덕수(E)   (더 크게) 지혜야!!

뒤이어 빵- 하는 경적 소리가 들린다. 결국 돌아보면 이재규의 차다.
조수석에서 창을 내리고 활짝 웃는 변덕수. 심드렁한 얼굴의 이재규도 손을 든다.
곧이어 뒷좌석 창문이 내려가면 서글픈 눈의 장온유가 있다.

변덕수   봐봐, 지혜야. 넌 피곤한 게 아니고 외로운 거야, 선생님이 볼 땐.
       얼른 타, 같이 마셔!
차지혜   (작게 혼잣말) 하... 이 코딱지만 한 동네 진짜...
       (하지만 거절할 말이 없다. 애매한 미소를 지으며 차로 걸어가는)

#28. 칵테일 바. 밤

바에 앉은 홍태오와 맹수아. 맹수아 적당히 취했다. 잔을 들어 한 모금 마시는.

맹수아   당연히 거절하실 줄 알았는데.
홍태오   저도 한잔하고 싶었습니다.
맹수아   (웃고) 나랑? (하다가 얼른) 아이고, 또 농담이...
홍태오   (씩 웃는데)

그때 올려 둔 수아의 핸드폰이 짧게 진동한다. 들어서 보고는 답장을 쓰고 내려놓는.

맹수아 (미소로) 엄마요. 한우가 포기가 안 되는 거지. 어유, 사라 그랬어.

홍태오 (말없이 보면)

맹수아 나쁜 사람은 아니거든요. 지겹다고 한 것도 엄마가 그렇다는 게 아니라 뭐랄까 가난한 집 기둥으로 오래 서 있다 보면은 다리도 아프고 목도 마르고 그렇거든요. 그 얘기예요.
쪽팔리게 이런 것도 들켜버렸네. 자꾸 들키네요 선생님한테.

홍태오 지겨울 수 있죠. 어머니여도, 아무리 가족이어도.

맹수아 ...네?

홍태오 밉고 싫을 수도 있고요. 그걸로 맹 선생님 자신을 탓하지 마세요.
그리고 힘들면 얼마든지 나한테 들켜요.

맹수아 (보는)

홍태오 아니, 나여도 되고, 윤 선생님이나 뭐 다른 누구여도...

맹수아 내가 기둥인 걸 어쩌다 들키면요, 엮일 일 없는 지인들은 그래도 부모데 그러고. 썸 타던 사이면 슬그머니 잠수.
사귀던 놈들은 결혼하면 출가외인인 거 알지, 대강 요 정돈데 미워해도 좋다 들켜도 괜찮다. 이러는 남자는 처음이네요.

홍태오 아무리 자식이어도, 또 부모여도 어떻게 서로를 사랑만 하겠어요.
제일 가까이서 상처를 주고받는데.

맹수아 (고마워서 홍태오를 가만히 보면)

홍태오 (시선 느끼고 마주 보다가) 아, 이거 좀 이상하긴 하네요.

맹수아 뭐가요?

홍태오 느끼한 장난 안 치시고 그냥 보기만 하시니까.

맹수아 (충격) 느끼? 느끼요? 귀엽고 도발적인 게 아니라 느끼했다고요?

홍태오 (미안한 얼굴이지만 확실히 끄덕인다)

맹수아 (벌컥벌컥 술을 마시고) 와... 느끼... 세상에... 내가 느끼라니...

#29. 양소 시내 일각. 밤

걷고 있는 홍태오와 맹수아. 맹수아 살짝 비틀하면 홍태오, 어깨를 살짝 잡아준다.
눈 마주치면 홍태오 아무렇지 않은데 맹수아 살짝 당황해서.

맹수아   그, 저기, 2차는 제가 쏠게요!
홍태오   네? 우리 내일 출근도 해야 하는데 그만... (하는데)
변덕수(E) 어어? 홍쌤! 맹쌤!

두 사람 돌아보면, 저만치서 오는 변덕수와 이재규, 차지혜, 장온유.
홍태오 꾸벅 인사를 하고, 맹수아 반갑게 한 손을 번쩍 들어 흔든다.

#30. 고층 레스토랑 입구. 밤

1층에서 올라오는 엘리베이터를 기다리는 윤지원과 석지원. 멀찍이 떨어져 서 있다.
뒤로 보이는 레스토랑 유리문으로 북적이는 사람들이 보인다.

윤지원   여기 아까 신호 받았을 때 급하게 검색했죠? 뭐 양소 핫플 이런 거.
석지원   (흠칫 놀라는) ...봤습니까?
윤지원   제대로 찾긴 했네요. 예약 안 하면 안 되는 곳이거든.
석지원   그걸 알면서...!
윤지원   (놀리는) 계획이 있다길래 예약을 한 줄 알았죠.
석지원   (흘겨보는)
윤지원   솔직히 말해봐요. 데이트 안 한 지... 어디 보자... 설마, 18년 전...?
석지원   무슨 그런! 칠... (하다가 입을 다물면)
윤지원   오, 칠 년...? 연애 초짜네 거의. 그럼 뭐 이런 삽질 이해합니다.

석지원 그러는 그쪽도 별다를 거 없어 보이는데?

윤지원 나요? 아뇨? 나는 연애를 아주 밥 먹듯이 했는데?
      작년까지 난 일주일도 쉰 적이 없었어요?

석지원 누구랑 그렇게 신나게 연앨 했는데?

윤지원 뭐 한두 명이 아니에요. 프로그래머도 있고 지난 겨울 방학 땐 헬스
      트레이너... 또... 또...

석지원 (삐딱하게 고개를 돌려 보다, 씩 웃는) 헬스 트레이너를 만나면서 보
      건 선생님한테는 차이고? 나쁜 여자네.

윤지원 (!!!) 그거는...

석지원 어차피 믿지도 않으니까 허세 떨지 말아요.

      엘리베이터 도착하면 두 사람 탄다.

#31. 엘리베이터 안. 밤

윤지원 왜 안 믿지?

석지원 티가 나니까.

윤지원 무슨 티가 나요?

석지원 데이트 너무 오랜만이라 아까부터 떨렸죠? 긴장되고.

윤지원 ...아닌데? 그쪽 얘기 아니고요?

석지원 난 바빠서 그런 겁니다. 연애를 못한 게 아니라 안 한 거예요.
      할 수 있는데, 좋다는 사람이 줄을 섰는데 내가 일이 너무 바빠서.

윤지원 누군 뭐 못했다는 거예요? 웃기네. 데이트가, 아니 그쪽이 뭐라고 내
      가 떨리고 긴장하고 그럽니까? 아-무것도 아니거든요?

석지원 그렇게 멀쩍이 떨어져서 할 말은 아닌데.

      윤지원, 얄밉게 웃는 석지원을 째려보다가 대뜸 바짝 다가와,
      석지원에게 팔짱을 끼고 찰싹 붙어 선다.

윤지원	됐습니까? 이제 좀 데이트 같아요?
석지원	(살짝 놀라서 보면)
윤지원	어? 그쪽이야말로 좀 떠는 거 같으신데?
석지원	(보란 듯 윤지원의 허리에 손을 두르고) 내가요?
	...아는 사람이라도 만날까 봐 잠깐 놀란 겁니다.
	사람들한테 들킬까 봐 누가 하도 벌벌 떨어서.
윤지원	(지지 않고 어깨에 머리까지 야무지게 기댄다) 양소 바닥이 아무리 좁
	아도 이런 건물 안에서 만나긴 누굴 만난...

하는 순간, 1층에 다다라 띵- 하는 소리와 함께 열리는 엘리베이터.
그 앞에 선 변덕수, 이재규, 차지혜, 장온유, 홍태오, 그리고 맹수아다.
전원 얼어서 멍하니 서 있다. 스르륵 닫히는 엘리베이터. 맹수아가 다
급히 열림 버튼을 누른다. 닫혔던 문이 다시 열리면 멀찍이 떨어져 서
있는 윤지원과 석지원.

맹수아	(합장하며) ...너무 늦으셨어요. 스님.

비틀하는 윤지원. 머리를 짚고 고개를 돌리는 석지원에서.

#32. 오봉집. 밤

텅 빈 눈동자로 나란히 앉은 석지원과 윤지원. 그 주위로 빙 둘러앉은
선생님들.
모두 눈빛이 반짝인다. 차지혜 끝자리에 앉아 혼자 술을 한 잔 따라
마신다.

변덕수	에이, 진짜? 사귀는 게 아니라고?
이재규	그럼 어쩌다 그런 포즈로 거기에...

윤지원   ...그게 어떻게 된 거냐면요... (하는데 할 말이 없고)

석지원   (태연하게) 제가 일방적으로 그랬습니다.

맹수아   (찡그리며) 예? 대체 왜요?

석지원   (윤지원 보며) 먼저 치사하게 나오셨거든요. 내기에 져놓고 싫다고 도망가잖아요.

장온유   그러니까 사귀기 싫다는 윤 선생님을 억지로 불러서요?

석지원   ...예.

홍태오   (의문으로) 이사장님은 윤 선생님을 좋아해서 그러신 건가요?

석지원   아뇨. 마음은 됐고 원칙대로 하자는 거죠. 제가 이겼으니까.

장온유   어으... (저도 모르게 질색하다가 얼른) 어머, 죄송합니다.

이재규   그러고 보니 데이트라기엔 윤쌤 옷이 좀 그렇긴 해. 너무 근무복이야.

아저씨들은 그런가? 떨떠름한 눈으로, 장온유와 맹수아는 숨길 수 없
는 경멸로 석지원을 보고 있다. 차지혜, 어이없다는 듯 픽 웃는다.

변덕수   (수긍하는 듯) 얘들이 옛날부터 이런 거에 서로 얄짤없긴 했어.
          (하다가 휙 석지원보며) 그래도! 지원아 임마 그럼 안 돼.

석지원   (어색하게 웃으면)

윤지원   (안 되겠다 싶어서) 저기 사실은,

석지원   궁금해하시는 전말은 이게 전부인데 어떻게, 더 얘기할까요?

맹수아   (절레절레) 더 하기도 싫어요, 저희두.

석지원   그럼 다들 드시죠? (술병을 들고 잔을 내미는 이재규에게 술을 준다)

변덕수   물론 둘이 어? 장난치는 걸 수도 있지...

장온유   (삐죽이며 작게) 이런 장난이 어딨어요.

변덕수   그래! 좀 심했어, 우리 석지원이가 옛날에 안 그랬는데.

석지원, 그저 끄덕거리며 변덕수에게도 술을 따라주고. 윤지원, 그런
석지원을 본다.

#33. 오봉집 앞·밤

우르르 나와 서 있는 선생님들. 윤지원과 차지혜만 안 보인다.
이재규와 장온유가 취한 변덕수를 겨우 부축하고 있다.
변덕수 계속 "그럴 수 있지... 그래도 그럼 안 돼!"를 번갈아 외치고 있다.
그때 대리 기사가 모는 이재규의 차가 도착하면 이재규, 변덕수를 던
지듯 넣고 본인도 탄다. 곧이어 도착하는 택시. 장온유가 꾸벅 인사를
하고 얼른 탄다.
멀쩡한 얼굴로 선 석지원 앞으로 와다다 달려오는 맹수아. 홍태오가
따라붙는다.

맹수아   (완전 취해서 손가락질하며) 이런, 쓰... (하는데)
홍태오   (얼른 입을 막고) 제가 맹 선생님 데려다 드릴게요.
석지원   네. 들어가십시오.

버둥거리는 맹수아를 끌고 가면, 남은 석지원 허리에 손을 얹고 깊은
한숨을 내쉰다.

#34. 오봉집 화장실 앞·밤

윤지원 손에 든 소화제를 마신다. 그때 화장실에서 나오는 차지혜. 살
짝 비틀한다.

윤지원   (잡아주며) 괜찮아? 너 술을 왜 이렇게 많이 마셔?
차지혜   (눈이 풀려서 뿌리치고) 내 맘이다. ...야, 윤지원.
윤지원   어?
차지혜   다들 속을지 몰라도 난 아니거든.
윤지원   뭔 소리야?

차지혜   (비틀비틀 가며) 뭔 소리긴. 니들이 모르는 것도 나는 다 안다 이거지.

윤지원, 뭐라는 거야, 하면서 부축하면 연신 뿌리치며 가는 차지혜에서.

#35. 오봉집 앞. 밤

지쳐서 터덜터덜 걸어오는 윤지원. 서 있던 석지원과 눈이 마주친다.
잠시 석지원을 보다가 다시 휙 몸을 돌려 가는 윤지원.

석지원   어디 가요, 집 그쪽 아닌데.
윤지원   한잔 더 하려고요. 아무도 모르는 데서. 그쪽은 먼저 가든가.
석지원   (얼른 따라가는 데서)

#36. 연못가. 밤

겨우 불을 밝힌 오래된 랜턴 하나. 대충 상자를 뒤집어 만든 탁자를
두고 마주 앉은 둘. 윤지원 맥주를 마시고, 석지원은 주변을 둘러본다.

석지원   사람은, 없는 데가 맞네.
윤지원   아까 뭘 그렇게까지 말해요.
석지원   그 정도는 해야 더 안 묻죠. 구구절절 어디서부터 설명을 할 거야.
윤지원   사람들이 쓰레기 보듯 보잖아요.
석지원   (웃는) 상관없는데 난.

#37. 학교 일각. 낮 (과거)

여름의 어느 날이다. 씩씩대며 걷고 있는 열여덟 윤지원, 쫓아 걷고 있는 석지원.

윤지원   상관없긴 뭐가 없어? 바보야? 일을 만든 건 난데 왜 다 니가 했다고 뒤 집어쓰고 쟤들한테 설설 기어?

석지원   쟤들 아니고 선배. 설설 긴 게 아니고 중재한 거야.
       그냥 회장인 내가 했다고 해야 빨리 끝나니까.

윤지원   (멈춰서) 억울하지도 않아? 괜히 너만 욕먹었잖아.

석지원   난 상관없는데? 누가 날 어떻게 보든. 나는 너만 상관있거든.
       (속삭) 너만 나 예뻐해 주면 돼.

윤지원   (놀라 주변을 둘러보며) 미쳤나 봐! 야, 너는 어떻게 그런 말을 얼굴색 하나 안 변하고 막 하냐?

흘겨보며 걸음을 빨리하는 윤지원의 얼굴이 빨갛다. 활짝 웃는 석지원의 얼굴에서.

#38. 연못가. 밤

밝게 뜬 달이 고요한 연못에 비쳐 일렁인다.

윤지원   ...똑같네.

석지원   뭐가요?

윤지원   대책 없는 거요.

석지원   아유, 되게 뒤끝 있으시네. 레스토랑 예약은 못 했지만 대책이 아주 없지는 않았거든요. 그렇게 선생님들을 딱 만날지 내가 알았나!

윤지원   아, 그래요? 뭐 하려고 했는데 나랑 데이트하면?

석지원   (곰곰이 생각하다가) 뭐... 밥 먹고 술도 한잔하고 또 살아온 얘기도 좀 하고...

윤지원   (어이가 없어서 무미건조하게) 우와. 되게 재밌겠다.
        살아온 얘기 좀 얼른 해줘요.

        석지원 눈을 흘기는데, 윤지원 그 틈에 석지원의 맥주에 손을 뻗는다.
        막 집으려는 순간, 탁 막는 석지원.

석지원   내 건데.
윤지원   어떻게 딱 2개만 사 오지? 센스가 없어.
석지원   (맥주 캔을 따서 윤지원을 지그시 보며 맛있게 마신다)

        절레절레 고개를 흔드는 윤지원. 속이 답답한지 가슴께를 손으로 퉁
        퉁 친다.

#39. 상동. 밤

        편의점에서 팔 법한 술들이 이것저것 놓여 있다. 이미 술을 꽤 마신
        듯 윤지원의 볼이 붉고, 석지원 윤지원 쪽으로 몸을 기울여 턱을 괴고
        있다.

윤지원   (혀가 살짝 꼬여서) 아, 그니까 군대는 면제시고.
석지원   십자인대가 파열돼서요. 대학 가서 축구하다가.
윤지원   (슬쩍 눈이 감긴다) 그놈의 축구...
석지원   계속 내 얘기만 하네요.
윤지원   뭐 나한테 궁금한 거 있습니까?
석지원   (본다)
윤지원   (맞받아 보다가, 맥주 캔을 집어 드는데)
석지원   (불쑥) 나, 보고 싶었던 적 없었어?
윤지원   (동작을 멈추고 석지원을 보는)

석지원　　...그동안 한 번도?

윤지원　　(담담하게) 있어. 마지막으로 만나서 뒤통수를 진짜 세게,
　　　　　정말 아프게 있는 힘껏 때려주고 싶었던 적이.

석지원　　(알 것 같아서 그냥 씁쓸하게 웃다가) 그래도 없진 않았네.

윤지원　　(맥주 캔을 들다가 멈칫, 찡그리며 배를 움켜쥔다)
　　　　　안주를 너무 먹었나?

석지원　　체했어요?

윤지원　　(끄덕인다)

석지원　　근데 술을 마셔?

윤지원　　(시무룩) 원래 맥주가 싸악 내려주는데.

석지원　　(어이없다는 눈으로 본다)

윤지원　　(다시 아프다. 얼굴을 찡그리면)

석지원　　(보다가, 의자를 옮겨 옆자리로 가는. 대뜸 윤지원의 손을 가져간다)

윤지원　　(당황해서) 뭐, 뭐, 뭐 하는 짓이에요?

석지원　　(윤지원의 엄지와 검지 사이를 부드럽게 누르며)
　　　　　수작 부리는 거 아니고, 열린 약국도 없을 거고.
　　　　　옛날에 체했을 때 여길 누르면 괜찮아졌잖아요. 그게 기억나서.

윤지원　　(빤히 보는) 그때는 어렸으니까 그렇지 지금은 이딴 민간요법 통하지
　　　　　도 않거든요.

석지원　　혹시 모르니까.

윤지원, 정성스럽게 제 손을 눌러주는 석지원의 커다란 손을 물끄러
미 보는데 천천히 졸음이 몰려오는.

윤지원　　(웅얼거리는) 웃기네요, 석지원 너하고 나. 인생의 절반을 모조리 다
　　　　　알고, 나머지 절반은 아예 모르는 이상한 사이가 된 게.

석지원　　(혼잣말처럼) 아예는 아닌데...

하고 윤지원을 보면, 이미 눈이 감겨서 그대로 탁자에 고개를 박을 참

이다.
가까스로 손을 뻗어 윤지원의 얼굴을 받아내는 석지원.

석지원   (얼굴에 흩어진 머리칼을 조심스레 넘겨준다) ...업고 뛸 때 뒤통수 때
          리기 딱 좋았을 건데. 아깝네.

#40. 거리 일각. 밤

윤지원을 업고 걸어가는 석지원.

인서트 > 병원 계단. 밤 (4회 #71. 병원 옥상 이후 상황)
*축 늘어진 윤지원을 업고 빠르게 계단을 내려가고 있는 스물넷의 석
지원.*

석지원의 등에서 천천히 눈을 뜨는 윤지원. 뭔가 말하려 하지만 다시
잠이 쏟아진다. 다시 석지원의 어깨에 얼굴을 묻고 마는.
저만치 세워진 석지원의 차가 보인다. 핸드폰을 보며 서 있는 대리 기사.
차를 향해서 천천히 걸어가는 석지원의 뒷모습에서.

#41. 도로 + 차 안. 밤

한적한 도로를 달리는 석지원의 차.
뒷좌석에 나란히 앉은 석지원과 윤지원. 고개를 돌려 잠든 윤지원을
보는 석지원.

cut. to
머리를 뒤로 기대고 잠든 석지원. 윤지원 깨어나서 석지원을 물끄러

미 보고 있다.

둘 사이 흘러버린 시간을 가늠하듯 한참을 보다가 충동적으로 손가락 하나를 뻗어 석지원의 가지런한 눈썹을 쓰다듬어 본다. 흠칫 놀라 손을 뗐다가 다시 조심스럽게 뺨에 손을 갖다 대는 순간, 천천히 눈을 뜨는 석지원.

둘의 눈이 마주치면, 윤지원 너무 놀라 그대로 찰싹 석지원의 뺨을 때린다.

석지원   아.

윤지원   (손을 터는 시늉을 하며) …모기가 있다, 벌써…

뺨을 감싸 쥐고 어이없다는 눈으로 윤지원을 보는 석지원.
새빨개진 얼굴로 창밖을 내다보는 윤지원. 대리 기사가 슬그머니 뒷좌석 창문을 내려주면 시원한 바람이 불어 든다. 질끈 눈을 감는 윤지원에서.

#42. 사택. 2층 발코니. 밤

마당을 내려다보며 서 있는 공문수. 하늘에 뜬 달을 물끄러미 보고 있다. 잠시 후 마당을 가로질러 현관으로 가는 윤지원. 서글픈 눈으로 보는 공문수. 계속 서 있다. 곧이어 마당으로 석지원이 들어오면, 작게 한숨을 내쉰다.

#43. 체육관. 낮

이리저리 널려 있는 축구공과 배구공 등. 공문수 새 공의 포장을 뜯고 윤지원 낡아 바람이 빠진 공을 골라내 멀리 던지고 있다. 적막하다.

공문수 표정 없이 비닐을 뜯는 중이다. 그러다 윤지원과 눈이 마주치면 시선을 떨구는. 윤지원 보다가 바닥에 있는 공을 들어 공문수에게 던진다.

등에 맞고 떨어지는 공. 공문수, 천천히 돌아본다.

윤지원   공쌤 나한테 화났지?

공문수   (윤지원 보다가 다가오는)

윤지원   (살짝 긴장해서 보고 있다)

공문수   ...삐졌는데요. 화난 게 아니라.

윤지원   뭐? (저도 모르게 웃음이 픽 터지는데)

공문수   아무리 생각해도 제가 화낼 일은 아닌데 근데 아무렇지 않지는 않아서, 삐졌어요. (시무룩하게 본다)

윤지원   들었구나. 어제는...

공문수   그러지 마세요.

윤지원   어?

공문수   제가 선생님을 좋아하는 건 제 마음이고 제 문제인데 왜 미안해하세요. 삐진 것만 해도 쪽팔리는데 그런 걸로 미안해하시면 제가 진짜 너무 찌질해지잖아요.

윤지원   (곤란한 얼굴로 웃으며 이마를 긁적이면)

공문수   정 그러시면... (고민하는)

윤지원   (침을 꿀꺽 삼킨다)

공문수   점심시간에 급식 말고, 돈가스 먹으러 나가요.

해놓고 먼저 푸스스 웃는 공문수. 윤지원도 안심한 듯 웃는다.

윤지원   소원 쓰는 거야?

공문수   (장난스럽게) 아뇨. 소원 아니고 애원.

윤지원   그럼 거절.

절레절레 고개를 저으며 다시 공을 골라내는 윤지원.
다시 천천히 미소가 지워지는 공문수의 얼굴에서.

#44. 이사장실. 낮

문 열리고 들어오는 이기하. 손에 한가득 든 서류들을 책상 위에 내려놓는다.

이기하   전무님, 말씀하신 보고서들 여기... 독목산 대홍란 서식지 파괴와 개체수 감소 예측 모델링... 그리고 요건 수질오염 및 수자원 고갈 위험성 평가 또... (하다가 의문으로) 근데 이걸 왜 보세요?
석지원   필요해서.
이기하   그러니까 왜 회사에서 법적으로 정리가 다 끝난 것들을...?
석지원   (보는) 됐고, 너 너 엠지들은 상대방의 의사를 묻네 어쩌네... 다 헛소리지? 인터넷에서 배웠지, 연애?
이기하   (흠칫) 예?
석지원   다시는 나한테 연애 조언하지 마, 너.
이기하   망하셨습니까... 데이트?
석지원   (귀찮다는 듯) 나가.

이기하 시무룩한 얼굴로 나가고, 석지원 서류들을 하나씩 보기 시작한다.

#45. 2-1반 교실. 낮

뒷문으로 막 들어오는 엄기석. 그때 가방을 대충 둘러메고 엄기석의 어깨에 툭 부딪치며 정신없이 나가는 고해수. 김유미가 어쩔 줄 몰라

하며 서 있고.

엄기석 뭐냐고 묻듯이 김유미를 본다. 정율, 무표정한 얼굴로 가방을
챙기고 있다.

김유미 (다가와서 작게) 야, 또라이 전학생 저게 전교 1등이래.
해수가 2등. 해수 표정 봤어? 나 무서워서 못 따라가겠어.
엄기석 뭐? 고해수가 2등이라고?
김유미 (끄덕) 애들이 교무실에서 들었대. 쟤 대치동에서 왔는데 거기서도 내
내 1등만 했다는데?

엄기석 그대로 몸을 돌려 교실을 나가고, 곧 정율도 가방을 들고 교실
을 빠져나간다.
잠시 고민하던 김유미, 자기 가방과 해수의 가방까지 챙겨 교실을 나
간다.

#46. 학교 일각. 낮

블라우스 차림의 차지혜, 지혜의 아버지 차도식의 손에 이끌려 걷고
있다.

차지혜 아빠 저 어제 술 마셔서 피곤해요. 갑자기 학교로 찾아와서 대뜸 인사
를 하라니, 누구한테요?
차도식 잠자코 따라와. 니 옛날 친구, 그 학교 이사장 애비 석경태.
차지혜 (놀라 멈춰 선다) 네?
차도식 골프장 땜에 나한테 샤바샤바 하러 왔거든. 들어보니까 그 집 아들도
솔로래. 시집 좀 가자, 좀 제발!
차지혜 아, 진짜 미리 말씀을 하시든가. 재킷도 안 입고 왔는데!

#47. 마을 식당 앞. 낮

석경태, 우황청심환 하나를 까며 구시렁댄다.

석경태   지가 시의원이면 시의원이지 툭하면 오라가라... 지 딸 얼굴은 왜 보라는 거야? 아우 똥매너 진짜... 왜 안 와!

하는데 창문을 연 채 차를 몰고 석경태 옆으로 오는 윤재호. 팔을 척 걸치고.

윤재호   대낮부터 똥매너 시의원 뒤 핥느라 고생이 많지?
           아주 입구까지 마중도 나오시네?

석경태   거 그냥 좀 지나가십쇼.

윤재호   모르는 사이면 밑에 애들 시킬 건데 아는 형님이라 회장님이 직접 오셔야 하고. 고향 땅 뒤집어서 골프장 짓기 고되다 그치?

석경태   예에. 해야 되면 하는 거죠 뭐. 그쪽은 잡을 끈이라도 있으시고?

하는데 윤재호의 전화벨이 울린다. 씩 웃으며 받는 윤재호.

윤재호   아, 예 박 기자님. 이제 출발합니다. 방송국 앞에 가서 전화드리겠습니다. (전화 끊고)

석경태   ...방송국? 뭐 노래자랑 나가쇼?

윤재호   아니? 니가 저 우리 마을을 망치느라 얼마나 고생이 많은지 내가 방송에다 대고 좀 알려줄까 해서. 아주 흥미로워하더라.

석경태   뭐요? 지금 방송에 제보를 하셨어?

윤재호   그래. 했다.

석경태   이 양반이...

윤재호   어, 이제 어르신에서 이 양반으로 강등이로구만.

석경태   보자 보자 하니까, 나이 자셨다고 예의 차려주는 것도 한계가 있지.

윤재호	예의? 자네 그동안 예의 차렸나? 거 참 저렴한 예의를 다 보네.
석경태	이 사람이...! 아니 그리고 내가 뭐 방송국 불렀다 그럼 벌벌 떨까 봐?
윤재호	어. 떨지 싶어. 왜 안 그렇겠어. 구린 게 한두 개가 아닐 텐데.
	아, 어떻게 오늘 시의원 만나서 굽신거리는 것도 와서 찍자 그럴까?
석경태	뭐요?!
윤재호	어어, 걱정 말어. 모자이크는 해드릴게.

석경태 발끈해 다가가는데, 약 올리듯 속도를 내며 가는 윤재호의 차. 들고 있던 우황청심환을 냅다 던지고 씩씩대는 석경태 앞에 고급 승용차가 와 선다. 내리는 차도식. 차지혜 조수석에서 긴장한 얼굴로 내려 허리 굽혀 인사한다.

차도식	어이, 석 회장!
석경태	(바로 함박웃음으로) 아이구, 차 의원님...!!

#48. 보건실. 낮

캐비닛을 열고 약품들을 정리하고 있는 홍태오. 어딘가 어색한 표정이다. 힐끗 뒤돌아보면, 탁자에 턱을 괴고 앉아 지그시 홍태오를 보고 있는 맹수아.

홍태오	(다시 시선 돌리고) 제가 뭐 잘못한 거 있습니까, 맹 선생님?
맹수아	(심각한) 아뇨. 그냥 좀 확인 중.
홍태오	뭘요?
맹수아	저 선생님한테 더 이상 시시껄렁한 농담을 못... 아니 정확히 말하면 하기가 싫어졌어요.
홍태오	(웃는) 제가 주제넘게 이런저런 말을 해서요? 그런 거 신경 쓰는 사람 아니잖아요.

맹수아   그러니까요. 근데 신경이 쓰여… 이거 뭐죠?

홍태오, 약간 놀란 얼굴로 다시 돌아보는데, 벌컥 문 열리고 들어오는 고해수.
입을 삐죽이다가 그만 눈물이 주륵 흐른다. 홍태오, 깜짝 놀라는데 맹수아가 먼저 '왜, 다쳤어?' 하며 고해수에게 달려간다.

#49. 학교 일각. 낮

이리저리 둘러보며 빠르게 걷고 있는 엄기석. 잠시 멈춰서서 생각에 잠겼다가 얼굴을 찌푸리며 방향을 틀어 반대로 간다.

#50. 보건실 앞 복도. 낮

점점 걸음을 빨리해 보건실 앞에 당도하는 엄기석. 침을 꿀꺽 삼키고 조심스럽게 문을 열면, 앉아 있는 고해수의 뒷모습, 그 옆에 서서 고개를 고해수 쪽으로 숙이고 있는 홍태오의 뒷모습. 엄기석 그대로 벌컥 문을 연다.

#51. 보건실. 낮

화가 난 얼굴로 냅다 뛰어든 엄기석.

엄기석   (버럭) 야! 고해수!!

모두의 눈이 기석을 향한다. 보면 홍태오 손에 들린 휴지.

막 고해수에게 건네던 참이다. 저만치 정수기 앞에서 물을 따르고 있던 맹수아도 놀라 물을 쏟았다. 맹수아를 보고 아차 싶은 엄기석.

맹수아   엄기석이! 누가 신성한 보건실에서 소릴 질러?
고해수   뭐야, 너...
엄기석   (가만 보다가 가서 해수의 손을 잡으며) 나와.
고해수   뭐?
엄기석   나가자고, 여기서!
홍태오   엄기석, 뭐 하는 짓이야.
엄기석   (홍태오를 노려보면)
고해수   (일어나서 엄기석 손목을 잡고) 너나 따라와.

그대로 나가는 둘. 굳은 얼굴의 홍태오와 황당한 표정의 맹수아에서.

#52. 학교 일각. 낮

가방 두 개를 이고 지고 걸어오고 있는 김유미.

김유미   어디 간 거야...

#53. 학교 다른 일각. 낮

화난 얼굴의 고해수에게 끌려오는 엄기석. 벽 쪽으로 엄기석을 확 밀고.

고해수   너 얼마 전부터 왜 그래? 툭하면 노려보고 있고 화난 사람처럼 굴면서 말은 안 하고. 보건실에선 그게 무슨 태도야?
엄기석   몰라서 묻냐?

고해수	몰라. 모르니까 묻지. 대체 뭐가 문제냐고!
엄기석	이 씨... 나도 몰라! 내가 너, 좋아하나부지!
고해수	...뭐?
엄기석	(씩씩대는데 괜히 서럽고) 나 너 좋다고. 좋아한다고.
	(한발 다가서며) 그니까...

#54. 모퉁이 뒤. 낮

누군가의 운동화. 그 시선으로 보이는 엄기석과 고해수.

엄기석	그러니까 너 보건이랑 그만하면 안 되냐, 어?
고해수	(!!!) 뭐라는 거야?
엄기석	(목소리 떨리는) 보건이랑 그러지 말라고.

고해수, 잠시 멍하다가, 곧 주먹을 말아쥐고 엄기석의 명치를 가격한다.
/
보고 있던 사람, 정율이다.

| 정율 | (휙 몸을 돌려 걸어가며 건조하게) ...지랄들이다. |

충격받은 얼굴로 배를 감싸고 선 엄기석과 부들부들 떨고 있는 고해수에서.

#55. 석경태 차 안. 밤

마을 길을 서행 중인 차. 머리를 기대고 눈을 감고 있는 석경태.

인서트 > 마을 식당. 밤

차도식과 차지혜가 나란히 앉고 맞은편에 석경태 앉아 있다.

석경태   (웃으며) 우리 지원이 학교에서 잘하나?
차지혜   (잠깐 망설이는) 지원이 어디서 지내는지는 아세요?
석경태   이놈이 나랑 말을 잘 안 해. 집에도 안 오고.
차지혜   (뭔가 말하려는데)
차도식   자식들이 다 그래. 그러니까 빨리 짝을 지어서 안정을 찾는
         게 좋지.
석경태   (웃으며 술을 따라준다) 그럼요. 그게 최고죠.

천천히 눈을 뜨는 석경태.

석경태   차 좀 세워 봐.
김실장   (부드럽게 멈추며) 예, 회장님.
석경태   그래서 어디서 지낸다는 거야, 이 자식은?

#56. 샛길. 밤
~~~~~~~

퇴근하는 중인 윤지원. 느리게 걷는데 쓱 옆에 나타나는 석지원.

윤지원   아우 깜짝이야. 왜 닌자처럼 나타나지?
석지원   핸드폰 안 삽니까? 연락이 안 되니까 이런 데서 기다리잖아.
윤지원   집에서 보면 될 걸 왜 기다려요?
석지원   혼자 퇴근하기 심심해서요. 왜요 싫어요?
윤지원   (애써 미소 누르며 괜히) 좋겠어요? 이렇게 놀래키는데?
         그나마 꽃이 얼추 지고 있어서 내가 참는다.
석지원   아주 꽃이 지기만 오매불망 기다리나 봐.

윤지원   그럼. 그쪽은 뭐 아쉽기라도 한가?

석지원   근데 꽃이 지고 나면 그럼 우린...

윤지원   (아무렇지 않은 척) 우린 뭐. 더는 볼 일 없는 거죠. 깔끔하게.

석지원 뭔가 더 말하려는데 울리는 핸드폰 진동.

보면 〈아버지〉 받지 않고 다시 주머니에 넣는다. 윤지원 이미 저만
치 갔다.

성큼성큼 걸어 따라붙는 석지원.

#57. 이사장실. 밤

석경태, 핸드폰을 귀에 대고 책상 앞에 서서 **#44.**의 서류들을 거칠게
넘겨본다.

석경태   독목산 대홍란 서식지 파괴와 개체수 감소...? 이 자식이 누구 편을!

이기하   (그 앞에 서서 당황한 얼굴이다)

석경태   야, 사택인지 나발인지 그거 어디야?

#58. 사택. 1층 거실. 밤

거실 가운데 의자를 두고 올라선 윤재호. 전등을 가는 중이다.

조심스럽게 전구를 살살 돌려 끼우는 중인데 헛돈다. 마지막으로 힘
을 주다가 비틀하는. 순간 의자 흔들리고 어어어- 소리를 지르며 버둥
거리는 윤재호.

그때 거실로 막 들어오는 윤지원과 석지원.

결국 위태롭던 의자가 넘어지고 윤재호, 공중에 붕 뜬다.

눈을 질끈 감았다가 뜨면. 달려온 석지원이 윤재호를 가뿐하게 안아

든 참이다.

석지원 (놀란 얼굴로) 제가 하면 되는데...
윤지원 할아버지 위험하게 뭐 하시는 거야!
윤재호 아니 저 전구 구멍이 이상해서 나밖에 못 갈어, 저건.

하는데, 석지원과 얼굴이 너무 가깝다. 어색하게 서로를 마주 보는 둘.
막 내려놓으려는데.

석경태(E) 뭐야 이건?

모두 돌아보면, 어이없는 얼굴로 선 석경태. 그 옆에 영문을 모르고
선 공문수.

공문수 ...할아버지 손님이라고 하셨...
석경태 (삿대질을 하며 오는) 야! 석지원! 니가 제대로 미쳤구나.

차분하게 윤재호를 내려주고 석경태를 말리러 가는 석지원.
거실 가운데서 마주친 석경태, 분을 참지 못하고 그대로 석지원의 뺨
을 친다.
얼굴을 찌푸리는 윤재호. 얼어붙은 공문수. 윤지원 저도 모르게 석지
원에게로 달려가 뺨을 살피려는데, 석지원, 막으며 괜찮다고 고개를
끄덕여 준다.
스스로도 살짝 놀랐던 석경태, 두 사람을 보며 더욱 화가 치밀어 오른다.

석지원 (가볍게) 이렇게까지 하실 일 아니잖아요.
석경태 뭐가 아니야? 너 여기서 지금 뭐 하고 있냐?
        이러라고 내가 너 학교로 보낸 줄 알아?
석지원 아버지!

석경태	거기다 뭐? (윤지원 가리키며) 뭘 사귀네 마네 그딴 내기를 해?
윤재호	(눈 커지는. 뛰어갈 기세로) 뭐? 이게 다 무슨 소리야!
윤지원	(윤재호 말리며) 할아버지, 아니야, 내가 설명할게.
석경태	당연히 아니지. 아니어야지! 어디서 누구랑 지금,
석지원	그만하세요!
석경태	뭘 그만해, 이 한심한 새끼야! 너나 당장 그만하고 여기서 나와. 알아들어?

석지원, 참담하다. 그대로 석경태를 밀다시피 현관 쪽으로 가면서 뒤를 돌아본다.
멍하니 서 있는 윤지원과 눈이 마주치는데, 먼저 피하고 마는 석지원.

#59. 주차장. 밤

석경태의 차 앞에 서 있는 석지원. 뒷좌석의 창을 내린 채, 매서운 얼굴로 석지원을 노려보고 있는 석경태. 곧 창문을 올리면 차 그대로 출발한다.
허공을 올려다보며 한숨을 내쉬는 석지원.

#60. 학교 복도. 밤

터벅터벅 걷고 있는 무표정한 얼굴의 석지원.
교무실 앞을 지나다 멈칫한다.

#61. 교무실. 밤

아무도 없는 어두운 교무실. 제 책상에서 재킷과 가방을 챙기는 차지혜. 그러다 윤지원 자리에 눈이 간다. 입술을 깨물고 가방에서 윤지원의 핸드폰을 꺼내는.

차지혜   (자조적으로) 지금 넣어 놓으면 되겠냐...

어쩔까 고민하다가, 그냥 돌아서는데. 그 앞에 서 있는 석지원. 놀라는 차지혜.
들고 있던 핸드폰이 바닥으로 떨어져 책상 안쪽으로 미끄러져 들어간다.

#62. 이사장실. 밤

마주 서 있는 석지원과 차지혜. 꼭 쥔 차지혜의 주먹이 작게 떨린다.

석지원   (차갑게) 설명해 줄 수 있어?
차지혜   무슨 설명?
석지원   내 추측을 먼저 말할까, 그럼?
차지혜   야, 석지원. 이거 그냥 내가 우연히... (하지만 둘러댈 말이 없다)
석지원   (차분하게) 말해. 듣고 있어.
차지혜   (할 말이 없다. 불쑥 화가 솟는) 그냥 좀 모른 척해주지.
         돌려줄 건데. 그냥 돌려주면 없던 일인데. 너 꼭 나한테 이래야 해?
석지원   너, 윤지원 친구잖아.
차지혜   뭐? 친구지 그럼.
석지원   그럼 걔한테 이러지 마. 윤지원 마음 아플 일 하지 말라고.
차지혜   (눈 빨개져서) 너 땜에 그런 거야. 니가 좋아서. 너도 그거 알잖아.
         그러니까 차라리 너한테 질척거리지 말라고 화를 내.
         윤지원이 아니고! 너하고 내 얘길 하란 말이야!
석지원   (보는)

차지혜   윤지원 아프게 하는 게 나야? 아니야. 석지원 너야.
         니 집, 니 상황 전부 다 윤지원한테 독이야.
         지금 니가 하는 게 윤지원을 젤 아프게 하는 거라고. 알아?

         석지원 눈동자가 흔들린다. 차지혜, 그대로 나가버리고 멍하니 선 석
         지원에서.

#63. 사택. 윤지원의 방. 밤

         애써 아무렇지 않은 얼굴로 방으로 들어오는 윤지원. 침대에 누워 이
         불을 쓰고 벽을 보고 돌아눕는다.

#64. 사택. 거실. 밤

         어두운 거실. 윤지원의 방 앞에 우두커니 서 있는 석지원.
         노크를 할까 손을 들다가, 결국은 그냥 내리고 돌아선다.

#65. 라일락 벤치. 밤 -> 낮

         꽃이 거의 다 떨어져 가는 라일락 나무를 올려다보고 있는 석지원의
         얼굴에서 암전.
         다시 밝아지면 같은 자세로 앉아 나무를 보고 있는 윤지원. 멍한 얼굴
         이다.
         드리워지는 그림자. 차지혜다. 표정이 어둡다.

차지혜   퇴근 중?

윤지원	쉬는 중. 너는 퇴근하다 말고 왜? 나 보러 왔어?
차지혜	(옆에 툭 앉으며) 응. 너 뭐 하나 싶어서.
윤지원	그냥 있지 뭐.
차지혜	근데 너 무슨 일 있어? 표정이 왜 그래.
윤지원	없는데?
차지혜	석지원 때문이지?
윤지원	(보면)
차지혜	니네 둘이 그래, 뭐 내기 핑계로 뭘 하는지 내가 정확히는 모르지만.
윤지원	하긴 뭘 해...
차지혜	그래? 그럼, 니가 진짜 걔 땜에 괴롭고 싫으면 단호하게 말을 해. 끌려다니지 말고.
윤지원	(뭔가 말하려다 참고) 지혜야.
차지혜	널 탓하는 건 아니지만 여지를 주니까...

인서트 > #58. 사택 거실. 밤

석경태 *거기다 뭐? (윤지원 가리키며) 뭐 사귀네 마네 그딴 내기를 해?*

석지원이 석경태를 밀고 나가며, 윤지원과 눈이 마주치는 순간.

윤지원	(울컥하는) 그런가. 근데 어쩌지. 못하겠어.
차지혜	뭐?
윤지원	단호하게 구는 거 못하겠다고.
차지혜	(윤지원 보는) ...왜?
윤지원	좋아하니까.
차지혜	(얼어붙는다) 뭐?
윤지원	나만 있으면 어떤 것도 다 상관없다는 걔가 좋았어. 진짜 그렇게 웃었거든. 세상을 다 가진 것처럼. 열여덟이었던 내가 그런 석지원을 어떻게 안 좋아할 수 있었겠어?
차지혜	(목소리 떨리는) 뭔데... 옛날에 좋아한 거야, 아님 지금도...

윤지원   그래. 오래전에 날 버렸고 지금도 끝이 보이는데, 나는 다시 석지원을
        좋아해. (빨개진 눈을 문질러 닦는) 그렇게 돼 버렸어.
차지혜   (벌떡 일어나 한탄처럼 중얼거린다) 내가 이걸 또...
윤지원   어차피 아무 소용 없는 얘기다.
        (다시 나무를 올려다보는) 봐, 꽃이 다 졌잖아.

        말끝에 눈물이 툭 흐르면 얼른 닦아내는 윤지원을 차지혜 복잡한 심
        경으로 본다.

#66. 사택. 거실. 낮

        빨개진 눈으로 들어오는 윤지원. 마침 2층에서 내려오던 공문수와 마
        주친다.

공문수   (보다가 일부러 더 밝게) 선생님, 오늘 저녁에 우리 뭐...

        하다가, 윤지원 얼굴 보고 얼른 다가오는. 윤지원, 고개를 돌려 피하
        는데.
        공문수 고개를 숙여 윤지원의 얼굴을 보고 표정이 굳는다.

윤지원   (애써 웃으며) 모른 척 좀 해줘.
공문수   ...그게 잘 안 돼요.
윤지원   (멈춰 선다)
공문수   이렇게 우서도 모른 척해야 하고, 화를 낼 자격도 전 없고 혼자 좋아하
        는 게 그런 거지만. 마음이 마음대로 잘 안 돼요.
윤지원   (돌아보며 서글프게 웃는) 그래, 나도 알아. (다시 걸음 옮기려는데)
공문수   선생님. 저를 안 좋아하시는 건 괜찮아요.
        그런데 선생님을 다치게 하는 사람들이 있는 데로는 가지 마세요.

윤지원, 대답하지 못하고 방으로 가 문을 연다. 고개를 떨구는 공문수에서.

#67. 사택. 윤지원 방. 낮

들어오는 윤지원. 크게 한숨을 내쉬어 보는데 다시 불쑥 눈물이 솟는다.
책상 위에 놓인 휴지를 뽑으려다 노트북 마우스를 툭 건드리면 켜지는 화면.
옛 핸드폰이 아직 연결되어 있다. 눈물을 닦으며 연결선을 뽑다가 멈칫한다.
보면 다 옮겨진 옛날 핸드폰 폴더. 사진 파일 아래 메시지함이 보인다.
받은 메시지함 (13) 보낸 메시지함 (0) 그 아래 스팸 메시지함 (50)
물끄러미 보다가 책상에 앉는 윤지원. 스팸 메시지함을 클릭한다.
하나를 읽다가 놀라 눈동자가 흔들리는 윤지원.

#68. 석반건설 앞 + 차 안. 낮

서 있는 석지원의 차. 건물에서 나와 차에 올라타는 석지원.
운전석에 앉은 이기하. 긴장한 얼굴이다.

석지원   양소로 가.
이기하   (곤란한 얼굴로) 저 그게 회장님께서 오늘 회의 끝나시면 꼭 서울 본가로 모시고 오라고...
석지원   (눈 감으며 머리 기댄다) 기하야. 가자, 집에.
이기하   (고민하다가 출발시키며) 예, 전무님 양소로 가겠습니다.

#69. 학교 일각. 낮

막 어둑해지는 참이다. 일과가 끝나 텅 빈 학교.
혼란스러운 표정으로 달려오고 있는 윤지원.

#70. 이사장실. 낮

벌컥 문을 여는 윤지원. 아무도 없다.

#71. 차지혜의 방. 밤

퇴근한 차림 그대로 서 있는 차지혜. 화장대 위에 놓인 사진첩을 들어
올린다.
보면, 열여덟 석지원과 차지혜가 나란히 서서 찍은 사진. 그런데 한쪽
이 접혀 있다.
사진첩에서 사진을 꺼내 펼치면 접힌 부분에 윤지원이 있다.
불쑥 눈물이 솟는 차지혜. 눈물을 닦으며 셋이 찍은 사진을 본다.

#72. 사택. 1층 거실. 밤

마주 앉아 있는 윤재호와 석지원.

윤재호   (언짢은 얼굴로) 어디서 그런 돼먹지 못한 장난을 치나.
석지원   어르신 저는... (하는데)
윤재호   다 뺏기고 주저앉은 늙은이가 우습나? 그래서 내 손녀한테도 그렇게
        함부로 해? 자네 아버지처럼?

석지원   (당황해서 보면)

윤재호   (일어나며) 나는, 막말은 참겠네. 우리 지원이 건드리지 말게.
            사택도 우리가 곧 비우지.

석지원   어르신.

윤재호   (매서운 얼굴로 보는 데서)

#73. 교무실. 밤

아무도 없는 어두운 교무실에 터덜터덜 들어오는 윤지원. 제 자리에
털썩 앉는다.

인서트 > #67. 사택. 윤지원의 방. 낮
스팸 메시지함을 열어 보는 윤지원. 온통 열여덟 석지원이 보낸 메시
지다.

1. 석지원의 집 베란다. 밤 (과거) – 3회 #59.와 동일 상황
울며 메시지를 보내는 석지원 〈윤지원. 나야. 여기로 전화해 줘〉

2. 편의점. 낮 (과거)
아르바이트 조끼를 입고 서 있는 석지원. 창밖으로 비가 내린다.
멍하니 보다가 핸드폰을 든다. 〈지원아 비 온다〉

3. 방. 밤 (과거)
침대에 누워 핸드폰을 노려보고 있는 석지원. 훌쩍인다. 〈나쁜 년〉

윤지원, 떨리는 손으로 2006년 12월 24일자 메시지를 클릭한다.
밤 11시 52분 메시지다. 〈생일 축하해. 안녕.〉

윤지원 여전히 혼란스럽고 서글프고 벅차기도 한 복잡한 심경이다.
짧게 한숨을 내쉬고 그대로 책상에 엎드리는데 발끝에 뭔가 툭 채인다.
몸을 숙여 줍는 윤지원. 보면 **#61.**에서 떨어진 윤지원의 핸드폰이다.

윤지원   뭐야... 이게... 이게 왜 여기 있지?

그러다 꾹 눌러 켜보면 전원 들어온다. 영문을 모르겠는 윤지원.
그러다 번뜩 뭔가 떠오르는.

#74. 사택. 2층 욕실. 밤

재킷을 벗고 손을 씻는 담담한 얼굴의 석지원.

인서트 > 1. 주차장. 밤 (#59. 전 상황)
석경태 차 앞에서 서서 석지원을 무섭게 노려보고 있다.

석경태   *내가 저것들한테 어디까지 하는지 보고 싶으면 니 맘대로 해.*

인서트 > 2. #62. 이사장실. 밤
차지혜   *지금 니가 하는 게 윤지원을 젤 아프게 하는 거라고. 알아?*

인서트 > 3. #72. 사택. 거실. 밤
윤재호   *다 뺏기고 주저앉은 늙은이가 우습나? 그래서 내 손녀한테도
         그렇게 함부로 해? 자네 아버지처럼?*

거울 속 자신을 잠시 보다가 몸을 돌려 나간다.

#75. 사택. 2층 거실. 밤

욕실에서 나오는 석지원. 앞에 둔 재킷을 드는데 주머니에서 떨어지는 핸드폰.

다시 허리를 숙여 줍는데 문득 저만치 소파 아래에서 삐죽 나온 뭔가 보인다.

5회 #65.의 편지다. 다가가 꺼내는 석지원.

낡은 편지 봉투에 적힌 〈석지원에게〉 열여덟 윤지원이 쓴 편지다.

열어 보는 석지원. 막 읽으려는데 핸드폰이 울린다. 보면 〈윤지원〉.

#76. 사택 마당 + 라일락 벤치. 밤

현관문을 열고 나오는 석지원.

/

벤치에 앉아 있는 윤지원.

/

마당을 막 빠져나가는 석지원. 그 위로 윤지원의 편지.

울분과 체념이 뒤섞인 열여덟 윤지원의 목소리다.

석지원에게.

너를 저주해. 니 남은 평생이 내내 불행하길 빌 거야.

길을 걸으면 세 걸음마다 넘어지길.

원하는 대학은 전부 다 떨어지길.

친구 하나 없이 외롭고 심심하길.

맨날 감기로 골골대길.

#77. 샛길. 밤

석지원 걸음을 점점 더 빨리한다. 계속되는 윤지원의 편지.

아무리 저주를 퍼부어도 분이 하나도 안 풀린다.
사실은 그냥 니가 보고 싶어.
그러니까 언젠가.

#78. 라일락 벤치 근처. 밤

이윽고, 저만치 벤치에 앉아 있는 윤지원이 보인다.
멍하니 서서 그 얼굴을 한참 보는. 남은 편지는 현재 윤지원의 목소리
로 읽는다.

그러니까 언젠가.
세상의 모든 불운과 불행을 떠안고라도 나에게 와줘. 석지원.

#79. 라일락 벤치. 밤

제 발끝만 보고 앉아 있는 윤지원. 그리고 그 앞에 와 서는 석지원.
고개를 들고 석지원을 본다. 자리에서 천천히 일어나는 윤지원.
두 사람 거의 동시에 라일락 나무를 쳐다본다.

석지원 꽃이 지면 더 볼 일 없다고 했나.
윤지원 (입을 열려는데)
석지원 우리,
윤지원 (본다)
석지원 우리 그만해요.
윤지원 (목소리 떨리는) 석지원, 너는,

석지원	나는, 안 되겠어.
윤지원	(눈에 서서히 눈물이 고이는데)
석지원	그러니까 이딴 내기 집어치우고 나랑, 진짜 연애합시다. 윤지원 씨.
윤지원	(!!!!)

바람이 불어, 얼마 남지 않은 라일락 꽃잎들이 둘 사이로 위태롭게 흩날린다.
마주 보고 선 두 사람에서.

사랑은 외나무다리에서 7회 끝.

제 8 회

#1. 사택. 석지원의 방 앞. 낮

나란히 서서 방 안을 보고 있는 윤재호와 공문수.
보면 캐리어를 하나 펼쳐놓고 짐을 싸고 있는 석지원의 뒷모습.
윤재호 그 모습을 보며 어쩐지 미안하다.
짐을 다 싸고 일어나는 석지원. 돌아선다.

윤재호   (헛기침하며) 집을 벌써 구했나?
석지원   예, 적당한 곳이 마침 있었습니다.
윤재호   그래 뭐... 잘됐구만.

윤재호에게 고개 숙여 인사하고 공문수와도 짧게 눈인사를 하고 내려
가는 석지원.

공문수   그런데요, 이사장님... 들어오실 땐 분명 캐리어가 2개였는데.
윤재호   응?

윤재호 방으로 들어가 옷장 문을 열어보면, 드문드문 남아 있는 옷들.

옷장 위에는 캐리어도 하나 그대로 있다. 의문으로 서로를 보는 윤재
호와 공문수.

#2. 사택. 1층 거실. 낮

2층 계단으로 내려오는 윤재호와 공문수.
물컵을 든 윤지원과 캐리어를 끄는 석지원이 막 서로를 스쳐 윤지원
은 제 방으로 들어가 문을 닫고 석지원도 현관으로 가는 중이다.

석지원   (윤재호 보며) 이만 가보겠습니다, 어르신.
윤재호   (윤지원 방을 보며) 어, (하다가) 근데 아무리 그래도 쟤는 인사도
없이 저렇게 들어간 거야? (크게) 지원아?
석지원   (얼른) 아닙니다! 괜찮습니다.
공문수   조심히 가세요, 이사장님.

끄덕이고 현관으로 내려서는 석지원. 공문수 굳게 닫힌 윤지원의 방
문을 본다.

#3. 사택. 부엌. 밤

무표정한 얼굴로 싱크대 앞에 서서 빠른 속도로 설거지를 하는 윤지원.
식탁을 닦는 공문수. 그 앞에 서서 물을 마시는 윤재호.
설거지를 마친 윤지원이 손을 닦으며 바삐 부엌을 빠져나간다.

윤재호   다 저녁에 어디 가?
윤지원   (무심히) 어, 혼자 좀 뛰러. 다녀올게요.
윤재호   쟤가 속이 시끄러우면 뛰는데. 오늘 좀 이상하지?

공문수   네, 식사도 거의 안 하시고...

#4. 석지원의 오피스텔. 거실. 밤

횅한 거실에 덜렁 놓인 소파. 그 옆에 캐리어를 두고 멍하니 앉아 있는 석지원.
옆에 놓인 핸드폰을 들어 시간을 확인하고는 천천히 일어난다.

#5. 운동장. 밤

빠른 속도로 운동장을 달리는 윤지원. 동그랗게 원을 그리며 도나 싶은 찰나, 그대로 직진해 교문을 빠져나간다.

#6. 골목. 밤

걷고 있는 석지원의 얼굴. 무표정한 얼굴이다가 서서히 얼굴에 미소가 번진다.
보면 석지원의 옆으로 뛰어 들어오는 윤지원. 둘 눈이 마주치면 좋으면서도 어색해서 동시에 웃음이 터진다.

#7. 라일락 벤치. 밤 (7회 엔딩에 이어지는 상황)

마주 선 두 사람.

석지원   꽃이 지면 더 볼 일 없다고 했나.

윤지원   (입을 열려는데)

석지원   우리,

윤지원   (본다)

석지원   우리 그만해요.

윤지원   (목소리 떨리는) 석지원, 너는,

석지원   나는, 안 되겠어.

윤지원   (눈에 서서히 눈물이 고이는데)

석지원   그러니까 이딴 내기 집어치우고 나랑, 진짜 연애하자, 윤지원.

윤지원   (!!!!)

석지원   너랑 볼 일 없는 거 그거 다신 못하겠으니까.

윤지원   (눈물이 차오르는)

석지원   오래전에 니가 날 버렸어도, 또 전부 우릴 반대한대도 상관 안 해.
         그러니까 니 마음만 나랑 같으면 우리,

         하는데 그대로 걸어와 석지원을 안는 윤지원.

윤지원   그래, 상관하지 말자, 아무것도.
         ...나도 너 좋아해, 석지원.

         천천히 팔을 올려 마주 안아보는 석지원. 소중하게 윤지원의 머리칼
         을 쓰다듬는다.
         품 안에서 올려다보는 윤지원. 비로소 마주 보며 행복하게 웃는 둘에서.

#8. 거리 일각. 밤

         웃는 얼굴 그대로 이어지며 윤지원을 제 옆으로 바짝 당기는 석지원.
         딱 붙어서 나란히 걷는다.

#9. 잡화점. 밤

각종 생필품이 담긴 장바구니를 팔에 낀 석지원과 윤지원, 조명 코너
에 서 있다.

윤지원   (조명 하나를 살피며) 아니? 할아버지 전혀 눈치 못 채시지.
　　　　내가 아무런 티도 안 냈거든.
석지원   지금은 뭐라고 하고 나왔는데?
윤지원   뛰러 간댔어. (조명 하나를 들며) 어때?
석지원   좋아.
윤지원   (다른 걸 들고) 이건?
석지원   (조명은 보지도 않고 윤지원을 보며) 좋아.
윤지원   (못 말린다는 듯 고개를 젓는데)
석지원   (귀에 대고 속삭) 좋아.

#10. 석지원의 오피스텔. 침실. 밤

침대 옆에 놓인 협탁에 조명을 놓고 설치하고 있는 석지원.
연결을 끝내고 줄을 당겨 조명을 켜본다. 불이 들어오면 방의 메인 조
명을 꺼 본다. 은은한 조명 아래 앉아서 이리저리 보다가 끌 요량으로
줄을 당기는데 꺼지지 않는 조명. 갸웃하며 연신 당겨보지만 그대로다.

석지원   (고개 돌려 문 쪽을 향해) 윤지원! 이거 불량인데?

뭐라고? 하며 방문을 열고 들어오는 윤지원. 그 순간 석지원이 다시
줄을 당기면 틱 꺼지는 조명. 삽시간에 깜깜해지는 방.

석지원   어? 이게 왜...

윤지원	(놀리는) 와, 방으로 꼬셔가지고 냅다 불부터 끄네?
	대놓고 아주... 너 아주...
석지원	(다시 당기는데 안 켜진다) 아냐, 그게 아니고...
윤지원	우우... (엄지를 아래로 내리고 야유하다가 문을 탁 닫으면)
석지원	(어둠 속에서 당황해서) 이게 갑자기 왜 돼. 이러면 내가 뭐가 돼...

#11. 사택 앞 골목. 밤

어두운 골목 나란히 걸어오는 윤지원과 석지원.

윤지원	너도 대단하다. 그날 진짜 추웠는데 거기서 밤을 새?
석지원	웃기시네. 남산은 따뜻했고?
윤지원	(픽 웃고) 그땐 진짜 뭐였을까? 니 번호가 차단된 것도 그렇고.
	그게 그럴 수가 있나? 누가 일부러 그러지 않고서야.
석지원	(본다)
윤지원	근데 누가 그러겠어? 일단 너랑 내가 만난 걸 아는 사람이 아무도 없
	었는데.
석지원	...아무한테도 말 안 했어? 나중에라도?
윤지원	(끄덕인다)

인서트 > 이사장실. 낮 (3회 #77.)

차지혜 _그때 둘이 아무도 몰래 사귀었다며. 고작 3개월._

석지원	(생각에 잠기는데)
윤지원	에이, 몰라 그땐 온 우주가 우릴 반대했나 보다, 해야지 뭐.
	(사택 문 앞이다. 발걸음을 멈추는) 다 왔다. 이제 가.
석지원	벌써 다 왔다고? (손잡고 안 놔주는)
윤지원	가 좀!

석지원   (손을 놓는가 싶더니, 다른 손으로 다시 잡고) 5분만...

윤지원, 어쩔 수 없다는 듯 보면, 씩 웃으며 윤지원을 껴안는 석지원에서.

#12. 사택. 1층 거실. 밤

어두컴컴한 거실. 조심스럽게 들어오는 윤지원. 방으로 가려는데 소
파에서 막 잠에서 깬 듯 일어나 앉는 윤재호.

윤재호   ...이제 오냐?
윤지원   (화들짝 놀라서) 어, 할아버지 방에서 주무시지.
윤재호   (일어나 거실 불 켜고 윤지원 보고는) 어이구... 얼마나 뛴 거야.
          얼굴 빨개진 것 좀 봐...
윤지원   (볼을 감싸며) ...그냥 좀 오래 뛰었어. 어쩌다 보니까.
윤재호   피곤하겠다. 얼른 들어가 자.
윤지원   할아버지도 안녕히 주무세요.

민망함으로 눈을 질끈 감으며 방으로 가는 윤지원에서 암전.

#13. 라일락 벤치. 낮

커피를 들고 나란히 앉은 윤지원과 맹수아. 윤지원 은은한 미소를 짓
고 있다.

맹수아   그래서, 니네 반 고해수 상담했어?
윤지원   (끄덕이고) 해수가 전교 1등을 놓친 적 한 번도 없거든.
          안 괜찮을 건데 괜찮은 척하는 거 같아. 애가 자기 얘길 잘 안 해.

맹수아	선생한테 자기 얘기 잘하는 열여덟이 어딨냐...
윤지원	그치. 근데 홍쌤이랑은 얘길 좀 하나. 어떻게 보건실로 갔지?
맹수아	그... 홍쌤이 그런 게 있더라고.
윤지원	뭐가 있는데?
맹수아	(배시시 웃고) 뭐랄까 담담하고 다정한데 날카로워. 그게 또 은근하게 위로가 된달까... 자꾸 생각나. 별말이 아닌데도.
윤지원	(끄덕인다) 맞아. 홍쌤하고 얘기하다 보면 마음이 편안해지는 그런... (하다가 수아 보고) 어, 뭐지? 지금 분위기가 왜 수줍지?

하는데, 종이 울린다.

맹수아	(일어나며) 수줍은 무슨...
윤지원	(따라 일어나며) 어? 자리를 피하네? (킁킁하며) 냄새가 나는데?
맹수아	(가며) 뭔 소리야, 종 쳤으니까 수업 가야죠?
윤지원	(따라가며 장난치는) 이야, 이 맛에 놀리는구만. 이거구만!
맹수아	윤지원 선생님 오늘 왜 이러지? 기분이 왜 이렇게 좋지?
윤지원	(당황해서) ...아닌데 나 평소랑 같은데.
맹수아	당황하네?
윤지원	수업 가자, 수업...
맹수아	너 이번 시간 수업 없잖아. 점점 더 수상해?

윤지원, 시선을 피하며 걸음을 빨리하면 맹수아 따라붙는 데서.

#14. 보건실 앞. 낮

책과 출석부 등을 들고 걸어오는 맹수아. 보건실 문이 살짝 열려 있다.
쏙 들여다보면 체육복을 입은 남학생의 발에 파스를 뿌려주고 있는
홍태오.

맹수아	귀여워... (하다가 문득 떠오르는)
윤지원(E)	근데 홍쌤이랑은 얘길 좀 하나. 어떻게 보건실로 갔지?
맹수아	(중얼) 그러게, 천하의 고해수가...

하다가 무슨 생각을 하나 싶어 짧게 고개를 젓고 다시 보건실 안을 보면,
학생과 대화를 나누며 밝게 웃는 홍태오. 따라 배시시 웃는 맹수아에서.

#15. 교무실. 낮

윤지원 자리에 앉아서 공문수의 실습 일지를 들여다보고 있다. 앞에
선 공문수.
그 와중에 윤지원의 핸드폰이 짧은 진동을 계속한다. 들어서 주머니
에 넣는 윤지원.
일지에 사인을 하고 탁 덮어 내밀며 공문수를 본다.

윤지원	하산해. 더 수정할 것도 없겠어. 첨엔 일지가 아니라 일기 같더니.
공문수	(웃으며) 하산은 싫은데... 오늘 퇴근하고 영화 보러 가실래요?
윤지원	갑자기?
공문수	(끄덕이는) 공짜 표가 생겼는데 같이 보기로 한 동기가 갑자기 일이 생겼다고.
윤지원	(지그시 보면)
공문수	...정도면 괜찮은 핑곌까요?
윤지원	(픽 웃고 보다가) 영화 말고 우리 점심때 나가서 돈가스 먹을래?
공문수	(좋아서) 정말요?
윤지원	응. 내가 사줄게.

#16. 이사장실. 낮

책상 앞에 앉아 있는 석지원. 문을 열고 들어오는 이기하. 손에 초밥집 종이봉투를 들었다.

이기하　전무님, 말씀하신 초밥입니다. 주방장 특선으로 세 개.
석지원　수고했어. 하난 너 먹어.
이기하　정말요? (얼른 맞은편 소파에 앉는데)
석지원　여기서 말고. 딴 데서.
이기하　(시무룩해서 일어나다가) 혹시 체육 선생님께 초밥 플러팅을?
　　　　아... 근데 이게 초밥은 뭐랄까 너무 올드한...
석지원　응 됐어. 엠지 이기하 씨? 나가 보세요.

이기하 한층 더 시무룩한 얼굴로 초밥 하나를 들고 나가면 핸드폰을 꺼내 메시지를 보내는 석지원. 초밥 2개를 마주 놓았다가 다시 나란히 오도록 세팅하고 방긋 웃어본다.
핸드폰을 다시 보는. 답이 오지 않는다. 자리에서 일어나 창가 쪽으로 가는 석지원.
전화를 걸다가 멈칫. 저만치 교문 쪽으로 걷고 있는 윤지원과 공문수가 보인다.
여전히 신호가 가는 중인 핸드폰을 보면 수신자 〈윤지원〉이다.
살짝 찌푸리며 갸웃하는 석지원. 전화를 끊고 다시 걸어보려는데 도착하는 메시지.
〈약속 있어. 맛있게 먹어!〉
그 위로, 석지원이 보낸 메시지 보인다. 〈점심 같이 먹자. 이사장실로 와〉

석지원　(활활 타는 눈으로 창을 뚫을 듯 보며) 하, 약속...?

#17. 복도. 낮

초밥을 들고 쓸쓸하게 걷는 이기하. 그때 핸드폰 울리면 보고 얼른 받는.

이기하   예, 실장님! 네... 네... 네? 회장님이 저를요? 지금 당장?
                (침을 꿀꺽 삼키고) 전무님께는 비밀로요...? 네 알겠습니다. 네.

전화를 끊고 크게 한숨을 쉬고는 다시 걷는 이기하에서.

#18. 편의점 앞. 낮

은행 서류 봉투를 옆구리에 끼고, 김밥 하나를 들고나오는 변덕수.
김밥을 뜯으며 두리번거리다가 근처에 보이는 작은 공원 쪽으로 걷기
시작한다.

#19. 공원. 낮

벤치에 나란히 앉은 윤지원과 공문수. 둘 커피를 하나씩 들고 있고.
벤치 옆으로 커다란 나무 한 그루가 서 있다.

윤지원   돈가스 노래를 부르더니 왜 반이나 남겼어?
공문수   생각해 보니까 어릴 때 엄마가 돈가스 사준다고 하시곤 치과에 데려
                갔었거든요. 선생님도 다른 이유가 있으시겠구나. 싶었어요.
윤지원   (공문수 보면)
공문수   그때 신경치료를 했었나 진짜 아팠는데. 저 안 울었거든요.
                (윤지원 보고 씩 웃는) 그러니까 그냥 말씀하셔도 돼요.
윤지원   (미안한. 크게 한숨을 쉬고는) 내가 공쌤한테는 더는 숨길 수가 없어서.
공문수   (말없이 고개를 끄덕이고 있다)
윤지원   (이마를 긁적이며 조심스럽게) 사람 마음이란 게, 그게 아무리 애를

써도 내 맘대로 잘 안 되더라고. ...내가 좋아해, 이...

하는데, 둘 앞으로 또르르 굴러오는 김밥 한 알. 두 사람 의아한 듯 서
로를 마주 보고 김밥이 굴러온 방향으로 고개를 돌리면 나무 옆에서
오묘한 미소를 띤 얼굴로 슬그머니 나오는 변덕수. 손에는 먹다 만 김밥.
두 사람 놀라서 벌떡 일어난다.

#20. 거리 일각. 낮

변덕수와 양옆에 딱 붙어 선 윤지원 공문수. 빠르게 걷고 있다.

윤지원 (다급한) 선생님, 그게... 오해세요.
변덕수 (다 안다는 듯 웃으며) 오해? 오케이 알았어 오해로 가!
공문수 아니 진짜로 그런 게 아닌데...
변덕수 왜? 공쌤은 우리 지원이가 영 아니야?
공문수 아뇨! 그런 건 아니고...
변덕수 (공문수 기특하게 보며) 그치? 그래, 그래야지.
        아, 그동안 내가 왜 눈치를 못 챘지?
공문수 ...사실이 아니니까요?
변덕수 어이구 귀엽다 귀여워. 둘 다 허옇게 질려가지고.
        나 저기, 그렇게 센스 없는 사람 아냐, 비밀 연애 오케이!
윤지원 선생님! 비밀 연애라니요!
변덕수 아, 오케이 오케이 연애 빼고 비밀! (찡긋하며 끄덕이면)

윤지원과 공문수 마주 보며, 어이가 없어서 헛웃음이 터지는데.

변덕수 좋아? 그래 좋을 때지. 크... 옛날 생각난다. 나도 우리 와이프랑 응?
        교무실에서 눈만 마주쳐도 좋아가지고, 어?

#21. 석지원의 차 안. 낮

운전 중인 석지원. 심란한 표정이다.

석경태(F) 당장 회사로.

막 교문을 빠져나오는데 저만치 들어오는 윤지원과 공문수, 변덕수가
보인다. 셋의 곁을 스쳐 지나는 석지원의 차. 윤지원이 차 안의 석지
원을 보는데.
새침하게 고개를 홱, 돌리고 가는 석지원.

#22. 교무실 앞 복도. 낮

허탈한 얼굴로 서 있는 윤지원과 공문수. 변덕수 막 교무실로 들어가
다가 머리만 다시 빼꼼 내밀어서 손으로 입에 지퍼 잠그는 시늉을 하
고는 들어간다.

윤지원 (머리를 짚으며) 미안하다, 공쌤.
공문수 소문 퍼뜨리시진 않겠죠?
윤지원 그렇게 당부를 드렸는데 설마...

둘, 불안한 얼굴로 마주 보다가 동시에 한숨을 쉬는 데서.

#23. 학교 스탠드. 낮

스탠드 옆을 지나는 이재규. 문득 보면 스탠드 가운데 서서 운동장을
보고 있는 변덕수. 다가가 보면 흐뭇하게 웃으며 수업 중인 윤지원과

공문수를 보고 있다.

이재규　선생님 뭐 하세요, 여기서?
변덕수　어? 아니 저... (하다가) 안 돼. 비밀이야.
이재규　(바짝 붙으며) 비밀? 우리 사이에 이러시기 있어요?
변덕수　(입이 간지럽다. 새끼손가락 내밀며) 그럼 이 선생만 알아야 돼?
이재규　(결연히 끄덕이며 손가락을 건다)

#24. 삽시간에 복사기도 알게 되는 스캔들 몽타주

1. 학교 중정. 낮
이재규 장온유 마주 앉아 있다.

이재규　근데 이거 진짜 진짜 비밀이야?
장온유　(끄덕이고)
이재규　(작게) 공문수쌤이랑 윤지원쌤 사귄대.

장온유 눈이 커졌다가 절망하는. 뒤로 지나던 교감 강영재가 솔깃해
서 듣고 있다.

2. 학교 일각. 낮
풀 죽어 앉아 있는 장온유. 그 앞에 걱정스러운 표정의 맹수아와 홍태오.

장온유　전 도저히 믿을 수 없긴 한데...

뭔가 말하면, 맹수아 입이 떡 벌어지는. 홍태오는 애써 놀람을 감춘다.

3. 2-1반 교실. 낮

뛰어 들어오는 양준호. 신난 얼굴이다.

양준호   야! 우리 담임쌤 남친 이사장 아니고 교생이래!

몇몇 여학생들이 비명을 지르고 아이들 술렁인다.

4. 교사 식당. 낮
강영재, 지경훈, 차지혜가 함께 밥을 먹고 있다.
강영재 몸을 숙여 둘에게 뭔가 속삭이면, 지경훈 잠깐 놀랐다가 곧 작게 웃음을 터뜨리고, 차지혜 혼란스러운 표정이 된다.

5. 교무실. 저녁
창밖으로 노을이 진다. 아무도 없는 교무실. 별안간 복사기가 작동하며 징- 종이를 뱉어낸다. 〈독목고 커플 탄생...!〉 헤드라인이 번쩍하는 종이가 바닥으로 살랑살랑 떨어지는 데서 암전.

#25. 석반건설 회장실. 밤

마주 앉아 있는 석경태와 석지원. 무표정한 얼굴의 석지원을 가늠하듯 집요하게 보는 석경태. 청심환을 꺼내 야무지게 씹는다.

인서트 > 회장실. 낮
창 앞에 서서 통화 중인 석경태.

지경훈(F) *사택에서는 나가셨고, 그 내기도 그냥 장난이신 것 같습니다.*
          오히려 지원이, 아 윤지원 선생님이 많이 괴로워했다고 하구요.

인서트 > 회장실. 낮

소파에 앉아 있는 석경태. 그 앞에 잔뜩 얼어서 서 있는 이기하.

이기하　저, 저, 전무님은 전혀 다른 사람이나 일에는 관심이 없으시고
　　　　오로지 회사밖에 모르시는...
석경태　오바는... 걔가 그 정도는 아닌데?
이기하　*(눈 질끈 감으며)* 맹세코 진실입니다, 회장님.

석경태　*(날카롭게 노려보며)* 이사를 하셨다?
석지원　네.
석경태　내기는 니 일방적인 괴롭힘이고? 근데 왜 계속 찝찝하지?
　　　　너 진짜 그 집 그 손녀 걔랑...
석지원　*(단호하게)* 제가 누굴 만나든 좋아하든 헤어지든 아버지께 허락받을
　　　　생각 없습니다.
석경태　뭐 임마?
석지원　그리고 사택에 그렇게 맘대로 들어오셔서 함부로 그러지 마세요.
석경태　*(쳇, 비웃고)* 니가 하지 말라면 내가,
석지원　*(차갑게)* 돈이 많으면, 재단의 주인이면 그래도 된다고요?
석경태　*(석지원을 본다)* 그럼!
석지원　아니요, 아버지가 누구라도, 어떤 자리에 있으시든 그러시면 안 되는
　　　　거 아시잖아요. 저를 따로 부르셨어야죠.
석경태　계속하겠다면? 니가 어쩔 건데? 내가 계속 그러면 니가 뭘 어쩔 거냐
　　　　고. 뭐 니 애비 안 보고 살기라도 하시게?
석지원　*(여전히 차가운 얼굴로 보고 있다)*
석경태　*(저도 모르게 눈 피하며)* 어어 이 자식 진심이네? 천륜 끊어?
석지원　*(일어나며)* ...그러지 않게 해주세요. 아버지.
　　　　(인사하고 그대로 나가면)
석경태　*(벌떡 일어나지만 힘이 빠진 채)* 저 자식 저게 진짜...
　　　　(하면서도 털썩 소파에 앉는다)

#26. 석지원의 오피스텔 복도. 밤

#16의 초밥 봉투를 든 채 터덜터덜 걸어오는 석지원.
문득, 속상하다. 주머니에서 핸드폰을 꺼내 전화를 거는데 신호만 가
고 받지 않는.

석지원   (중얼) 아니, 내가 그러고 갔는데 전화 한 통을 안 해?

집 앞에 당도한. 시무룩한 얼굴로 전화를 끊고 문을 여는 석지원.
들어가고 나면, 잠시 후 저만치서 걸어오는 지경훈,
석지원의 집 옆옆집 문을 열고 들어가는 데서.

#27. 석지원의 오피스텔. 거실. 밤

깜깜한 거실로 들어오는 석지원. 불을 켜고는 멈칫한다.
보면 소파에 앉아 등받이에 얼굴을 기대고 곱게 잠들어 있는 윤지원.
저도 모르게 슬며시 미소가 번지는 석지원. 짐을 다 내려놓고 숨죽여
옆에 앉는다.
재킷을 벗어 잘 덮어주고는 똑같이 등받이에 머리를 기대고 윤지원을
한참 본다.
손가락을 뻗어 괜히 볼을 콕 찔러보는데, 미동도 없는 윤지원.
좀 더 바짝 다가앉아서 윤지원의 어깨에 얼굴을 묻고 눈을 감는데.

윤지원   (근엄하게) 윤지원 안 잔다.
석지원   (화들짝 놀라 일어나며) 아, 깜짝...
윤지원   (눈 번쩍 뜨고 껄껄 웃는) 석지원 딱 걸렸어.
석지원   그런 거 아니거든?
윤지원   왜 아니지?

석지원	...뭐?
윤지원	왜 아니냐고, 그런 거.

석지원, 눈만 끔벅끔벅하다가 알아듣고 다시 소파로 몸을 날린다.
윤지원 웃음이 터지는데, 보면 석지원은 진지한 얼굴로 윤지원을 빤히 보고 있다.
눈이 마주치면, 윤지원을 가까이 당기는 석지원. 천천히 손으로 윤지원의 볼을 감싸고 다가오는데, 긴장한 채 있던 윤지원, 갑자기 웃음을 참는 듯 입술을 깨물며 눈을 질끈 감는다.

석지원	...나 안 해.
윤지원	(웃음 참으며) 아 미치겠네.
석지원	너는! 옛날에도 이러더니 또 이런 파렴치한 짓을...!
윤지원	그니까. 아니 처음도 아닌데 이게 왜 또 어색하지?
	사귄다고 땅땅하니까 더 이상해 기분이.
석지원	(윤지원 옆으로 밀어내고 일어나는) 나가.
윤지원	(따라 일어나는데 아예 웃음 터져서) 미안, 미안해!

석지원, 듣지 않겠다는 듯 고개를 저으며 방으로 가고, 윤지원 그런 석지원을 잡고 늘어진다. 옥신각신하는 두 사람에서.

#28. 사택. 윤지원의 방. 낮

짙은 초록색의 트레이닝복 차림으로 바쁘게 가방을 챙기고 있는 윤지원.
우유 한 잔을 들고 들어오는 윤재호. 문을 열어놓은 채 서서.

윤재호	웬 늦잠이야, 생전 안 그러더니. 요새 왜 이렇게 바빠?
윤지원	(눈 피하며) 내가? 아닌데... 그냥 알람이 안 울렸어.

윤재호	(우유 내밀며) 워크숍 내일이지?
윤지원	(마시고) 웅. 할아버지 절대 혼자 계시지 말고...
윤재호	경훈이한테 벌써 얘기했어. 오랜만에 데이트나 하자고.
윤지원	(웃고) 잘하셨어. (하다가 콩콩 냄새를 맡는) 할아버지, 근데 뭐 타는 냄새 안 나?
윤재호	(콩콩) 안 나는데? (하다가) 아, 내 누룽지!

서둘러 방을 나가는 두 사람.

#29. 사택. 부엌. 낮

가스레인지 불을 끄고 밸브도 잠그는 윤지원. 냄비 하나가 올라가 있다.

윤재호	아유 이 아까운 걸.
윤지원	다 탔네. 아깝다고 드시면 안 돼?
윤재호	알았어. 걱정 말고 가.
윤지원	(창을 열며) 내가 다녀와서 치울 테니까 그냥 두고 아침 드셔. 냄새 좀 빠지면 창문 닫으시고.
윤재호	(얼른 가라고 밀며) 알았네요.

윤지원, 손 흔들어 인사하고 나가고 나면, 윤재호 냄비 속을 숟가락으로 휘휘 저어보다가, 문득 다시 콩콩 냄새를 맡아본다.

| 윤재호 | ...코가 막혔나... |

#30. 주차장. 낮

막 차에서 내리는 석지원. 몇 걸음 옮기는데 들려오는 소리.

이재규   신기하지. 윤지원쌤 연애하는 거 처음이거든. 적어도 내가 아는 한은.

석지원, 흠칫 놀라며 고개를 빼고 보면 이재규의 차 트렁크가 열려 있고, 그 안에서 서류 더미들을 꺼내는 걸 장온유가 돕고 있는 모양새다.

장온유   (한숨을 내쉬고) 생각해 보니 두 분이 많이 붙어 다니긴 했더라고요.
석지원   (들켰나 싶어 당황한 얼굴로 찌푸리는데)
이재규   그니까. 단순히 담당 교사랑 교생이라서 그렇겠거니 했는데 말이야.
석지원   (!!!)
장온유   윤쌤이 그래서 이사장님이 건 내기에 그렇게 정색을 하셨나 봐요.
이재규   이사장님이 너무했지, 눈치도 없이. 둘이 얼마나 괴로웠겠어?

이재규 트렁크 문을 닫는다. 짐을 나눠 들고 가는 둘.
석지원 혼란스러운 표정으로 멍하니 서 있다가, 어이가 없다는 듯 웃다가 화가 난 얼굴로 성큼성큼 가는 데서.

#31. 체육관 안. 낮

등을 돌리고 서 있는 공문수. 윤지원과 같은 짙은 초록색의 트레이닝복 차림이다.
흰색 티를 입고 그 위에 트레이닝복 상의 지퍼를 열고 입고 있는.
공문수 앞에 배드민턴 채와 공이 든 상자가 두어 개 놓여 있다.
문 열리고 이리저리 몸을 풀며 들어오는 윤지원.

윤지원   어? 공쌤도 그거 샀네?
공문수   (돌아보고 활짝 웃는) 어, 선생님도 사셨네요. 세일 떴길래 얼른 샀죠.

윤지원	나두. 지금은 품절이더라.
공문수	(시계 보고 상자 가리키며) 수업 전에 이거 미리 옮겨놓을까요?
윤지원	1교시지? 그래 지금 하자.

공문수, 상자 중 큰 걸 번쩍 든다. 윤지원도 나머지를 챙겨 든다.

#32. 운동장. 낮

아직 등교하는 학생들과 출근하는 선생님들이 더러 보인다.
상자를 든 윤지원과 공문수가 걸어오는데, 바람이 불어 공문수의 상의가 계속 펄럭거리며 공문수의 턱을 간지럽힌다. 이리저리 피해 보다가 안 되겠는지 상자를 내려놓는 공문수. 윤지원 돌아본다.

공문수	선생님, 잠시만요. (지퍼를 올리는데 잘 안되고)
윤지원	천천히 해.
공문수	(계속 애를 쓰는데 되지 않는다)
윤지원	(상자 놓고 다가오는) 새 옷이라 그런가?
공문수	다 됐어요... (하는데 걸려서 올라가지 않고) 아...
윤지원	(피식 웃으며) 잠깐만. 내가 해보게.

몸을 약간 숙여 지퍼를 다시 연결해 올려보는 윤지원.
몇 번 힘을 주면 드디어 쑤욱 올라가는 지퍼.

윤지원	됐다!

하며 허리를 펴는 순간, 싸늘하다. 주변의 선생님들과 학생들 모두 멈춰서서 주목하고 있다. 선생님들 사이에 변덕수가 흐뭇한 미소를 지으며 엄지를 척 올린다.

윤지원과 공문수 당황한 얼굴로 서로를 보는데. 윤지원 뒤통수가 따갑다.
천천히 몸을 돌리면 저만치에 서 있는 석지원과 눈이 딱 마주친다.
믿을 수 없다는 듯 차가운 얼굴로 보고 있다. 입술을 깨무는 윤지원.

#33. 운동장 근처. 낮

우뚝 서서 윤지원과 공문수를 보고 있는 석지원.
등 뒤로 지나던 교감 강영재와 이재규의 목소리가 들려온다.

강영재   요즘 친구들은 정말 거침이 없군요. 저건 커플룩인가?
이재규   네. 과감하네요, 여러모로.

석지원, 주먹을 꽉 쥔다.

#34. 골목 + 차 안. 낮

인적이 드문 골목에 서 있는 석지원의 차. 석지원과 윤지원이 앉아 있다.

석지원   (이해할 생각 없는 표정으로) 그래 다 이해했어.
윤지원   (작게) 아닌 거 같...
석지원   오해는 그렇다고 쳐. 뭐 여기 학교, 아니 사람 모여 사는 데가 다 그렇다고 하니까. 근데 거기서 니가 지퍼를... 지퍼... 아니 지퍼를 왜 올려주냐고?
윤지원   계속 못 올리길래... 그냥 아무 생각 없이.
석지원   생각을 했었어야지, 지원아.
윤지원   (끄덕이는) 그래 미안해.

석지원	뭐가 미안한데?
윤지원	(욱하지만 석지원 한번 보고 참는) 그냥 다...
석지원	그리고 그 옷은 또 뭔데.
윤지원	우연히 같은 걸 산 거야.
석지원	다신 입지 마.
윤지원	(휙 보는)
석지원	왜?
윤지원	모르고 샀어. 이건 실수도 아니고 그냥 우연이라고.
	이런 거까지 물고 늘어지기 있어?
석지원	물고 늘어져?
윤지원	그러고 있잖아. 너 지금.
석지원	아니, 입장을 바꿔서...
윤지원	그니까 결국 너는 나를 못 믿는 거네. 고작 지퍼 같은 거에.
석지원	뭘 또 그렇게까지 가.
윤지원	왜, 지퍼 올려 준 죄로 나는 화도 내지 마?
석지원	화났어?
윤지원	그래! 잘못했다고 하는데도 2절 3절...
석지원	미안.
윤지원	뭐가 미안한데?
석지원	어? 그냥 다... (하다가 픽 웃는데)
윤지원	웃어?
석지원	아니.

정적이 흐른다. 석지원 말없이 시동을 켜고 출발하려다가 갸웃하는.

석지원	근데 잠깐만. 분명 니 잘못으로 시작...
윤지원	(휙 째려보면) 그래서 더 해? 더 할까?
석지원	(말없이 출발하는 데서)

#35. 쇼핑몰. 밤

영양제 코너. 맹수아 홍삼 영양제 하나를 들었다가 가격을 보고 얼른
내려놓는다.
그 옆에 다른 제품도 들어서 살펴보는데.

홍태오(E) 잠을 잘 못 잔다 그래서요. 스트레스도 많고.

맹수아, 씩 웃으며 이리저리 고개를 돌려 찾아보면, 옆 칸에 점원과 함
께 선 홍태오.

점원 선물 받으시는 분 연령대가 어떻게 되실까요?
홍태오 고등학생이에요.
점원 아, 잠시만요. (어디론가 가고)

슥 다가가는 맹수아. 홍태오 흠칫 놀란다.

#36. 거리 일각. 밤

맹수아와 홍태오 각자 쇼핑백 하나씩을 들고 걷고 있다. 둘의 뒤로 〈양
소 권치과〉 간판이 보인다. 홍태오 그 간판을 슬쩍 올려다보고 있다.

맹수아 조카 선물?
홍태오 아... 뭐... (얼른) 맹 선생님은요?
맹수아 우리 엄마요. 이맘때면 꼭 기력이 떨어지신다고.
      근데 치과에서도 그렇고, 그 넓은 쇼핑몰에서도 딱 만난 걸 보면 우리,
      (하다가 합- 입을 다물면)
홍태오 (웃고) 이건 하늘이 내린 운명인 거지. 그러려고 했죠?

맹수아	그동안 하도 들이대서 이제 수가 다 읽히는구나.
홍태오	내가 괜한 말을 했나, 선생님이 나한테 아예 농담도 못 하시길 바란 건 아닌데.
맹수아	(망설이다가 불쑥) 제가 생각을 거듭한 끝에 결론을 내렸는데 혹시 내 진심도 다 농담 같을까 봐, 그게 원래는 상관없었는데 선생님한테는 그렇게 보이기 싫다…가 이유예요. 농담하기 싫은 이유.
홍태오	…예?
맹수아	예… 그렇습니다.

서로 빤히 보고만 있다가, 맹수아 괜히 주머니를 뒤적여 홍삼 캔디를 꺼내 내미는.

맹수아	계산대에 있길래. 저나 선생님이나 자기 건 영 못 사는 스타일 같아서.
홍태오	(손 내밀어 받아서 가만히 보고 있다)
맹수아	그럼 이만 갈까요? 아님 혹시 저녁 같이 드실…

하는데, 맹수아를 스쳐서 와락 홍태오에게 다가서는 누군가. 반가움을 담아 주먹으로 홍태오의 어깨를 툭 친다. 맹수아 놀라서 보면 40대 후반의 여성. 고영선이다.

고영선	홍태!
홍태오	(너무 놀라서 얼어붙어 있다가) …선배.
고영선	너 맞구나. 며칠 전에 나 일하는 병원 찾아왔었지?
	설명만 듣는데도 너다 싶었는데 그래도 설마 했지. …그대로네.
맹수아	(두어 걸음 뒤로 물러난다)
고영선	(그제야 맹수아를 보고 홍태오를 보는데)
홍태오	(고영선만 보며) 지금 얘기 좀 할 수 있어요?
고영선	그래. 우리 할 얘기가 너무 많지? 나도 퇴근하는 길이야.
홍태오	맹 선생님, 우리 내일 학교에서 봐요.

맹수아   예? 예...

고영선 미소를 지으며 맹수아에게 인사를 한다. 얼결에 같이 고개를
숙이는 맹수아.
고개 들면 나란히 가고 있는 둘인데, 홍태오 걸으면서도 고영선을 연
신 본다.
맹수아 멍하니 그 모습을 보고 서 있다.

#37. 사택. 부엌. 밤

가스레인지 앞에 서서 찌개를 끓이고 있는 공문수. 윤지원 식탁 위로
반찬을 놓는다.
수저를 세팅하는 윤재호. 3벌을 잘 놓고, 힐끗 돌아보면,
밥그릇이 놓인 쟁반을 든 석지원. 자연스럽게 와서 앉는다.
석지원 앞에도 수저를 놓아주고 자리에 앉는 윤재호.
공문수까지 찌개를 내려놓고 앉으면, 셋이 동시에 석지원을 본다.

석지원   두고 간 짐이 있어서요.
윤재호   그래. 온 김에 저녁 자시고 천천히 챙겨서 가게.
윤지원   (입만 웃으며) 제가 도와서 남은 짐 싹 다 싸드릴게요.
          남김없이. 다신 올 일 없게.
석지원   감사합니다, 아주.
윤지원   별말씀을요.
공문수   (둘 번갈아 보다가) 선생님, 그런데 내일 워크숍 갈 때 칫솔 치약 이런
          것도 각자 챙겨야 해요?
윤지원   (대답하려는데)
석지원   워크숍? 학교도 그런 걸 갑니까?
윤재호   매년 가지.

공문수	재밌을 것 같아요.
윤지원	재밌을 거 같은 사람, 공쌤이 유일할걸. 쌤들은 다 싫어해. 토요일 하루도 날리는 거잖아.
석지원	그럼 그냥 가지 말...
윤지원	(말 끊고) 그래도 교육 끝나고 맘 맞는 쌤들끼리 모여서 술 마시고 노는 재미는 있어. 공쌤은 저기, 노래 하나 준비해.
공문수	예? 노래요?
윤지원	응. 처음 가는 사람들은 노래 한 곡씩 뽑아야 돼. 전통이야.
윤재호	(웃는) 아이구 그만 놀려. 문수 진짠 줄 알고 놀라. 그 교감 선생 취하기 전에만 파하면 돼. 취하면 그렇게 노랠 시켜 우리 강 교감이.
윤지원	맞아, 전통 같은 거 없어. 교감 선생님만 조심하...
공문수	...저 너무 신나요. 끝장나는 걸로 준비해 볼게요.

윤재호, 윤지원 당황해서 마주 보다가 웃음이 터지고. 공문수 어리둥절해 있다가 같이 웃는데, 석지원 홀로 외롭다. 밥이나 크게 한술 떠먹는다.

#38. 사택. 석지원의 방. 밤

문 앞에 선 윤지원과 석지원. 윤지원 캐리어 하나와 석지원을 문 쪽으로 밀고 있고 석지원 안 나가려고 버티는 모양새다.
둘, 작은 목소리로 싸우고 있다.

석지원	진짜 이럴 거야?
윤지원	(밀며) 먼지 한 톨까지 다 쌌으니까 가시죠, 그만.
석지원	(버티며) 너 진짜 이대로 이틀 넘게 나 안 보고 살 자신 있어?

윤지원, 어이가 없다는 듯 픽 웃고 석지원 등 뒤로 손을 뻗어 문을 열면 미는 힘 때문에 문밖으로 캐리어와 함께 튕겨서 나가는 석지원.

윤지원   네. 자신 있습니다, 이사장님. (냉정하게 문을 탁 닫으면)
석지원   (큰 소리도 못 내고 씩씩댄다)

#39. 석지원의 오피스텔. 침실. 밤

어두운 밤. 침대에 누워 눈을 감고 있는 석지원. 그 위로,

윤지원(E) 그래도 교육 끝나고 맘 맞는 쌤들끼리 모여서 술 마시고 노는 재미는 있어.
공문수(E) 저 너무 신나요. 끝장나는 걸로 준비해 볼게요.

뒤이어 윤재호, 윤지원, 공문수의 웃음소리까지 울려 퍼지면.
눈을 번쩍 뜨고 일어나는 석지원. 핸드폰으로 어디론가 전화를 건다.

석지원   (아련하게) ...자니?
이기하(F) ...깼죠. 깨우셨으니까.
석지원   미안하다. 니가 해줘야 할 일이 있어.

#40. 운동장. 낮

교문으로 하교하는 학생들 드문드문 보이고, 운동장 한편에 모여 서 있는 선생님들.
30명 남짓이다. 다들 심드렁한 얼굴로 버스를 기다리는 중.
이재규 장온유 공문수 맹수아 홍태오 등이 모여 서 있고 그 옆으로 교

감과 변덕수.
홍태오와 맹수아 눈이 마주치면 동시에 슬그머니 외면한다.

변덕수　올해는 좀 새 버스였음 좋겠다. 작년엔 쿠션이 아주 별로였어.
이재규　매년 계약하는 버스 회사 정해져 있는데 별다를 게 있겠어요?

#41. 교무실 · 낮

차지혜의 자리에서 뭔가를 찾고 있는 윤지원과 차지혜.

차지혜　없네. 일단 가자. 어차피 내일도 학교로 와서 차 가져갈 건데 그때 찾
　　　　지 뭐.
윤지원　(이리저리 찾으며) 좀만 더 찾아보고. 아직 시간 있잖아.
차지혜　(물끄러미 윤지원을 본다)
윤지원　(시선 느끼고 차지혜 보다가 곧 허리 굽히고 바닥 살피는데)
차지혜　너 왜 내 눈을 못 봐?
윤지원　(허리 펴고 지혜 보는. 어색하게 웃는) 그랬나...?
차지혜　(긴장했지만 아닌 척) 그래서 뭐 석지원이랑 만나?
윤지원　(쑥스럽다. 민망한 듯 웃고 말면)
차지혜　(보다가 다시 찾는 척 몸을 돌리며) ...잘해 봐.
윤지원　(괜히 의자에 놓인 방석을 한번 들어보는데)
차지혜　(살짝 퉁명스럽게) 없잖아. 그냥 가자고.
윤지원　(거의 동시에) 찾았어.

보면, 방석 아래에 있던 차지혜의 차 키를 내밀고 있는 윤지원.
차지혜 받으며 작게 한숨을 내쉰다.

윤지원　너 화났어?

차지혜	아니.
윤지원	(보는데)
차지혜	...근데 왜 내가 화났을 거라고 생각했어?
윤지원	그건 모르겠는데 그래 보여서. 요즘 가끔 그래, 너.
차지혜	(키를 가방에 넣으며) 아냐. 워크숍 가기 싫어서 그래. 나가자.
	(하다가 창밖으로 시선이 가는) 뭐야...
윤지원	왜, 뭔데? (같이 창밖을 내다보고 눈이 커진다)

#42. 운동장. 낮

어리둥절한 표정의 선생님들 모두 한곳을 보고 있다.
맹수아 등이 서 있는 곳으로 합류하는 윤지원과 차지혜.

윤지원	맹, 무슨 상황이야?
맹수아	몰라. 우리도 지금 다들 궁금한 중.

보면, 정문으로 끝도 없이 줄지어 들어오는 검은색의 고급 세단 행렬.
웅성웅성하는 선생님들 앞으로 천천히 선다. 맨 앞에 와 서는 차에서
내리는 이기하.
곧이어 뒷좌석 문이 열리고 석지원이 내린다. 윤지원 믿을 수 없다는
듯이 보는데.

강영재	(나서며) 이사장님? 이게 다 뭡니까?
석지원	(힐끗 윤지원 보고) 워크숍 편하게 다녀오셨으면 해서 준비했습니다.
변덕수	...우리가 저걸 타고 간다고?
석지원	예. 장소도 바꿨습니다.
이재규	어디로요?
이기하	저희 석반건설에서 직원 복지용으로 지은 리조트입니다.

준비는 끝났는데 아직 개장 전이라 우리 선생님들 단독으로 편하게 쓰시면 되겠습니다.

선생님들을 헤치고 윤지원에게 와서 안내 팸플릿을 건네며 방긋 웃는 이기하.
윤지원 얼떨결에 받아 펼쳐보면, 바다를 배경으로 멋지게 지은 리조트다.

윤지원   (작게) 미친... (고개 들고 석지원 보면)
석지원   그럼 가시죠. (윤지원 똑바로 보며 씩 웃는) 저와 함께.

선생님들의 웅성거림이 커진다.

#43. 상동· 낮

하나둘씩 운동장을 빠져나가는 세단들. 석지원의 차와 한 대의 세단만 남았다.
남아 있는 사람 변덕수, 이재규, 장온유, 공문수, 윤지원. 그리고 석지원과 이기하다.
이기하가 자연스럽게 일행과 윤지원을 갈라놓으며 나머지에게 세단을 가리킨다.

이기하   자, 이렇게 네 분이 이 차로 가시면 되겠... (하는데)
변덕수   아냐 아냐! (윤지원을 잡아끌어 세단에 태우고, 그 옆으로 공문수도 밀어 넣는다) 이렇게가 맞아. 나머지도 타.
    내가 (석지원 보며) 우리 지원이랑 타고 가게.
석지원   아뇨, 선생님 그게, 그게...

변덕수, 윤지원과 공문수를 향해 윙크를 날리고 문을 닫으면 출발하는 세단.

석지원 애석한 얼굴로 떠나는 세단을 본다. 석지원을 향해 씩 웃어 보이는 변덕수.

#44. 석지원의 차 안. 낮

이기하가 운전을 하고, 뒷좌석에 앉은 석지원과 변덕수.
변덕수 집에서 가져온 듯, 작은 비닐에 든 방울토마토를 신나게 먹는다.
이기하에게 하나 건네고 석지원의 입에도 하나 넣어주면 영혼 없이 우물거리는 석지원. 창에 툭 머리를 기댄다.

#45. 동네 마트. 낮

카트를 끌며 오는 윤재호와 지경훈. 지경훈, 식재료 하나를 골라 살펴보고 담는다.
윤재호 그런 지경훈을 보며 씩 웃으면.

지경훈   왜 그렇게 보세요, 아버지?
윤재호   좋아서. 옛날에 너랑 우리 호석이랑 셋이 이러고 장 봐가지고 낚시도 가고 캠핑도 가고... 그때 생각나서.
지경훈   죄송해요. 앞으로는 더 자주 모실게요.
윤재호   (손사래 치며) 됐다. 니가 뭐 노는 사람이냐? 지원이 없는 이런 날 그냥 우리 둘이 술 한잔하면 그뿐이지.

하는데, 울리는 윤재호의 핸드폰. 윤재호 얼른 받는다.

윤재호   아이구, 예 박 기자님. (하다가 표정 흐려지는) 예? 그게 무슨...
         갑자기 취재를 중단하신다는 게... (지경훈을 보면)
지경훈   (상심한 얼굴로 윤재호의 남은 손을 꼭 잡아준다)

#46. 리조트 로비. 저녁

각자 짐을 들고 흩어지는 선생님들. 그 사이 윤지원도 있다.
저만치 지배인과 직원들이 극진히 석지원을 어디론가 안내 중이다.
윤지원 그런 석지원을 보는데, 공문수 다가와 뭐라고 말을 걸고.
들어가던 석지원, 뒤를 돌아서 대화를 나누는 둘을 본다.
고개를 돌리고 들어가는 석지원에서.

#47. 윤지원 맹수아 방. 거실. 밤

거실과 방, 부엌도 딸린 호화로운 실내. 윤지원 털썩 소파에 앉는다.
맹수아는 냉장고를 열어 이것저것 꺼내고 있다.

맹수아   (음료수 하나를 마시며) 혼자 쓰고 싶은 사람은 그러라 그랬대.
         역시 지랄 중의 지랄은 돈지랄이야. 이사장, 크...
윤지원   (농담으로) 맹쌤 넌 왜 나랑 방 쓰냐, 나 혼자 쓸랬더니.
맹수아   (윤지원 옆에 앉아 대뜸 껴안으며) 외로워서. 내가 요새 외로와.

질색하며 웃는 윤지원의 품을 더 파고드는 맹수아.

#48. 리조트 대회의실. 밤

커다란 화면에 빔프로젝터로 쏘아진 〈2024 독목고 워크숍 - 디지털 융합 교육〉

무대 오른쪽에는 마이크가 놓인 강연대. 그 뒤로 커다란 노래방 기계도 있다. 강연대 앞에 서서 준비 중인 강사.

둥근 테이블 여러 개 놓여 있고 선생님들 속속 도착해 자리를 잡는 중이다. 윤지원 맹수아 홍태오 등이 함께 앉아 있는데 윤지원의 옆자리 비어 있다.

뒷문으로 들어오는 석지원. 그 주변 선생님들 흠칫 놀라며 일어나 인사를 한다. 대충 응수하며 눈으로 윤지원을 찾는 석지원. 자연스럽게 그쪽으로 걸어가는데.

거의 다 와 갈 무렵, 벌떡 일어나는 강영재. 석지원을 잡는다.

강영재   이쪽으로 앉으시죠 이사장님.
석지원   아닙니다. 저는...
강영재   (석지원을 끌어다 옆자리에 앉히며) 이쯤이 목 안 아프고 딱 좋아요.
강사   자, 안녕하세요, 독목고 선생님 여러분? 오늘 여러분께 디지털 융합 교육을 강의할 저는, 김선영입니다. 반갑습니다!

어수선한 분위기 속에서 몇몇 선생님이 박수를 친다. 석지원 앞을 보면 막 윤지원의 옆자리에 공문수가 앉는 중이다. 지그시 눈을 감는 석지원.

#49. 마을 일각 + 석경태의 차 안. 밤

서 있는 차. 차 옆에 나와 서 있는 김 실장.
뒷좌석에 앉아 있는 석경태. 옆에 누군가 앉아 있는데 얼굴은 보이지 않는다.

석경태	재주 좋다? 방송을 다 막고. 요새는 그런 게 참 쉽지가 않아.
	돈만 준다고 다 되는 것도 아니고. 어찌고 있어 영감님은?
	(손에 든 청심환을 건네며 씩 웃는다)

공손하게 받는 사람 지경훈이다.

지경훈	상심하셨죠. 제가 알아본다고 기다리시라 했습니다.
	(옆에 놓인 술병이 든 봉지 들어 보이며) 실컷 드시고 모자란다서서
	사러 나왔어요.
석경태	(웃는) 기세등등하더니 꼴좋다.
지경훈	전화로 하시지 굳이 나오셨어요?
석경태	너 칭찬하자고 뭐 여기까지 왔을까 봐? 일 있어서 온 김에.
	들어가라. 그거라도 실컷 마시게 해줘.
지경훈	예. 형님, 가보겠습니다.

차에서 내리는 지경훈. 김 실장이 운전석에 오른다.

김실장	서울로 가겠습니다.
석경태	응. (했다가) 근데 석지원이 이사한 데가 어디지?
	싸가지 없는 우리 아들 집이나 보고 갈까?
김실장	알아보겠습니다. (출발하는)

차 밖에 서서 깊이 숙여 인사를 하고 있던 지경훈. 차 떠나면 고개를
든다. 무표정한 얼굴로 돌아서는.

#50. 사택. 윤재호의 방. 밤

잠들어 있는 윤재호. 그 앞에 앉아 있는 지경훈.

잠든 윤재호의 얼굴을 예의 무표정한 얼굴로 보고 있다.

#51. 리조트 대회의실. 밤

테이블마다 술과 음식이 차려져 있다. 선생님들 술과 음식을 즐기는 중이다.
한쪽 진열대에 각종 술이 즐비하다. 비싼 와인과 양주, 샴페인 등등도 보인다.
강영재와 변덕수 이재규 등 지긋하신 선생님들 사이에 앉은 석지원.
저만치 다른 자리에 앉은 윤지원을 물끄러미 보고 있다.

변덕수　(취한 얼굴로 흥이 올라서) 나는 젊은 쌤들이 왜 워크숍을 싫어하는지 모르겠어. 이렇게 모여서 도란도란 술도 마시고 얼마나 좋아? 집에 가면 혼자 할 것도 없는데.

이재규　(석지원에게 술을 따라주며) 뭐 이사장님이 이렇게 신경 써 주시는 이런 워크숍이면 분기별로 와도 좋죠? 아 세단... 코너링이? 와...

그때 석지원의 옆에 있던 강영재, 맛있게 술 한 잔을 쭉 들이켜더니 다시 한 잔을 따라 손에 들고 비틀거리며 무대 쪽으로 나간다.
하지만 아무도 보지 못한다.

석지원　(술 마시고, 영혼 없이) 좋으시다니 저도 좋습니다.

하는데, 삐- 하며 울리는 마이크 파열음. 보면 강영재가 마이크를 들고 서 있다.

강영재　(혀가 살짝 꼬여서) 자, 우리 이사장님의 넓으신 배려와 사랑에 감사하면서 오늘 밤 여기서 다 같이 밤새! 마시고 죽어 봅시다!

잔을 높이 들면, 모두 잔을 들어 호응하는 데서.

변덕수   어이구! 교감쌤 마이크 잡았다. 언제 저렇게 취하셨어?
이재규   아... 오늘따라 술이 달다고 하시더니...
변덕수   누구 또 노래 한 곡 해야 끝나겠네.
강영재   (리듬을 넣어) 그러면~ 누가 먼저 한 곡조 뽑아볼까나~

석지원, 보면 강영재가 방긋 웃으며 윤지원이 있는 테이블로 가고 있다.
그 옆으로 살짝 술이 오른 차지혜가 회의실을 빠져나가는.

#52. 상동. 밤

강영재가 공문수를 끌고 무대로 가는 중. 선생님들 절레절레 고개를
젓거나 웃으며 보고 있다. 공문수 당황하지도 않고 순순히 나가는 중
인데.
돌아보다 윤지원과 눈이 마주치면 씩 웃는 공문수. 윤지원 딱하다는
표정을 짓는다.
그 순간을 물끄러미 보는 강영재. 냅다 윤지원에게 달려가는.

강영재   (마이크에 대고) 아, 혼자 부르면 외롭지, 심심하지!
         우리 윤지원 선생님과 공문수 선생님의 듀엣 어떻습니까, 여러분?

놀라서 눈이 커지는 윤지원. 사람들 환호하는데 저 멀리 석지원이 벌
떡 일어났다가 다시 앉는다. 변덕수와 이재규 신이 나서 박수를 친다.
윤지원을 잡아끄는 강영재.

강영재   아유 나와요! 둘이 한 곡 하면 좋지 뭘! 추억도 쌓고.
윤지원   (손사래를 치며) 교감 선생님, 저는 못... 아니...

하지만 이미 걷잡을 수 없는 분위기. 공문수도 난처한 얼굴로 보고 있고, 윤지원 눈을 질끈 감은 채 끌려 나간다.

cut. to
강영재가 노래방 기계의 시작 버튼을 누르면, 시작되는 노래. 〈사랑 인가요〉 먼저 노래를 시작하는 공문수.

공문수　(노래) 언제였던 건지 기억나진 않아, 자꾸 내 머리가 너로 어지럽던 시절...

윤지원 무대에 서긴 했지만 중앙으로 갈 엄두가 나지 않아 마이크를 두 손으로 꼭 쥐고 사이드에 서 있다. 공문수의 파트가 끝나가고, 다음 파트가 시작되려 한다.
공문수의 파트와 윤지원의 파트가 겹치는 부분이다.
윤지원 울고 싶다. 결심한 듯 입을 벌리며 마이크를 서서히 들어 올리는 순간,
윤지원의 마이크를 거칠게 잡아채는 어떤 손.
놀란 윤지원 고개를 돌려 보면, 마이크를 뺏어 든 사람 석지원이다.
잔뜩 짜증이 난 얼굴로 무대 중앙으로 저벅저벅 걸어 나가는.
말릴 새도 없이 윤지원이 불러야 할 파트를 부르기 시작한다.

공문수　(동시에, 노래) 조금 당황스러운 이 마...
석지원　(동시에, 노래) ...당황스러운 이 마음~

겹치는 부분이라 같이 부르다가 화들짝 놀라 돌아보는 공문수.
사람들, 당황스럽다. 웅성거리기 시작하고. 윤지원 저도 모르게 뒷걸음질 친다.
한 손으로 허리를 짚고 뻔뻔한 얼굴로 본인 파트를 부르는 석지원.
이제 두 사람이 함께 부르는 후렴이다.

석,공   (노래) 사랑인가요? 그대 나와 같다면 시작인가요?
        맘이 자꾸 그댈 사랑한대요. 온 세상이 듣도록 소리치네요.

        보란 듯이 공문수를 보며 고음을 올리는 석지원. 공문수 질 수 없다.
        둘 경쟁하듯 노래하는데. 어딘지 감미롭다. 그럴듯한 화음이다.
        서로를 매섭게 노려보며 노래를 이어간다.

맹수아   (중얼) ...뭐지? 왜 감미롭지?

        놀라서 보던 사람들이 서서히 감탄의 환호를 보낸다.
        윤지원 입을 벌리고 멍하니 보고 있다.

#53. 바닷가. 밤

        혼자 바닷가를 걷고 있는 차지혜. 슬리퍼 차림이다.
        걷다 보면 어느새 발 옆까지 왔다가 가는 파도. 물끄러미 보다가 슬쩍
        바다 쪽으로 들어가 본다. 파도가 밀려오면 빠르게 피하는. 몇 번 더
        해보는 차지혜.

#54. 리조트 대회의실 앞 복도. 밤

        자리를 파한 듯, 열린 문으로 나오고 있는 선생님들.
        그 사이에 석지원과 공문수가 있다. 노래를 끝내고 현실을 깨달은(?)
        듯 둘 다 넋이 나간 얼굴이다. 서로 눈이 마주치면 잠시 응시하다 외
        면하고 각자 반대 방향으로 간다.

#55. 차 안. 밤

신호를 받아 서 있는 차. 마뜩잖은 표정의 석경태.

석경태 뭐? 워크숍? 석지원이가? 걔는 넷 이상은 모여서 노는 것도 질색하는
       놈이야. 사원 대리 시절 빼놓고 워크숍이니 회식이니 간 적이 없는데?
김실장 그게 이번에 오픈하는 리조트로 가셨답니다.
석경태 우리 리조트로? 오픈식도 안 한 데로?
김실장 예.
석경태 (핸드폰 꺼내며) 이 자식이 뭘 잘못 먹었나. (하다가 핸드폰 다시 넣
       고) 가만, 학교 선생들 싹 다 가는 거지?
김실장 예. 그런 걸로 알고 있습니다.
석경태 ...뭔가 있어, 뭔가. 촉이 그래. 차 돌려. 리조트로 가.

#56. 바닷가 일각. 밤

여전히 넋이 나간 얼굴로 정처 없이 걷고 있는 석지원. 방금 전의 공
연을 부정하듯 마른세수를 해 본다.

#57. 바닷가. 밤

여전히 파도에 서 있는 차지혜. 이번에도 밀려오는 파도를 피해 보는
데 갑자기 제법 세게 덮치는 파도. 어어- 하며 그대로 엉덩방아를 찧
는 차지혜.
어이가 없어 일어날 생각도 안 하고 웃음이 터진다.
갑자기 뛰어드는 누군가 다급히 차지혜를 일으킨다. 올려다보면 석지
원이다.

석지원	야! 너 뭐 해, 여기서?
차지혜	놀래라... 뭐 하긴. 바다 보잖아. 왜, 죽으러 왔을까 봐?
석지원	(찌푸리며) 누가 그렇대.

차지혜, 다시 걸음을 옮기려는데 보면 맨발이다. 둘러보면 이미 떠내
려갔는지 보이지 않는 신발.

차지혜	(탄식하는) 아, 신발...

#58. 바닷가 바위. 밤

나란히 앉아 있는 석지원과 차지혜. 석지원 재킷을 벗어서 내밀면.
물끄러미 보다가 받아서 어깨에 걸치는 차지혜.

차지혜	너 윤지원한테 말 안 했지. 내가 핸드폰 감췄다고.
석지원	내가 말해주길 바래?
차지혜	하나 더 털어놓을까 봐. 예전에 너네 둘 여름 지나고 헤어졌을 때 너 윤지원한테 전화했었지. 새 핸드폰으로.
석지원	(예상했던 일이지만, 화도 나는)
차지혜	그때 사실은 내가,
석지원	나 말고. 윤지원한테 털어놔. 니가 말할 수 있을 때. 그게 맞아. 너도 알고 있잖아.
차지혜	아주 오래전부터 나는, 윤지원이 너무 좋은데 또 너무 싫었어. 나 같지가 않아서.
석지원	(보는)
차지혜	지원이는 나를 보는 마음이 하나야. 그냥 친구. 내가 지를 좋아할 때도, 질투할 때도, 같잖은 우월감을 느낄 때도. 걘 나처럼 구겨진 마음 하나 없이 그냥 친구였어, 내가.

난 그런 윤지원이 지금도, 좋고 미워.

차지혜, 자리에서 일어난다.

차지혜   그래서 떨려. 걔한테 내가 얼마나 나쁜 년인지 고백하는 거는.
　　　　니 말대로 준비가 되면 말할게. 꼭 할게.

가려는데, 석지원 지혜를 잡는다. 살짝 휘청하면서 다시 바위에 앉는
차지혜.
그 앞에 서서 신발을 벗는 석지원. 지혜의 맨발 앞에 놓아준다.

석지원   신고 가.
차지혜   (눈물이 그렁해서 씩 웃는다) 기억났다. 그때도 너는...
석지원   ...그때?
차지혜   내가 널 좋아한다는 걸 알았던 그때. 근데 사실 그때도 넌...

석지원, 다음 말을 기다리듯 보는데 차지혜 말없이 일어나 석지원의
신발을 신고 석지원을 두고 휘적휘적 걸어간다.

인서트 > 교실. 낮 (과거. 6회 #23. 회상에 이어지는 상황)
잠든 차지혜에게 체육복을 내어주고 흰 티셔츠 차림으로 창문을 열어
밖을 보는 석지원의 뒷모습. 멍하니 그 모습을 보던 차지혜가 천천히
몸을 일으켜 보면 지혜의 눈에도 창밖 풍경이 보인다.
정민지 등과 얘기를 나누며 걷고 있는 윤지원이 보인다.
햇살 아래서 눈이 부시게 웃는 윤지원을 보는 석지원이 그 웃음에 전
염되기라도 한 듯 따라 웃는다. 그 모습을 보는 차지혜에서.

차지혜   (힘겹게 걸으며 후련하기도 한) 잘 먹고 잘살아라. 석지원.
　　　　...이 나쁜 새끼야.

#59. 리조트 화장실. 밤

손을 씻는 윤지원. 물을 잠그고 나가려다가, 핸드폰을 꺼내 본다.
통화 목록에서 석지원을 찾아내고 누를까 말까... 하는데. 불쑥 들어
오는 강영재.
얼른 인사를 하는 윤지원. 강영재 냅다 윤지원에게 어깨동무를 한다.

강영재   윤 선생!!
윤지원   술 많이 드셨...
강영재   더 먹어야지! 딱 걸렸어. 따라와요!

뭔가 더 말할 새도 없이 그대로 윤지원을 끌고 나가는 강영재.

#60. 리조트 복도. 밤

강영재에게 질질 끌려오는 윤지원.

윤지원   교감 선생님, 제가 지금 몸도 별로 안 좋고...
강영재   떽! 아까 노래도 안 해놓고! 내 눈에 띈 이상 변명은 듣지 않습니다.

그때, 두 사람의 뒤로 코너를 돌아 나오는 공문수.
둘을 보고 잠시 고민하다가 달려와, 둘 앞에 선다.

강영재   어! 교생 선생! 좋아! 같이 갑... (하는데)
공문수   저 교감 선생님. 제가 윤지원 선생님께 드릴 말씀이 있어서요.
         (윤지원의 손을 살짝 잡으며) 둘이서만.
윤지원   (놀라서 보는데)
강영재   (번뜩) 아! 아하... 맞다! 내가 이렇게 눈치가 없는 사람이 아닌데.

아유 가! 가요 둘이! 아무도 없는 데로!

윤지원과 공문수의 등을 마구 떠미는 강영재.
윤지원 공문수를 보면, 공문수 손을 놓고 찡긋하며 미소를 짓는다.

#61. 리조트 정원. 밤

나란히 앉은 공문수와 윤지원. 윤지원 미안한 얼굴로 공문수를 본다.

윤지원   고마워 구해줘서.
공문수   (웃는) 타칭 남친인데 이 정도는 이용하세요.
윤지원   (민망하게 웃고) 아깐 미안했고. 오해받게 한 것도 모자라서 그런 흑
         역사까지.
공문수   아, 노래... (긁적이는) 흑역사가 됐구나... 그렇게까지 열심히 부를
         필요는 없었다 싶긴 한데.
윤지원   아냐! 공쌤 되게 잘 불렀어. 잘 불렀는데...
공문수   아... 그 애드립이라도 하지 말걸.
         아니, 이사장님이 너무 열창을 하셔서 저도 모르게.
윤지원   (떠올라 피식 웃고) 이래저래 면목이 없다, 내가.
         오해는 아니라고 꼭 바로잡을게.
공문수   사실 전 상관없어요. 어차피 반만 오해니까.
윤지원   응?
공문수   (윤지원을 보며 씩 웃고는 일어난다)
윤지원   들어가게?
공문수   (끄덕이고) 선생님은요?
윤지원   (미소로) 먼저 들어가, 그럼.

공문수, 웃으며 끄덕이고 돌아서면서 표정 착잡해진다.

돌아보고 싶은 걸 참고 그대로 걸어가는 데서.

#62. 변덕수의 방 앞 복도. 밤

잰걸음으로 오는 변덕수와 이재규. 변덕수의 배가 볼록하다.
문 앞에 서서 술병을 꺼내 드는 둘. 번쩍 빛을 내는 고급 위스키다.

변덕수   아니, 이 비싼 술이 있었단 말이야?
이재규   구석에 있는 걸 제가 발견했죠. 요런 거는 또 너무 여럿이 나누면,
변덕수   감질나.

변덕수 문을 열면, 얼른 들어가는 두 사람에서.

#63. 윤지원과 맹수아의 방. 거실. 밤

생각에 잠긴 표정으로 소파에 앉아 있는 맹수아. 벌떡 일어나 거실 한
편에 있는 커다란 화분으로 간다. 잎사귀가 여러 개 달린 줄기를 하나
똑 꺾어서.

맹수아   (잎을 하나 떼며) 물어본다. (하나씩 떼어가며) 관둔다. 물어본다.
관둔다. 물어… (하는데 잎이 하나 남았다. 힘겹게 반만 떼서 버리며)
…관둔다. (이윽고 반만 남은 잎사귀를 휙 날리며) 물어본다!

결연히 일어나 문을 박차고 나가는 맹수아에서.

#64. 홍태오의 방. 거실. 밤

커피 한 잔을 들고 통창 앞에 서서 바깥 풍경을 멍하니 보고 있는 홍태오.
그때 울리는 초인종. 뒤이어 쿵쿵- 문 두드리는 소리.
당황한 얼굴로 돌아보는 홍태오.

cut. to

소파에 초조한 얼굴로 앉아 있는 맹수아. 홍태오, 그 앞에 머그잔 하나
를 내려놓고 맞은편에 앉는다. 다리를 달달 떨며 그런 홍태오를 뚫어
지게 보는 맹수아.

홍태오	맹 선생님?
맹수아	(대뜸) 누구예요?!
홍태오	(놀라서) 네?
맹수아	그 선배... 누군데요. 누군데 그런 눈으로 보시는지...
홍태오	(곤란한 듯 입술을 깨물고 수아를 보다가 결심한 듯)
	말하고 싶지 않습니다.
맹수아	네?
홍태오	아실 필요도 없고요.
맹수아	(서운하고)
홍태오	(힘들게) 맹 선생님 혹시 저를, 절 혹시...
맹수아	네. 생각하시는 그거 맞아요. 제가 선생님,
홍태오	전 아닙니다. 앞으로도 아니에요.
맹수아	(!! 보는)
홍태오	(눈을 피하는)
맹수아	(일어나며) 단호하시네요.
홍태오	맹 선생님...
맹수아	(문으로 가며 횡설수설) 거절이야 하실 수 있지만 뭘 이렇게까지...
	삼팔선도 이렇게 단호하게 그어지진 않았겠어요.
홍태오	(따라 나오지만, 할 말이 없고)
맹수아	아무튼 선생님 마음은 잘 알아듣고 갑니다. 그럼.

신발을 반대로 꿰어 신고 그대로 나가는 맹수아. 쾅 문을 닫는다.
홍태오 손바닥으로 이마를 짚는다. 다시 거실로 오르다가 주머니에서
뭔가를 꺼낸다.
보면 맹수아가 줬던 홍삼 캔디. 뜯지도 않은 캔디를 만지작거리다
가 다시 넣는다.

#65. 윤지원과 맹수아의 방. 침실. 밤

손에 핸드폰을 꼭 쥔 채 침대에 길게 누운 윤지원.
핸드폰을 들어 까만 화면을 잠시 보다가, 툭 내려놓고 욕실 쪽으로 가는.
쏴-하는 물소리와 함께 진동하는 윤지원의 핸드폰. 수신자 〈석지원〉
이다.

cut. to
수건으로 얼굴을 닦으며 나오는 윤지원. 지친 얼굴로 다시 침대에 널
브러진다.
잠시 그러고 있다가 버릇처럼 핸드폰을 확인하고는 벌떡 일어나는.

윤지원   아 씨... 일부러 안 받은 줄 알겠네. (다급히 다시 걸려는 그때)

툭- 작게 부딪히는 소리. 윤지원 멈칫한다. 조용하다. 다시 핸드폰을
보는데 같은 소리가 툭- 들려온다. 휙 몸을 돌려 창문 쪽을 보는 윤지
원. 어둠뿐이다.
갸웃하다가 침대에서 일어나 창문으로 걸음을 옮기는 그때,
다시 들려오는 소리. 좀 더 명확하게 돌멩이가 창에 부딪히는 소리다.
피식 웃는 윤지원. 얼른 창문으로 달려가 열어보면 창 아래 서 있는
석지원.
뒤로는 바다가 보인다. 창으로 고개를 내민 윤지원을 보며 씩 웃는다.

석지원   (작게 속삭이는) 내려올래?

#66. 윤지원과 맹수아의 방. 거실. 밤

다급하게 방에서 나오는 윤지원. 그와 동시에 현관문으로 들어오는 맹수아.

맹수아   (양팔을 벌리고 어리광으로) 방에 있었네? 난 진짜 윤쌤밖에 없...

하는데, 그대로 휙 지나쳐서 나가는 윤지원. 곧바로 닫히는 현관문 소리.

맹수아   (팔 그대로 벌린 채) ... 인생 혼자다, 혼자.

#67. 창문 아래. 밤

건물 쪽으로 돌아서 있는 석지원. 뒤에서 발걸음이 들리면 몸을 돌리는데 그대로 석지원에게 폭 안겨 오는 윤지원.

석지원   (마주 안아주며) 봐, 내 말이 맞지.
윤지원   그래. 보고 싶어 죽는 줄.

둘 키득거리며 웃다가, 손을 잡고 몇 걸음 옮기는데 저만치 지나가는 장온유와 다른 교사 한 명. 둘 반사적으로 얼른 수풀 뒤로 몸을 숨긴다. 장온유가 뭔가 싶어 이쪽을 주시하다가 그냥 간다. 일어나는 윤지원과 석지원.

석지원   (빤히 보고 있으면)

윤지원   (알아듣고 *끄덕이는*) 가자.

#68. 복도. 밤

옷을 갈아입은 차지혜, 석지원의 신발과 재킷을 들고 복도를 걷는다.
복도 벽에 〈11층〉 표시가 붙어 있다. 가다가 문득 발을 멈추는 차지혜.
보면 저만치 석지원의 방 앞에 선 윤지원과 석지원.
석지원이 문을 열고 둘이 함께 들어간다. 차지혜 그냥 발길을 돌린다.

#69. 리조트 로비. 밤

매점에서 맥주 두 캔을 양손에 들고나오는 차지혜.
막 입구로 들어서는 석경태를 본다. 뒤따라오는 김 실장.

김실장   전무님께 연락할까요?

하는데, 울리는 석경태의 핸드폰. 석경태, 보면 〈윤재호〉
쳇, 하면 받지 않고 끊어버리는데 재차 울리는. 짜증 난 표정으로 보
다가 받는다.

석경태   뭡니까? 내가 지금 바쁘니까... (하다가 표정이 굳는)
지금 뭐라고 하셨어요? (사이) 영감님. 술 취하셨어? 나 석경태요!
술주정 받아줄 만큼 한가하지 않으니까 끊습니다!

신경질적으로 전화를 끊고, 혼란스러운 얼굴로.

석경태   ...어디서 헛소리야.

(털어버리려는 듯 고개 젓고) 전화하지 말고 지배인 불러.
방으로 바로 갈 거야.

하는데 불쑥 앞을 막아서는 차지혜. 석경태 차지혜를 알아본다.

석경태 어? 어... 차...
차지혜 지혜입니다.
석경태 어 맞어. 그래, 워크숍 왔댔지.
차지혜 네. 지원이 보러 오신 거죠? 제가 모실게요. 몇 호인지 알아요.
석경태 그래? 그럼 부탁 좀 해요.

차지혜 엘리베이터로 향하고, 석경태와 김 실장 그 뒤를 따라 성큼성큼 걷는다.

#70. 석지원의 방. 거실. 밤

커다란 통창 앞에 서 있는 윤지원.
창밖으로 보이는 검은 바다와 그 위로 둥실 떠오른 달.
몸을 돌리면 석지원, 샴페인과 잔 등을 테이블에 놓고 있다.

윤지원 근데 너...
석지원 (돌아보는) 응?
윤지원 대체 돈을 얼마를 쓴 거야?
석지원 (어이없는 얼굴로 다가온다) 너 지금 나랑 그 많은 난관을 뚫고 바다가 보이는 여기서, 샴페인 마실 건데 할 말이 고작 그거야?
윤지원 그럼 어떻게... 아까 열창하신 얘기나 좀 할까요?
석지원 (째려보면)
윤지원 (웃고) 아니, 운동장으로 뭔 차가 열 대 가까이 들어오는데 얼마나 놀랐는지 알아?

석지원 ...다 지한테 잘 보이려고 그런 것도 모르고.

윤지원 (씩 웃고) 바보야? 나는 돌멩이 세 개면 되는데.

석지원 (사랑스럽게 윤지원을 빤히 보다가) 어쩌지. 아직 하나 더 남았는데.

윤지원 또 뭘 했는데?

석지원 (창밖을 이리저리 내다보고 시계를 본다) 어? 시간 다 됐다.

윤지원 뭐냐고.

석지원 밤바다에 제일 잘 어울리는 거. 짜릿하고 황홀한, 그거.
        (손으로 불꽃이 팡 터지는 시늉을 하면)

윤지원 (알았다) 미쳤나 봐. 뭐 야구 우승했어? 무슨 불꽃놀이야?

석지원 (아랑곳하지 않고 시계만 보면서) 셋, 둘... 하나.

윤지원, 진짠가 싶어 창밖으로 고개를 돌리는 그 순간,
그대로 윤지원에게 키스하는 석지원.
잠시 놀랐다가 석지원의 목에 팔을 두르며 천천히 눈을 감는 윤지원.

석지원 (씩 웃고) 절차가 복잡하더라. 불꽃놀이는.

둘 동시에 웃는다. 웃고 있는 윤지원의 입술에 석지원, 다시 입을 맞
춘다.

#71. 엘리베이터 앞. 밤

문 열리고 내리는 차지혜와 석경태.
〈11층〉 표시를 지나 빠르게 가는 석경태.
무표정한 얼굴로 걸음을 맞추는 차지혜. 김 실장도 뒤를 따른다.

#72. 문 앞. 밤

문 앞에 다다른 석경태와 차지혜, 김 실장. 김 실장이 얼른 초인종을
누른다.
석경태, 안에서 반응이 없자 연거푸 누르다가, 김 실장을 향해.

석경태   마스터키 갖고 와.

하면, 김 실장 고개를 끄덕이고 얼른 달려가는.

#73. 석지원의 방. 거실. 밤

창 앞에 서 있는 석지원과 윤지원. 무슨 소리를 들은 것처럼 고개를
돌려 현관 쪽을 보고 있다.

#74. 문 앞. 밤

마스터키를 막 건네받는 석경태.
차지혜, 침을 꿀꺽 삼키며 옆으로 한발 물러나 선다.

#75. 석지원의 방. 거실. 밤

의아한 표정의 석지원과 윤지원이 현관으로 걸어 나온다.

#76. 문 앞. 밤

매서운 표정으로 마스터키를 갖다 대는 석경태.

철컥- 문이 열린다.

석지원과 윤지원, 석경태의 얼굴이 교차하는 데서.

사랑은 외나무다리에서 8회 끝.

제 9 회

#1. 문 앞·밤 (8회 #72. #74. 같은 상황)

문 앞에 다다른 석경태와 차지혜, 김 실장. 김 실장이 얼른 초인종을 누른다.
석경태, 안에서 반응이 없자 연거푸 누르다가, 김 실장을 향해.

석경태   마스터키 갖고 와.

하면, 김 실장 고개를 끄덕이고 얼른 달려가는.

cut. to
마스터키를 막 건네받는 석경태.
차지혜, 침을 꿀꺽 삼키며 옆으로 한발 물러나 선다.
매서운 표정으로 마스터키를 갖다 대는 석경태.
철컥- 문이 열리고, 석경태와 김 실장이 문 안으로 들어가고 나면 차지혜, 걸음을 더 옮겨 재빨리 옆방의 문을 쿵쿵 두드리고는 휙 몸을 돌려 가며 짜증이 섞인 한숨을 내쉰다.

#2. 석지원의 방. 거실. 밤 (8회 #73. #75. 같은 상황)

창 앞에 서 있는 석지원과 윤지원.
그때 들리는 쿵쿵 문을 두드리는 소리. 고개를 돌려 현관 쪽을 보는
두 사람.
의아한 표정의 석지원과 윤지원이 현관으로 걸어 나온다.

#3. 객실 안. 밤

어이가 없는 얼굴로 현관에 서 있는 석경태. 천천히 보이는 안쪽 풍경.
소파에 앉은 채 서로를 꼭 껴안고 잠든 변덕수와 이재규.
숨겨온 술을 비롯한 여러 개의 빈 술병이 뒹굴고 있다.

#4. 문 앞. 밤

잔뜩 짜증이 난 얼굴로 나오는 석경태와 따르는 김 실장.

석경태   아니, 차 선생, 방이 틀렸...

하는데 차지혜는 없고, 서 있는 석지원.

석지원   뭐 하세요, 여기서?
석경태   (헛기침을 한다)

막 잠이 깬 얼굴의 변덕수와 이재규가 어리둥절한 얼굴로 나오는 데서.

#5. 리조트 앞 + 차 안. 밤

서 있는 석경태의 차. 김 실장 밖에 서 있다. 뒷자리에 나란히 앉은 석경태와 석지원.

석경태	(마뜩잖은 눈으로 보며) 그냥? 그냐앙?
석지원	학교 이사장이 교직원 워크숍에 오는데 꼭 이유가 필요해요?
석경태	군이 우리 리조트로 바리바리 모시고 왔다?
	언제부터 니가 학교를 이렇게 사랑했냐?
석지원	원래 맡은 일은 대충 안 합니다, 제가. 아시잖아요.
석경태	그래서 본사 출근도 미루고 이사장 놀이만 계속하겠다?
석지원	제가 미룬 게 아니라, 인수인계 시간이 더 필요하다고 해서,
석경태	(얄밉다. 버럭) 어떻게 한 번을 안 지고! 말대답을!
석지원	아버지야말로 여기까지 왜 오셨어요, 이렇게 늦게?
석경태	내 맘이다. 내 리조트고!
석지원	(한숨을 내쉬면)
석경태	하, 이거 아무리 생각해도 하는 짓이 니놈답지 못한데 딱 잡히는 게 없어. 아주 찝찝해.
석지원	(더 들을 것도 없다는 듯, 문 열며) 조심히 가세요.
석경태	언젠가 내가 너 잡는다, 응?

석경태, 고개를 젓고 그대로 내리면, 김 실장 올라타고 차 출발한다.
서서 그 모습을 바라보고 있는 석지원에서.

#6. 리조트 앞. 낮

앞서 나온 선생님들, 기다리던 세단 2대에 나누어 타고 출발하고 뒤에
피곤한 얼굴로 나오는 변덕수, 이재규, 장온유, 맹수아, 윤지원.

변덕수   왜 차가 안 오는 거야? 나 너무 피곤한데.

이재규   (하품을 하며) 어제 우리 너무 달렸어요.

변덕수   (배를 문지르며 힘없이) 마실 땐 좋았는데... 해장을 못 했어.
          저기, 우리 가는 길에 다 같이 해장국...

맹수아   (변덕수와 눈이 마주치자 단호하게) 전 해장, 햄버거로 해요.

변덕수   (속이 더 안 좋아지다 윤지원에게) 우리 지원이는 뜨거운 국물파지?

윤지원   그렇긴 한데...

윤지원, 어색하게 웃으며 눈을 피하는데, 마침 울리는 윤지원의 핸드폰.
다행이라는 듯 얼른 받으려다 흠칫하는.
윤지원, 전화 받겠다는 시늉을 하며 사람들로부터 몇 발짝 멀어지고.
이재규와 장온유도 눈 피하며 딴청을 부리자 서글픈 얼굴로 체념하는
변덕수.

윤지원   (사람들과 멀어지며 작은 목소리로) 네?!

석지원(F) 윤지원 씨? 방에 뭘 두고 가셨습니다.

윤지원   ...제가요? 뭐, 뭘 놓고 왔지...?

석지원(F) (뻔뻔하게) 그... 잘생긴 남자 친구 하나 두고 가셨는데.

윤지원   (웃음 참으며) 아? 네. 알겠습니다. 지금 가겠습니다.
            (전화 끊고 맹수아 보는) 맹쌤, 나 방에 뭘 좀 두고 와서.

맹수아   으이구... 뭐 두고 왔어?

윤지원   잘생... 아니, 중요한 거.

맹수아   같이 가줘?

윤지원   (얼른) 아니!

맹수아   ...알았어. 잘 챙겨 와.

윤지원, 종종걸음으로 다시 리조트 안으로 들어가고 나면 기다렸다는
듯이 도착하는 세단. 운전석에서 내리는 이기하.

이기하	아, 오래 기다리셨죠? 타십시오, 얼른!

선생님들의 짐을 뺏어 서둘러 트렁크에 싣는 이기하. 문을 열고 선생님들을 밀어 넣는다.

맹수아	어어, 우리 윤쌤 아직 안 왔는데. 잠깐 방에 갔어요.
이기하	(조수석에 맹수아 태우며) 아유 차는 또 있죠. 알아서 모시겠습니다. 걱정 마시고 어서 타세요!

얼떨결에 우르르 타는 선생님들. 이기하 얼른 운전석에 오르며 씩 웃는다.

#7. 석지원의 차 안. 낮

역시 씩 웃고 있는 석지원, 운전 중이다. 조수석에는 윤지원이 앉아 있다.
윤지원, 고개를 돌려 운전하는 석지원을 빤히 본다.

석지원	왜 그렇게 봐?
윤지원	(놀리는) 잘 생겨서 본다, 왜?
석지원	(뽐내듯 웃는) 장난 아니지? 두고 왔음 큰일 날 뻔했지?
윤지원	(졌다는 듯이 웃다가 밖을 보고) 어? 야, 너 길 잘못 들었어.
석지원	어떻게 빼돌린 윤지원인데, 이대로 곱게 집에 모셔다드릴 줄 아셨습니까?
윤지원	어디 가게?
석지원	어디든. 학교 아니고 집 아닌 데. (하고 윤지원을 빤히 보는)
윤지원	앞에 봐! 날 왜 봐.
석지원	(앞 보며) 나도 예뻐서 본다 왜?

윤지원   (머리를 짚는) 와, 우리 진짜 둘만 있어서 다행이다.
          이딴 대화를 누가 들었으면...

변덕수(E) 우웨엑...!

#8. 도로 + 이기하 차 안. 낮

도로 한가운데를 달리고 있는 이기하가 모는 차.
뒷좌석 가운데 앉은 변덕수. 양손으로 입을 막고 이리저리 고개를 돌
린다.
양옆에 앉은 장온유와 이재규가 비명을 지르며 몸을 피하고.
맹수아, 마구 가방을 뒤져 파우치 하나를 비워 뒤로 내밀어 본다.

이기하   선생님, 제발! 차에서 그러시면 안 됩니다!
변덕수   (겨우 꿀꺽 삼키고 울상) 그래서 내가 해장국 먹고 가자 그랬지.
이재규   (창문 열며) 아우, 어제 술을 막 섞어 드신다 했어.
변덕수   (괴로운) 빈속인데 차를 태우니까 그렇잖으웩...!

다시 입을 틀어막으면, 다들 또다시 으아악 소리를 지른다.
질겁하는 이기하. 차가 한 번 휘청하는 데서.

#9. 경천섬. 낮

손을 잡고 걷고 있는 윤지원과 석지원. 윤지원 막대 아이스크림을 들
고 먹고 있다.
석지원이 윤지원의 손을 당겨 허리를 감싸 안고 바짝 붙어 걸으면 피
식 웃는 윤지원.

석지원	멀리 나오니까 좋다. 아는 사람도 없고.
윤지원	나도. 근데 ...리조트까지 회장님 오신 거 나 때문이지?
석지원	나 때문이지. 내가 나 같지 않은 짓을 해서 이상하신가 봐.
윤지원	그니까 니가 너답지 않은 거, 다 나 때문이잖아.
석지원	(히죽 웃고) 그렇지. 니가 너무 좋으니까.
윤지원	그건 고마운데, 나중에 아시게 되면 너 또 맞을까 봐.
석지원	맞지 뭐. 나는 얼마든지 맞아도 돼. 근데 니가 다치는 건 싫어.
윤지원	다치지 뭐.
석지원	(웃고) 윤지원 여전하네.
윤지원	그러니까 약속해. 그런 걸로 서로 미안해하기 없기. (손가락 내밀면)
석지원	네. (손가락을 내밀어 거는 척 손을 잡아당겨 볼에 쪽 입을 맞춘다)
윤지원	(화들짝 놀라 주변 둘러보며) 야 누가 보면!
석지원	여기서 누가 우릴 봐? 아는 사람은커녕, 모르는 사람도 없는데.
윤지원	저번에도 그러다가 선생님들하고 딱 마주친 거 기억 안 나?
석지원	여긴 다르지. 워크숍 끝나고 가는 길에 굳이 이런 데 들르는 사람들이 어딨냐?

#10. 경천섬 식당 앞· 낮

윤지원이 들고 있던 아이스크림과 같은 걸 하나씩 든 변덕수, 이재규, 맹수아, 장온유, 이기하가 막 음식점에서 나오는 참이다.

변덕수	(만족스러운) 이제 좀 살겠네.
맹수아	(어이없는) 이제 좀 사시겠어요? 전 집에 가고 싶어서 죽겠는데!
이재규	(변덕수 흘겨보며) 하여간 손 많이 가서. 여기 비서 총각 얼굴 좀 보세요. 그새 늙었어.
이기하	(핼쑥하다) 차에 실수하실까 봐 놀라가지고.
변덕수	미안해요.

장온유   밥도 먹었으니까 이제 그만 갈까요?

변덕수   벌써? 배도 부르고 날씨도 좋구만, 다들 좀 즐겨.
        집에 갈 생각만 하지 말고. (손으로 여기저기 가리키며)
        얼마나 이뻐? 저기 나무는 푸르르고, 강물은 반짝이고, 지원이랑 지원
        이는 저렇게 다정... 어?

        모두의 시선이 한곳을 향한다.

#11. 경천섬 식당 근처. 낮

        여전히 딱 붙어 걷고 있는 석지원과 윤지원.

윤지원   (아이스크림 내밀며) 먹을래?

        석지원, 끄덕이고 한 입 베어 문다.
        윤지원, 보다가 석지원의 입가에 묻은 아이스크림을 손가락으로 닦아
        주고,
        석지원 바람에 날리는 윤지원의 머리칼을 넘겨주며 사랑스럽다는 듯
        이 보며 웃는다.

윤지원   우리 이러다 들키면, 변명도 못 하고 그냥...

석지원   (웃는) 여기까지 와서 누가 우릴 봤다? 그럼 받아들이자.
        그건 그냥 운명인 거야.

윤지원   난 좋아.

석지원   뭐 그럴 일은 없겠지만.

        하며, 둘 방향을 바꿔 몸을 돌리면, 저만치서 달려오고 있는 선생님들
        과 이기하.

둘 떨어질 생각도 못 하고 입을 떡 벌린다. 윤지원, 믿을 수 없다는 듯 눈을 비빈다.

선생님들과 이기하 달려오고 있고, 놀라서 뒷걸음치다 도망치는 석지원과 윤지원.

#12. 학교 전경. 밤 -> 아침

천천히 밝아오는 학교.

#13. 교무실. 낮

담담한 얼굴로 앉아 있는 윤지원. 커피를 쭉 들이켠다.
양옆으로 붙어 앉은 맹수아와 장온유.

장온유 세상에, 너무 낭만적이에요 선생님. 진짜 꽃이 피고 사귀셨다니.
윤지원 응. 그렇게 됐어요.
장온유 그럼 공문수 쌤하고는...
윤지원 (다급히) 내가 말했잖아. 오해라고. 다들 안 믿었지만.
장온유 (기분 좋은) 전 그럴 줄 알았어요.
맹수아 (궁금해 죽겠는 듯) 누가 먼저 좋아한 거야?!
윤지원 나. 나지 뭐.
맹수아 언제부터? 아니 뭐 내가 이사장 잘생겼다 할 때는, 뭐랬지?
        순 지밖에 모르는 얼굴 반반한 개차반? 막 그러더니.
윤지원 (민망한) 그랬지. 그 반반한 개차반이 좋아졌어, 내가. 어쩌다 보니.

변덕수(E) 어쩌다 보니가 어딨어?

#14. 이사장실. 낮

책상 앞에 앉은 체념한 얼굴의 석지원. 그 앞에 옹기종기 모여 앉은
변덕수와 이재규 이기하.

변덕수 사실대로 말해. 너 애초에 이사장으로 올 때부터 좋아했지?
        아냐, 너네 고등학교 때부터 좋아한 거지? 내 촉이 딱 그래.
이재규 엊그제까지 공쌤이랑 대차게 엮으시고는 촉은 무슨.
이기하 (눈이 촉촉한) 그래서 그렇게 연애에 한없이 서투셨구나.
        18년 동안 체육 선생님을 못 잊으셔서.
석지원 (발끈해서) 야! (하는데)
이기하 (기세등등) 아뇨. 고맙다는 말씀은 됐습니다. 물론 이 사랑은,
        제가 다 성사시킨 거나 다름없지만...
변덕수 어? 비서 양반이 코치한 거예요?
이기하 하나부터 열까지.
석지원 (기가 차다는 듯 바라보면)
이재규 근데 윤쌤 어디가 그렇게 좋으세요?
석지원 (저도 모르게 웃는) 다 좋죠. 다 예쁘고.

셋 방청객마냥 입을 틀어막으며 동시에 어으- 탄성을 지른다.
그때 종이 울리면, 아쉬운 얼굴로 일어나는 변덕수와 이재규.

변덕수 암튼 자세한 건 나중에 자리 만들어서 따로 더 얘기해줘?
석지원 예? 지금도 충분히 자세히 다 말씀드린 건데,
변덕수 아니! 부족해 부족해. 아직 많이 부족해. 지원아, 또 보자?

웃으며 손 흔들며 문을 나가는 선생님들. 석지원 눈을 질끈 감았다 뜬다.

#15. 교무실 앞 복도. 낮

교무실에서 걸어 나오는 맹수아와 장온유,
이사장실에서 나오는 변덕수, 이재규와 마주치고 서로 눈빛 교환을
한다.

변덕수 생각보다 순순히 털어놓는데?
장온유 뭐랄까요, 너무 다 인정을 해 버리시니까...
이재규 좀 재미가 없지, 다 알아버린 느낌?
맹수아 온유쌤 엄청 재밌게 듣더구만, 뭘.
변덕수 다 듣고 다 알았으니까, 거 학생들이나 학교 사람들 모르게 잘들 그거
        해요. 입단속.
이재규 (웃으며) 에이 공쌤이랑 그랬을 땐 신나서 소문내시더니.
변덕수 저 둘은! 그, 좀... 복잡하니까. 조심들 하자는 거야.

선생님들, 다들 이해했다는 듯 끄덕이고 교무실로 들어간다.

#16. 학교 일각. 낮

걸어오는 윤지원. 마주 오던 차지혜와 마주친다.

차지혜 쌤들한테 탈탈 털리고 오는구나.
윤지원 (민망하다. 웃으면)
차지혜 보람도 없다, 야. 그렇게 감춰줬는데.
윤지원 아냐, 너 아니었으면 그땐 진짜 곤란할 뻔했어. 고마워.
차지혜 (끄덕이고 보다가) 나도 고맙다, 윤지원.
윤지원 응? 뭐가?
차지혜 그냥. 옛날이나 지금이나 친구해 줘서 고맙다고.

윤지원	갑자기 뭔 소리야?
차지혜	갑자기 그냥 말하고 싶어서. 간다, 수고!

씩 웃고 가는 차지혜. 의아한 얼굴로 보다가 피식 웃는 윤지원에서.

#17. 심화반 앞 복도. 낮

나란히 걸어오는 고해수와 김유미. 고해수 단어장을 넘겨 가며 보고 있다.
김유미 목에 건 목걸이를 고해수에게 보여주는 중이다.

김유미	이쁘지? 심화반 들어갔다고 엄마가 사주심.
고해수	응, 어울린다. (다시 단어장 보는)
김유미	(히죽 웃다가 앞 보며 삐죽하는) 쟤도 들어왔네, 심화반.

고해수 보면, 심드렁한 얼굴로 심화반 교실에 막 들어가는 정율 보인다.

고해수	...1등인데 들어와야지.
김유미	아는데 얄미워. 맨날 자면서 웬 1등? 쟤 집에서 과외 쩔게 할 듯. 완전 개 부자래.
고해수	(작게 한숨을 내쉬고는 다시 걷는다)

#18. 심화반 교실. 낮

고해수 김유미 정율 등 10명 남짓한 학생들의 자습 시간.
머리를 짚고 고민 중인 고해수, 문제가 안 풀리는지 펜이 신경질적으로 움직이고.

그때, 요란하게 울리는 정율의 핸드폰. 돌아보면 정율은 미동 없이 자고 있고.
반 아이들의 짜증 섞인 반응이 커지는데 계속 울려 퍼지는 벨소리.
고해수, 못 참고 벌떡 일어나 정율의 가방을 낚아채 뒤집어 탈탈 털자 그제야 잠에서 깨는 정율.

정율   (가방 낚아채며) 지금 뭐 하는 거야?

고해수   너 때문에 다들 자습 방해되잖아.

정율   (반 아이들의 짜증 난 표정을 보고는 화를 참는, 가방 정리하며 고해수를 노려본다)

고해수   여기까지 와서 잘 거면 그냥 이름만 올려놓고 나가.
         어차피 공부는 집에서 하고 이건 생기부 한 줄이 필요한 거 아냐?

정율   너랑 뭔 상관인데.

고해수   상관 안 하고 싶지. 이따위 개념 없는 짓만 안 하면.

정율   (일어나는. 두통이 오는 듯 머리를 짚으며) 되게 예민하네.
         너는 뭐 개념이 넘쳐서 학교에서 그러고 다녀?

고해수   내가 뭘 하고 다니는데?

정율   (비웃으며) ...연애하느라 바쁘잖아.

고해수   (어이가 없어 헛, 하고 웃는) 뭔 소리야? 알아듣게 얘길 해.

정율   이해력이 별로구나. 그래서 나한테 1등을 뺏겼나 봐.

고해수   (싸늘해져서 정율을 툭 미는) 말 다 했어?

정율, 더 세게 고해수를 퍽 민다. 고해수, 옆 학생의 책상까지 밀려났다가 다시 일어나 정율을 노려보고. 놀라서 보던 김유미가 일어나 교실을 나간다.

#19. 학교 일각. 낮

벤치에 앉아 한숨 돌리고 있는 윤지원.

그때 옆에 와 앉는 누군가. 윤지원의 어깨에 슬쩍 고개를 기댄다.

눈을 뜨고 고개를 돌려 보는 윤지원. 석지원이다. 씩 웃는다.

윤지원   (머리 밀어내며) 들켰다고 막 나가시네요, 이사장님.

석지원   (다시 기대며) 제가 하루 종일 취조를 얼마나 당했는지 아십니까?
　　　　윤지원 선생님?

윤지원   학교에서 이러지 말자, 응?

석지원   방과 후라 보는 사람도 없는데, 너무 **빡빡**하게...

　　　　하는데, 저만치서 "선생님!!" 부르며 달려오는 김유미.

　　　　윤지원 석지원을 거칠게 밀어내고 벌떡 일어난다. 벤치 옆으로 떨어
　　　　졌다가 머쓱하게 일어나는 석지원. 김유미 막 도착해 헉헉대는.

김유미   선생님, 고해수랑 전학생 싸워요!

윤지원   (놀라서) 뭐?

#20. 심화반 교실. 낮

　　　　대치하듯 서 있는 고해수와 정율.

정율   　다시 말해줘? 너 연애하느라 바빠서 나한테 진 거 아니냐고.
　　　　맨날 잠이나 자는 나한테.

고해수　(분노로 부들거리며 정율을 보는데)

정율   　할 말 더 없지?

　　　　정율, 짜증 난다는 얼굴로 고해수를 거칠게 밀치고 문으로 가는데, 달
　　　　려드는 고해수.

두 사람 동시에 서로 머리끄덩이를 잡는 순간 문을 열고 들어오는 윤지원.

윤지원   고해수, 정율! 뭐 하는 짓이야? 당장 손 떼!

아직도 머리끄덩이를 잡고 서로 노려보고 있는 둘을 억지로 떼어내는 윤지원.

#21. 보건실. 낮

홍태오가 정율의 볼에 밴드를 붙여준다. 그 옆에 윤지원과 고해수 서 있다.
고해수, 홍태오 앞에서 이러고 있는 게 너무 창피하고.

홍태오   피가 나거나 하진 않아서 덧나지는 않을 거야.
정율   (말없이 홍태오와 고해수를 번갈아 본다)
윤지원   애들아 그렇다고 이렇게 싸우면 어떡하니? 서로 사과해.
고해수   (홍태오 한번 보고 얼른) 미안. 감정적으로 굴어서.
윤지원   율이는?
정율   핸드폰 주의할게요.
윤지원   해수한테도 사과해야 하지 않을까?
정율   (고집스레 고개를 획 돌린다)
고해수   됐어요. 필요 없어요, 사과.
홍태오   (해수 보며 걱정으로) 너는 다친 데 없는 거니?

고해수 저도 모르게 정율을 본다. 정율도 고해수와 홍태오를 번갈아 보며 입술 끝을 살짝 올려 비웃는. 고해수 불안한 얼굴이 되고.

고해수   (시선 피하며 작게) 없어요.

그대로 꾸벅 인사하고 나가는 고해수. 정율도 곧이어 나가버린다.
홍태오 걱정스러운 얼굴로 해수의 뒷모습을 보는 데서.

#22. 주차장 근처. 낮

차를 타러 가는 석지원을 발견하고 다가오는 퇴근 차림의 변덕수.

변덕수   지원아, 이사장님! (작게) 윤지원 남친!
석지원   (이제야 듣고, 흠칫. 주변 살피며) 선생님... 퇴근하세요?
변덕수   어어. 넌 어디가?
석지원   아, 저 사택 나와서 집 얻었습니다.
변덕수   진짜? 어디에?
석지원   시내 쪽에 오피스텔이요.
변덕수   태영 오피스텔?
석지원   네. 어떻게 아셨어요?
변덕수   행정실장님도 거기 살거든.
석지원   아, 지경훈 실장님이요?
변덕수   (끄덕이고) 몇 호?
석지원   (무심결에) 407호예요.
변덕수   그래? (작게) 오늘은 데이트 없어?
석지원   (얼떨결에) 예.
변덕수   아, 그래? (손 흔들며) 조심히 들어가.

변덕수, 의뭉스러운 웃음을 지으며 석지원을 지나쳐 걸어가고.
석지원은 생각보다 쉽게 떠나는 변덕수가 의심스러운데.

#23. 석반건설. 회장실. 밤

소파에 마주 앉은 석경태와 김 부장.
편한 자세의 석경태, 태블릿PC로 골프장 도면을 차례차례 넘겨 보다
가 문득,

석경태 근데 진입로가 왜 여기로 나?
김부장 아, (석경태에게 다가가 페이지를 넘겨 골프장 근처 지도를 펴서) 보
       시면 이 길이 독목고 학생들이 주로 등하교하는 길입니다.
석경태 (싸늘한) 근데? 그게 내 골프장 진입로랑 무슨 상관인데?
김부장 예? (침을 꿀꺽 삼키고) 그게 아니라, 전무님께서 진입로를 바꾸셨습
       니다. 여기로 차가 다니면 학생들 안전이 아무래도...
석경태 이 자식이 아직도 뭐가 우선인지를 모르고!
       애들 다닐 길이 여기 하나야?
김부장 그건 아닌데 현재 이 길로 제일 많이 다니고 넓고 빠른 길입니다.
석경태 그러니까 그런 좋은 길을 이용객들한테 줘야 할 거 아냐!
김부장 죄송합니다.
석경태 당장 석지원이... 아냐, 내일 내가 직접 갈 거니까 준비해.
김부장 예.

김 부장 인사하고 나가면 신경질적으로 청심환을 하나 까서 씹어먹는
석경태.

#24. 석지원의 오피스텔. 거실. 밤

소파에 앉아 통화를 하는 석지원.

윤지원(F) 목소리에 왜 이렇게 힘이 없지?

석지원   오늘 우리가 얼마나 같이 있었는지 너 알아?

윤지원(F) 글쎄?

석지원   글쎄? 니가 벤치에서 나 밀기까지 대략 뭐, 한 10초?

윤지원(F) (웃는) 그랬나?

석지원   내가 목소리에 힘이 있겠어, 없겠...

윤지원(F) 뛴다는 핑계를 너무 자주 대서 이제 좀 그래. 내일 학교에서 보자.

석지원   (시무룩) 그래.

#25. 거리 일각. 밤

한 손에 휴지 한 통을 든 변덕수가 신이 나 걷고 있다. 옆에는 이재규.

이재규   진짜 이게 맞는 걸까요, 선생님?

변덕수   뭐 어때? 퇴근하고 수다 떨면서 한잔하면 지원이도 좋지.

이재규   이사장님은 싫으실 것 같은데... (핸드폰 꺼내며) 아니 왜 계속 통화
         중이신 거야...

변덕수   됐어, 걸지 마. 다 왔는데 그냥 들어가지 뭐.

이재규   더 싫으실 건데.

변덕수   이 선생은 혼자 사는 남자의 외로움을 몰라.

이재규   기러기아빠랑 이제 막 연애 시작한 이사장님이 같아요?

변덕수   학교 끝나고 둘이 만나기 쉽지 않을걸?
         그렇게 계속 초 칠 거면 그냥 집에 가.

이재규   (시무룩) 우리 와이프 화나 있어서 주무시면 들어가야 돼요.

변덕수   들켰구나, 8층에서 물린 거.

이재규   하... 이놈의 주식 진짜...

#26. 사택. 1층 거실. 밤

TV를 보며 소파에 앉아 있는 윤재호와 윤지원.
윤재호, 꾸벅꾸벅 졸고 있고. 윤지원 윤재호를 힐끔 살피며 볼륨을 서서히 낮춘다.

윤지원   (작게) 할아버지 들어가서 주무셔.
윤재호   (정신 차리며) 할애비 안 잔다. 보고 있어.
윤지원   아냐, 안 보고 계셔. 들어가서 편히 주무시라니까.
윤재호   아직 안 졸린데...

얼른 윤재호를 일으켜 방으로 이끄는 윤지원. 잠결에 따라가다가 멈춰서서 윤지원을 보는 윤재호. 윤지원, 저도 모르게 간절한 표정으로 윤재호를 본다.
하품을 하며 다시 걷는다. 문을 열고 윤재호를 들여보내는 윤지원.

윤지원   할아버지, 푹 주무세요.

윤재호 끄덕이며 문을 닫으면, 윤지원 들뜬 얼굴로 씩 웃는다.

#27. 사택. 마당. 밤

조심스러운 발걸음으로 마당을 가로지르는 윤지원.
그때 가쁜 숨을 내쉬며 들어오는 공문수와 딱 마주친다. 서로 흠칫 놀라는.

윤지원   어, 공쌤. 뛰다 온 거야?
공문수   (씩 웃는) 선생님 말씀대로 잡념 없애는 데 좋더라고요.
          근데 어디 가세요?
윤지원   어? 나도... (하다가, 담담하게) 나 지원이 보러 가.

공문수   아... (씁쓸한 얼굴로 끄덕이고)

윤지원   숨기고 미안해하는 게 오히려 공쌤한테 더 못된 짓 같아서.

공문수   (보다가 씩 웃는) 뛰면서 생각을 해 봤는데 선생님은 늘 똑같았더라고
          요. 저한테. 그러니까 미안해하지 마세요. 안 그러서도 돼요.

윤지원   ...나 땜에 뛴 거구나.

공문수   (장난스럽게) 그래도 좀만 더 뛰면 될 것 같으니까.

          공문수, 씩 웃어 보이면, 윤지원도 공문수를 향해 웃어주고 대문으로
          간다.
          공문수 그런 윤지원의 뒷모습을 보고 서 있다.

#28. 석지원의 오피스텔. 거실. 밤

          적막한 실내. 고민하는 얼굴로 심각하게 앉아 있다가 하품을 한다.
          무료하다는 듯 일어나 괜히 거실을 서성이는 그때 경쾌하게 울리는
          초인종.
          석지원 의문으로 보다가 점점 미소가 번진다. 신이 난 얼굴로 문을 벌
          컥 열며.

석지원   (동시에) 벨 보자더니, 뭐야? 서프...

변덕수   (동시에) 서프라이즈~~

          활짝 웃으며 서 있는 변덕수와 이재규. 석지원의 얼굴이 급격히 어두
          워진다.

#29. 석지원의 오피스텔. 현관. 밤

석지원이 현관에서 거실로 막 올라선다. 변덕수와 이재규도 신발을 벗는 중이다.

석지원   어떻게 연락도 없이 갑자기...
이재규   전활 계속 드렸는데 통화 중이시더라고요.
변덕수   아이, 이사를 했음 집들이를 해야 하지 않겠어? 각 잡고 오면 부담스럽고 이렇게가 딱 좋아, 그치?

석지원, 대답 없이 억지 미소만 짓는데, 갑작스레 들리는 비밀번호 누르는 소리.
셋 의아한 얼굴로 서로를 보는 그때, 벌컥 열리는 문. 윤지원이 뛰어들며.

윤지원   서프라...

윤지원 놀란 얼굴로 멈춰 서있다. 그러다 석지원과 눈이 마주치며 급격히 얼굴이 어두워지는.

#30. 석지원의 오피스텔. 거실. 밤

둘러앉은 네 사람. 간단하게 맥주와 음료수, 스낵 정도 놓여 있고.
변덕수 맥주 캔을 들고 나란히 앉은 윤지원과 석지원을 물끄러미 보다가.

변덕수   잘 어울려. 왜 옛날엔 몰랐을까?
          그땐 둘이 징하게 싸운다 그렇게만 생각했거든.
석지원   (웃는) 진짜 많이 싸우긴 했었습니다.
이재규   원래 싸우다 정들면 답이 없거든요.

석지원과 윤지원 쑥스럽게 웃다가 음료수를 동시에 들이켜는데.

변덕수 (아련하게) 그래서 말인데, 주례는 내가 섰음 싶어.

둘, 동시에 놀라 음료수를 뱉어내며 변덕수를 본다.

윤지원 예? 주례요, 선생님?
변덕수 왜! 다른 사람 생각했어?
석지원 생각을... 안 했는데요. (윤지원 보며) 결혼은...
윤지원 (어이가 없는) 선생님. 저희 만난 지 얼마나 됐는지 아시잖아요?
변덕수 난 우리 와이프랑 두 달 연애하고 결혼했어. 아우 그 교무실에서 눈치 보면서 연애하기가 어찌나 감질나던지. 너네는 따지고 보면 뭐 평생을 안 사이 아냐? 중간에 텀이 좀 길긴 했지만.

석지원과 윤지원 난감한 얼굴로 마주 본다.

이재규 (수습하듯) 그러니까 내일모레 식 올려라 이게 아니라, 나중에 나중에 결혼하면 주례를 서고 싶으시다. 그런 거죠. 그런 거 맞죠?
변덕수 (핸드폰 꺼내며) 뭐래. 내가 메모장에 주례사도 초고를...
이재규 (막으며) 그러니까 결혼은 이 정도로 미쳐야 할 수 있다.
        이런 느낌적인 느낌 아시겠죠?
변덕수 내 말은, 둘이 어렵게 다시 만났고, 앞으로도 쉬운 길이 아닐 건데 같은 목표를 딱 정해야 흔들리지 않고 갈 수 있다는 거야.
        둘이 연애만 하고 끝내자 그런 건 아닐 거 아냐?
윤지원 그런 건...
석지원 ...아니죠. 절대 아닙니다.
변덕수 그러니까! 얘가 결혼감이 맞나, 잘들 살펴보라고 지금부터.
이재규 (씩 웃는) 주례사 이미 들었네요.
변덕수 아냐 아냐, 주옥같은 얘기가 아직 많이 남아있다고.

일동   (분위기 맞추는 빈 웃음소리)

이재규   (황급히) 자자 술이나 한잔하시죠, 건배!

변덕수, 뿌듯한 얼굴로 맥주를 마시고.
윤지원과 석지원, 서로 이해의 눈빛이 오가고 애매한 미소를 주고받
는다.

#31. 상동. 밤

맥주 캔이 즐비하다. 현관에서 정신을 잃은 변덕수를 업고 서 있는 이
재규.

변덕수   (웅얼) ...해장국 먹고 갈래...?

이재규   (질겁하며) 귀에다 속삭이지 마요! (보며) 갈게요, 이사장님.
          윤쌤 내일 봐.

석지원   (미소 지으며) 제가 모셔다드린다니까요.

이재규   전 그 정도로 눈치 없진 않습니다. 윤쌤 데려다주셔야죠.

윤지원   (미소 지으며) 조심히 가세요, 선생님.

이재규 씩 웃어 보이고 나가면 어느새 미소 지우고 지친 얼굴로 서로
마주 보는 둘.

cut to.
소파에 아예 누워버린 윤지원. 그 앞에 무릎을 세우고 앉은 석지원.
서로 아무 말 없다가.

윤지원   (한숨) 선생님도 참. 무슨 벌써 주례야.

석지원   그러게. 어쩐지 이렇게 끝내실 것 같지 않은데...

윤지원	(일어나 앉으며 살짝 웃고) 앞으로 학교생활 쉽지는 않겠다.
석지원	(소파로 올라가 옆에 앉으며) 어쩌겠어. 어른들이 그렇지 뭐. 애 몇 명 낳을 거냐 말 안 나온 게 어디야...
윤지원	(진저리치는) 그만해. 난 결혼 같은 거 한 번도 생각해 본 적 없어.
석지원	난 딱 한 번 있는데.
윤지원	(!!) 언제? 누구랑?
석지원	(진지한) 18년 전에 너랑 사귀기로 한 그날 밤에.
윤지원	아유, 난 또... (손가락으로 이마를 쿡 밀며) 덜덜 떨면서 좋아한다더니 그런 생각까지 하고 있었냐?
석지원	(웃고) 생각난다. 그 연못가.
윤지원	뭐가 연못가야! 고백은 놀이터에서 해놓고!
석지원	(눈을 끔벅끔벅) 첫 키스가, 놀이터 아냐?
윤지원	아니거든!
석지원	그래? 그럼 키스가 연못이라고?
윤지원	아유, 첫 키스랑 고백도 제대로 기억 못 하는 남자랑 무슨 결혼을...
석지원	(당황해서) 아니! 그게 아니고, 잠깐 헷갈린 거야.
윤지원	(장난으로) 됐네요!
석지원	화났어?
윤지원	어. 반성해.
석지원	알았어. 반성하고 앞으로 잘할게.
윤지원	(보다가 작게 하품을 하고) 나 이제 그만 가... (하는데)
석지원	자고 갈래?
윤지원	(벌떡 일어나며 버럭) 뭐!!
석지원	(놀라서) 아니, 딱 30분만 졸고 가라고. 반성의 의미로 내가 안 자고 있다가 깨워줄게.
윤지원	아.

윤지원 머쓱하게 웃으며 다시 털썩 누우면, 둘 킥킥대며 웃는다.
웃음 끝에 윤지원의 눈이 설핏 감기는 걸 석지원이 가만히 보고 있다.

창문 밖이 뿌옇게 밝아오고 있다. 흠칫하며 눈을 뜨는 윤지원.
석지원도 무릎에 얼굴을 묻고 잠들어 있다. 가까이 있는 석지원의 얼굴을 가만히 보다가, 손을 뻗어 살짝 흔들어 깨운다.

윤지원   석지원, 나 이제 진짜 가야 돼.
석지원   (천천히 눈을 뜨고 윤지원을 보는) 음... 벌써 삼십 분 됐어?
윤지원   (끄덕이다가 무심결에 창문을 보고, 믿을 수 없다는 듯 몸 일으키는)
          뭐지...? 지금 몇 시야?
석지원   (핸드폰 들어 보고) 지금 일곱 시 좀 안 됐... 일곱 시?!

둘 동시에 총알처럼 벌떡 일어나는 데서.

#32. 사택. 현관. 아침

현관에 선 윤지원 조용히 신발을 벗는 중인데.

윤재호(E) 오늘 왜 이렇게 일찍 출근이야?

흠칫 놀라 고개 들어보면, 막 깬 듯한 얼굴로 방문 앞에 선 윤재호.

윤지원   (자연스럽게 다시 신발 신으며) ...일찍 깼어. 다녀오겠습니다.

피곤한 눈을 꾹 감았다 뜨며 뒤돌아 문을 열고 나가고.

#33. 사택. 1층 화장실. 낮

하품을 하며 들어오는 윤재호. 세면대로 가다가 멈칫하고 빙 둘러보는. 욕실 전체가 물을 쓴 흔적이 없이 말끔하게 말라 있다.

윤재호   애는 씻지도 않고 나갔나... 그럴 리가 없는데.

갸웃하고는 세면대로 가 물을 트는 윤재호.

#34. 복도. 낮

앞 씬과 같은 차림으로 걸어오는 윤지원. 눈이 퀭하다. 막 하품을 하다가 마주 오는 석지원과 눈이 마주치는. 석지원 미안하다는 듯 눈을 찡긋하고.
윤지원 삐죽하는데, 석지원 지나치며 윤지원의 손을 살짝 잡았다 놓고 간다.
윤지원 피식 웃는데, 그 옆으로 오는 맹수아.

맹수아   좋을 때다.
윤지원   ...봤어?
맹수아   어떤 거, 둘이서 막 찡긋거리는 거? 아님 슬쩍 손잡는 거...
        아니면... (얼굴 지그시 보며) 어제 둘이 밤샌 거?
윤지원   (놀라서) 어떻게 알았어?
맹수아   퀭한 얼굴이 아주 똑같으세요.
윤지원   (민망한 듯 웃으면)
맹수아   (씩 웃고) 놀리는 거 아니고, 진짜 좋을 때니까 즐겨.

어깨를 툭 치고 가는 맹수아에서.

#35. 2-1반 교실. 낮

아직 수업이 시작되기 전. 아이들 분주히 돌아다니거나 떠들고 있다.
자리에 앉아 문제집을 펴고 공부 중인 고해수. 엎드린 정율을 힐끗 본다.
엄기석 창가 맨 뒷자리에 앉아 있다. 그때 다급히 앞문으로 들어오는
학생1. 해수를 보고 멈칫했다가, 자리로 가서 학생2에게 핸드폰을 보
여준다.

학생2   (보고 놀라는) 헐 이거 뭐임?
학생1   (턱 끝으로 해수를 가리키고)
학생2   (보다가) 대박... 어디 올라온 거?
학생1   오픈 챗.

그때 종이 울린다. 학생2, 얼른 제 핸드폰을 꺼내 옆 분단의 학생3에
게 간다.

학생3   (보다가) 미친! (해놓고 놀라서 작게) 야, 이거 반장하고 보...

하는데, 열린 문으로 들어오는 맹수아, 교탁 앞에 서며.

맹수아   애들아, 종 쳤잖아. 자리로! 어쭈? 핸드폰 안 넣어?

얼른 핸드폰 집어넣고 자리로 가는 학생3. 고해수를 본다.
홍삼을 쭉 짜 먹는 고해수. 맹수아도 학생3의 시선 따라 해수를 보고.
고해수 말간 얼굴로 문제집을 넣고 책을 꺼내 펼친다.

#36. 체육관 앞. 낮

열린 체육관 안을 슬쩍 들여다보는 석지원.
학생들 앞에서 배드민턴 시범을 보이느라 이쪽저쪽으로 뛰어다니고
있는 윤지원이 보인다.

석지원   (중얼) 아니, 제대로 자지도 못하고 아침도 못 먹고 와서 배고플 텐
데... 왜 저렇게 뛰어? 선생님이 꼭 저렇게 시범을 보여야 하나?
이기하   (뒤에서 듣고 있다가) 그게 선생님의 일이니까요.
석지원   (휙 돌아서서 이기하 보며) 기하야.
이기하   (해맑게) 네, 전무님?

#37. 체육관. 낮

체육수업을 하던 아이들, 어리둥절한 표정이다. 보면 샌드위치가 잔
뜩 담긴 종이가방을 든 이기하와 석지원이 서 있다.

cut to
수업 끝나는 종이 울린다. 학생들에게 샌드위치를 나눠주고 있는 이
기하.
기가 찬 표정으로 보고 있는 윤지원의 곁으로 스르르 다가서는 석지원.
서로 앞만 보며 입술 최대한 안 움직이며 대화한다.

윤지원   뭐 하는 짓이야?
석지원   너 아침 못 먹었을 거 아냐.
윤지원   그래도 그렇지. 사람들이 이상하게 생각하잖아. 너, 진짜...
석지원   남들은 별생각 안 해. (놀리는) 그리고 티 좀 내면 어때?
윤지원   (못 말린다는 얼굴로 보면)
학생들   이사장님 잘 먹겠습니다!
윤지원   (이를 악물고) 저도 잘 먹겠습니다, 이사장님.

(남은 샌드위치 중 하나 집으려는데)

석지원   (따로 둔 샌드위치 주며 다정하게) 이거 먹어. 너 못 먹는 오이 뺐어.

윤지원   (한숨) 고오맙습니다.

석지원, 뿌듯해하는데 뭔가 웅성이는 소리 들리고. 다음 수업을 위해 들어온 학생들이다.
"뭐야?", "너희들 뭐 먹어?", "이사장님이 사주셨어", "이 반만 준대?", "우리 거는?" 떠들며 석지원을 보는 학생들. 난감한 얼굴로 씩 웃는 석지원.

#38. 학교 외경 -> 복도 -> 교실 -> 중정. 낮

학교 전 반에 뿌려지는 샌드위치. 그 위로 학교 방송.

강영재(E) 에... 알립니다. 오늘 ...환경의 날을? 맞아 이사장님께서 전교생에게 샌드위치를...

여기저기에서 환호하는 아이들의 소리가 울려 퍼지고.

#39. 이사장실 앞 + 중정. 낮

이사장실에서 나오는 석지원과 이기하.
이어지는 학교 방송 소리가 들리자, 석지원 겸연쩍은 얼굴로 이기하를 본다.

강영재(E) 간식으로 제공합니다. 학생들은 맛있게 드시고 더욱더 학업에 정진해 주시기를 당부드립니다.

이기하	(속삭이는) 근데 환경의 날이랑 샌드위치랑 무슨 상관이에요?
석지원	나도 몰라. 그냥 오늘이 환경의 날이래.
이기하	하, 여자친구 먹이겠다고 전교생한테... 크... 역시 통이 크십니다.
	거의 아낌없이 주는 나무세요. 나무... 환경... 그래서 환경의 날?
석지원	(째려보며 뭐라 하려는데)
변덕수(E)	지원아! 이사장님!

석지원, 중정에 모여 앉은 변덕수, 이재규, 맹수아, 장온유를 발견한다.
인사하고 급히 돌아서는데 반색하며 뛰어오는 변덕수.

변덕수	지원아, 와. 같이 먹어.
석지원	아, 선생님 저는 할 일이... (이기하 보며) 있지?
이기하	(눈치 없이) 아뇨, 지금은 딱히 없으십니다.
변덕수	(잡아당기며) 없대!
석지원	(속절없이 끌려가며 이기하를 보면)
이기하	(!! 아차 싶은. 어색하게 웃으며 뒷걸음질 친다)

cut to
둘러앉은 선생님들 사이로 끌려오는 석지원.

변덕수	(석지원을 제 옆에 앉히고 흐뭇하게 보며) 아이, 연애가 좋긴 좋아.
	역시 임자를 만나니 우리 지원이도 이렇게 변하잖아.
이재규	이사장님, 보기 좋습니다. 첨엔 곧 떠나실 것처럼 차가워 보이셨는데
	이제는 완전 독목인 그 자체세요.
맹수아	하여간 밥만 사주면 우리 편이라니까.
장온유	그나저나 결혼식은 서울에서 하시는 거예요?
석지원	네? 갑자기 그게 무슨...?
이재규	아니, 저희 그 얘기 중이었거든요.
변덕수	서울에서 하면 버스 대절하면 되지! 다 같이 가는 게 편해.

	대신 버스 넉넉하게. 알았지?
석지원	(기세에 눌려 눈만 꿈벅인다)
맹수아	(웃으며) 윤쌤은 질겁하던데 다들 너무 즐거우신 거 아니에요?
석지원	질겁... 했어요?
맹수아	(실수했나) 아니, 질겁까진 아니고... 아직 생각이 없는 거죠.
변덕수	아이 부끄러워서 그래.
장온유	윤쌤이요? 그런 거 같지는 않는데...
이재규	요즘 다들 결혼하기 힘들다 어쩐다 해도, 해봐. 얼마나 좋은데.
장온유	아까는 주식 걸리서 집에 가기 무서우시다면서요?
이재규	그래도 어? 우리 와이프가 어? 내 폭락주에 물 타라고 용돈도 올려주신 분이야.
맹수아	참사랑이시네요.
변덕수	결혼하고 애도 낳고.. 그렇게 남들처럼 평범하게 사는 것도 복이거든. (핸드폰 꺼내 사진 하나를 보여주며) 우리 늦둥이. 기러기 3년차... 사진으로만 봤네. 이제 다 컸어!
석지원	(보며 웃는) 선생님하고 닮았습니다.
변덕수	그치? 나 닮은 애가 하나 있으면 되게 좋아. 맘이 뜨듯해. 사진 보니 더 보고 싶다. 그새 또 컸을 텐데.

석지원, 동감한다는 듯 끄덕이다가 뭔가 시선이 느껴진다.
돌아보면 팔짱을 끼고 서 있는 윤지원. 진지하게 듣고 있는 석지원이
웃기기도 하고 기도 찬다.

윤지원	(석지원을 빼내며) 저로 모자라서 또 이러시기예요?
석지원	나는 괜찮은데.
윤지원	저희가 알아서 한다구요. (끌고 가고 나면)
변덕수	저쪽도 변했어. 우리 윤쌤 단호해진 것 좀 봐.

#40. 학교 일각. 낮

중정에서 멀어지는 윤지원과 석지원.

윤지원   그냥 일 있다고 피하지 그걸 다 듣고 있어?
석지원   나한테 하시면 너한테는 좀 덜하시려나 했지.
윤지원   다들 그냥 재미로 저러시는 거야. 깊이 듣지 말자고.
석지원   ...그래도 꽤 도움이 되는 말도 있던데.
윤지원   도움? 뭐?
석지원   버스 대절 넉넉하게 하라는...
윤지원   너는 사람 진지한데 또 장난, (이나 치고.)
석지원   (갑자기 진지하게) 다 장난은 아닌데.
윤지원   (잠깐 긴장했다가 퍽이나) 또, 또!

고개를 절레절레 저으며 윤지원 멀어지면, 석지원 피식 웃고 돌아서
는데.
샌드위치를 입에 문 이기하와 눈이 마주친다.

#41. 이사장실. 낮

이사장실로 들어와 서성이는 석지원과 뒤따라 들어오는 이기하.

석지원   진짜 싫은가? 부끄러워서 그런가? 너는 어떻게 생각하니?
이기하   그냥 말 그대로 아직 생각이 없으신 거겠죠.
석지원   (삐진) 나도 뭐 당장 어떻게 하자는 거 아니거든? 근데 주변에서 이런
         저런 말들을 하면 한번 생각은 해보지 않아?
         너무 아니라고만 하니까.
이기하   아직 사랑이 좀 부족하신가...

석지원	아냐! 윤지원 나 엄청 좋아해.
이기하	아, 예...
석지원	내가 믿음직스럽지 못한가? 그래?
이기하	그럴 수도 (하다가 얼른) 있다기보다는! 프러포즈는 하셨어요?
석지원	(딱 멈춰 서며) 프러포즈?
이기하	네! 우리 관계에 대한 약속, 미래에 대한 확신! 그런 게 없는데 체육 선생님이 뭘 믿고...
석지원	그런가...
이기하	(신난 얼굴로 다가와서) 자, 제가 있으니까 걱정 마세요. 프러포즈 그것도 하나하나 제가 다...
석지원	(물끄러미 보며) 재밌구나 너.
이기하	(정곡을 찔려서) 아니요. 아닌데요. 그렇지 않을걸요?

#42. 학교 일각. 낮

시무룩한 얼굴로 걷는 석지원.

석지원	확신이라... (하는데)

저만치 물조리개와 전지가위, 장갑 등이 든 통을 든 윤재호가 관상수
들을 돌보고 있다. 석지원, 윤재호를 향해 다가가는.
윤재호 석지원을 보면, 살갑게 웃으며 꾸벅 인사를 한다.

석지원	제가 좀 도와드릴까요, 어르신?
윤재호	할 줄은 알고?
석지원	(가위를 받으며) ...그럼요. 잘합니다.
윤재호	(높은 곳에 있는 가지를 가리키며) 저기 저 가지들 좀 잘라 봐.
석지원	(높은 가지들을 몇 개 잘라내면)

윤재호   멀거니 키 큰 게 이럴 땐 좋네.

석지원   (씩 웃고 더욱 열정적으로 자르는데)

윤재호   (무심히) 근데 자네 오늘 아침에 출근을 언제 했나?

석지원   오늘이요? 오늘은 아침 일찍... (하다가 멈칫) 아니, 제시간에 했습니
          다. 늘 오던 대로 느즈막이...

윤재호   (의심으로 보며) 그래?

석지원   (시선 피하다가 눈앞에 내려온 가지를 싹둑 자르면)

윤재호   어어! 그건 아니... 아이, 이걸 왜 자르나... 거 참...

석지원   죄송합니다. 어르신.

          그런 석지원을 의심스럽게 쳐다보는 윤재호와 애써 웃어 보이는 석지
          원에서.

#43. 학교 일각. 낮

          나란히 이동 중인 고해수와 김유미.
          저만치 앞에 천천히 걷고 있는 정율 보인다.

김유미   저 개싸가지 오늘도 잠만 잤지?

          고해수, 답 없이 힐끗 보는데, 정율 막 핸드폰을 열어 뭔가를 읽는다.
          고개 돌려 고해수와 김유미를 일별하고는 다시 등 돌려 가는데.
          김유미의 핸드폰 메시지음이 울린다.

김유미   (핸드폰 꺼내며) 배고프다. 나 학원 시간 좀 남는데 우리,
          (하다가 우뚝 멈춰서는) 미친... 이게 뭐야?

고해수   (유미 보며) 왜?

김유미   (당황해서) 아니, 이게 뭐야, 해수야?

핸드폰 보여주면, 고해수 받아서 보다가 얼굴 하얗게 질린다.

김유미   야, 그런 거 아니지... 아니 당연히 아니지. 아닌데! 대체 어떤 미친...
애들 사이에 싹 다 돌았대.

그대로 핸드폰 들고 정율에게 달려가는 고해수. 어깨를 거칠게 잡아
돌린다.

고해수   (핸드폰 내미는 손이 덜덜 떨리는) 너지, 이거? 니가 퍼뜨렸지?
정율   (흘낏 보는 둥 마는 둥) 뭐 찔리는 거 있나 보네.
고해수   (그대로 정율의 멱살을 잡으며) 너 진짜 미쳤어?

지나는 학생들이 웅성대며 모이기 시작하고, 김유미도 헐레벌떡 달려
온다.
정율이 고해수를 거칠게 뿌리치면 고해수 손을 번쩍 드는 그때,

강영재(E) 뭐 하는 짓들이야?!

세 사람 동시에 고개를 돌려 보면, 강영재 화난 얼굴로 서 있다.

#44. 보건실 앞 복도. 낮

고해수의 손을 잡고 끌다시피 오는 강영재. 고해수 멍한 얼굴이다.
강영재 보건실 문을 벌컥 열고 들어간다.
저만치서 오던 맹수아가 그 모습을 보고 놀라 다가온다.

#45. 보건실. 낮

담담한 얼굴로 노트북 앞에 앉아 있는 홍태오. 띄워진 화면을 보고 있다.
〈사직원〉 양식이다. 크게 숨을 한번 쉬고 키보드에 손을 올리는 순간,
벌컥 문이 열리고 굳은 얼굴의 강영재가, 고해수와 함께 들어 온다.
놀라서 일어나는 홍태오.

홍태오   교감 선생님? 해, 해수야…?
고해수   (뭐라 말하려는데)
강영재   (해수를 제치고 다가오며) 해명을 좀 들어야겠습니다, 홍 선생님!
홍태오   예? 해명이요?

강영재, 떨리는 손으로 핸드폰을 꺼내 내밀면 홍태오, 받아서 보고 얼
굴이 굳는다.
핸드폰 속 사진, 홍태오의 차 안에 나란히 앉은 고해수와 홍태오.
홍태오가 조수석에 앉은 고해수 쪽으로 살짝 몸을 돌리고 머리를 쓰
다듬고 있다. 고해수는 단추가 하나 풀린 교복 블라우스 차림이다.
(6회 #40. 이후 집에 가는 상황)

강영재   (표정 보고 눈을 질끈 감았다 뜨는) 왜 그런 얼굴을 하세요?
        아니라고 하셔야지!
고해수   (눈에 눈물이 차오르는)
홍태오   (고해수 보며 침착하게) 해수야, 괜찮아. 울지 마.
강영재   (버럭) 안 괜찮습니다! 뭐가 괜찮아요? 이 사진 이거 학생들한테 쫙 다
        퍼졌어요. 그렇게 애틋하게 이 학생 챙기실 때가 아니라고요!
고해수   (눈물이 주룩 흐른다)
홍태오   그렇다고 대뜸 아이를 이렇게 데려오시면 어떡합니까?
        저랑 먼저 얘기를 하셔야죠!
강영재   지금 그런 순서 따질 때예요?
홍태오   (화나서) 해수 그런 아이 아닙니다. 생각하시는 그런 거 아니라고요.
강영재   (미치겠고) 아니면요? 둘이 뭐한 겁니까? 애 옷이 지금…

#46. 보건실 앞 복도. 낮

멍한 얼굴로 서 있는 맹수아. 저도 모르게 주변을 살피면 복도에 아무
도 없다.
눈을 질끈 감고 그대로 돌아서 몇 발짝 걷는데.

강영재(E) 이래서 내가 반대한 겁니다. 남고도 아니고 공학에 남자 보건교사 달
갑지 않아서! 찝찝하니까! 전 이사장님이 홍 선생을 잘 봐서 기껏 뽑
았더니 세상에 이 무슨...!

맹수아, 짧게 고개를 흔들고 다시 문 쪽으로 돌아선다.

#47. 보건실. 낮

문 열고 들어오는 맹수아. 놀라 쳐다보는 강영재와 홍태오.
맹수아, 다가와 책상 위에 있는 강영재의 핸드폰을 들어서 보고는 내
려놓는다.

맹수아   교감 선생님!
강영재   (박력에 놀라는) 왜요!
맹수아   교사한테도 또 학생한테도 이러시면 안 되죠.
         사실 여부도 가리지 않고, 두 사람 말은 들어보지 않고 저 사진 한 장,
         누가 썼는지도 모르는 글 몇 줄을 그냥 다 믿으시는 거예요?
         왜요, 홍태오 선생님이 남자 보건교사고 해수가 여학생이니까?
강영재   아니 그거야, 사진이 너무... 너무잖습니까, 저거, 아유...
맹수아   아무리 사진이 그래도, 참담한 일들이 많이 일어난다고 해도 사실을
         정확히 밝힌 후에 판단하셔야 한다고 생각합니다.
         (해수 보며) 특히 학생 앞에서는요.

강영재	(멈칫했다가) 근데 왜 맹 선생이 나서서 이러지? 학생 담임인가?
맹수아	아니요! 말씀이 너무 심하시니까!
강영재	아니 부인도 안 하고 사색이 되어 있으니까!
맹수아	말할 틈도 안 주시면서 뭘.
강영재	(고개 흔들고) 아니 중요한 건 그게 아니고!
고해수	(눈물을 닦고 한 발 앞으로 나서며 목소리 힘주어) 선생님은, (하는데)
홍태오	(그런 해수의 손을 잡아 제 뒤로 숨기듯 보낸다)
강영재	어머 지금!
맹수아	(제 옷깃을 꽉 쥐는데)
홍태오	(담담하게) 제 딸입니다.
맹수아	(!!!! 놀라는 맹수아)
강영재	...딸? 딸이요? 딸 같아서가 아니고 진짜 딸이라고요?
홍태오	예. 제가 해수 아빱니다.

고해수, 참지 못하고 아이처럼 울기 시작하면. 홍태오도 눈시울이 붉어져서 해수의 어깨를 가만히 토닥인다. 정지된 듯 서 있던 맹수아와 잠시 눈이 마주친다.
맹수아 저도 모르게 두어 걸음 물러서다 돌아서 보건실을 나간다.
홍태오 그런 맹수아를 잠시 본다.

#48. 등하굣길. 낮

저만치 교문이 보인다. 하교하는 학생들로 붐비는 길.
그 길로 빠르게 클락션을 울리며 들어오는 세단 한 대.
학생들 어어- 하며 다급하게 옆으로 비켜나고, 급하게 멈추는 세단.
차에서 내리는 석경태와 김 부장.

석경태	(짜증 난) 진입로를 어디로 뺐다는 거야? 가보자.

김부장   예. 회장님.

이리저리 둘러보며 학생들 사이로 걸어가는 석경태와 김 부장.

#49. 학교 일각. 낮

물조리개와 호미, 장갑 등이 든 통을 들고 따라오던 석지원과 전지가
위만 들고 교문 앞 관상수들 앞에 선 윤재호.
길을 따라 걸어가고 있는 석경태와 김 부장의 뒷모습을 보고 있다.

윤재호   (마뜩잖은) 저 자식이 애들 다니는 길에 차를 저따위로...
         왜 온 거야, 또?
석지원   (얼른) 제가 가서 알아보고 오겠습니다.

하는데 석지원을 뿌리치고 석경태를 쫓아가고. 석지원, 윤재호를 따
라 달려간다.

#50. 산어귀. 낮

뒷산 어귀로 진입하는 곳. 대치하듯 서 있는 석경태와 윤재호,
그 옆에 난감한 얼굴로 서 있는 김 부장과 석지원.
길을 따라 지경훈이 빠르게 뛰어온다. 석지원과 서로 눈빛을 주고받는.

석경태   아니 내가 내 땅, 내 골프장 내 맘대로 한다는데 뭔 말들이 많아?
윤재호   어떻게 건드려도 학생들 다니는 길을 건드리나?
석경태   못 건드릴 건 뭡니까? 골프장을 짓는데 이용객들이 편한 게 중요하지
         애들 다니는 길이 내 알 반가?

윤재호	(한심하게 보는) 이런, 상종을 못 할...

석경태	아이고 제발 하지 마쇼 상종! 다 떠나서 영감님이 무슨 권리로 이럽니까? 학교가 아직 당신 건 줄 알아요?

윤재호	말 다 했나!

석지원	(둘 사이에 끼어들며) 아버지, 갑자기 말씀도 없이 오셔서 왜 이러세요. 저하고 먼저...

석경태	(석지원 밀치며) 넌 빠져!

지경훈	(윤재호 보며 달래듯) 예, 아버지, 일단 좀 진정하시고...

윤재호	그래, 잘 왔다, 경훈아, 니가 한번 말해 봐라.

지경훈	(당황해서 윤재호와 석경태를 번갈아 본다) 예?

석경태	그래 말해 봐. 누구 말이 맞는지.

지경훈	(풀어보려는 듯 옅게 웃으며) 아버지도 아시겠지만 이게 등하굣길이 그 길 하나만 있는 게 아니에요, 아버지.

윤재호	(놀라고 실망해 보는) ...뭐? 너 지금 저놈 편을...

석지원	아니요, 확인해 보니까 나머지 길은 좁고 외지기도 해서 학생들이 다니기엔 불편해요. 거기를 진입로로 빼는 게 맞습니다.

석경태	넌 빠지랬지!

지경훈	제 말은 여러 가지로 방법을 강구해 볼 필요가 있다는 거죠.
	두 분이 무작정 이러지 마시고요.

윤재호	(말을 잃고 서 있으면)

석경태	(조롱하듯) 거 '아들' 말 들으세요, 영감님.

윤재호	(버튼 눌린 듯) 뭐?! 이놈이!!

석경태	(화내며) 이놈? 내가 나이가 몇인데 맨날 이놈 저놈이야!

윤재호 석경태에게 바짝 다가서면 지경훈과 석지원이 윤재호를 안다시피 말리고 석경태, 지경훈과 윤재호를 번갈아 보며 픽, 비웃는다.
윤재호, 그런 석경태의 표정을 보고 더 달려들다가 현기증으로 휘청하면, 서둘러 윤재호를 부축하는 석지원. 그런 모습을 기가 차다는 듯 바라보던 석경태.

석경태	너는 이사장이고 골프장이고 다 손 떼고 당장 회사로 들어와.
	(뒤돌아 내려가고)
지경훈	(어떻게 행동해야 하나 망설이는데)
석경태	지 실장! 따라와!
지경훈	(석지원 보며) 아버지 좀 잘 부탁드립니다, 이사장님.
석지원	(끄덕인다)

윤재호를 한번 보고는 석경태 따라가는 지경훈. 윤재호 충격받은 얼굴로 질끈 눈을 감았다 뜬다. 석지원 서둘러 윤재호를 나무에 기대 앉힌다.

석지원	어르신. 괜찮으세요?

윤재호 대답 없이 가쁜 숨을 내쉬고, 걱정스럽게 윤재호를 살피는 석지원.
윤재호, 아까의 분노는 어디로 갔는지, 텅 빈 것 같다.

#51. 학교 일각· 밤

나란히 앉아 있는 윤지원과 맹수아.

윤지원	(살짝 놀라서) 홍쌤이랑 너랑?
맹수아	엄밀히 따지면 나 혼자.
윤지원	나 오늘 여러 번 놀란다. 해수랑 홍쌤 얘기만으로도 기절하는 줄 알았는데.
맹수아	나도 너무 놀라서 그냥 나와버렸는데 홍쌤이랑 해수는 어떻게...
윤지원	해수는 어머니가 오셔서 데리고 가셨고. 들어보니까 홍쌤도 해수가 딸인 걸 작년 겨울에 우연히 알게 되셨대. 고민이 깊으셨나 보더라.

맹수아	(심란한) 그랬겠다. (머리를 감싸 쥐며) 그것도 모르고 나 혼자 아주... 이제 홍쌤 얼굴을 어떻게 봐야 할지 잘 모르겠어.
윤지원	(의외라는 듯 보며) 나는 니가 그게 뭐 어때서 하고 직진하거나 아님 쿨하게 끝. 그럴 줄 알았는데 이번엔 좀 다르구나?
맹수아	내 말이! 왜 그게 안 되냔 말이야! 얼굴도 못 보겠다가도 또 혼자 얼마나 괴로울까 막 신경이 쓰이고... 왜 이러지 내가?
윤지원	...왜겠어.
맹수아	(윤지원 보며) 좋아한다는 이유로 내가 계속 홍쌤한테 뭔갈 하는 게 맞을까? 아이가 있고 그 아이의 엄마도 있고. 한발만 더 들어가면 그쪽은 말 그대로 가족이잖아. 내가 거길 비집고 들어가면...
윤지원	홍쌤은 학교 그만두실 생각도 하시던데.
맹수아	(놀라서) 뭐?
윤지원	그러니까 혼자 생각하고 짐작하지 말고, 솔직하게 홍쌤한테 말해, 니 마음을.
맹수아	(보면)
윤지원	너라면 나한테 이렇게 말해줬을 것 같아. 내가 아는 맹수아라면.
맹수아	(웃는) 너 좀 변했어. 그치?
윤지원	잠깐의 어긋남으로 오래 후회해 봤으니까. 이제 다신 안 그러려고. 맹쌤 너도 그러지 않았으면 좋겠어.

맹수아, 윤지원을 고맙게 보고, 윤지원 그런 맹수아의 어깨를 툭툭 쳐 준다.

#52. 사택. 부엌. 밤
~~~~~~~~~~~~~~~~

앞에서 뭔가를 끓이고 있는 석지원.
창백한 얼굴의 윤재호가 식탁에 앉아 있다.
석지원이 조심스럽게 그릇 하나를 윤재호 앞에 내려놓는다.

윤재호   혈압약을 깜박 놓쳤다니까. 그래서 그랬어. 그것만 먹음 되는데 뭘...

석지원   그래도 식사를 하시고 약을 드셔야죠. 좀 드셔보세요, 어르신.

　　　　　윤재호, 그릇에 담긴 흰죽을 물끄러미 보다가 숟가락을 든다.

#53. 교무실. 밤

　　　　　교무실로 들어와 가방을 챙기는 윤지원과 맹수아.

맹수아   오늘 고마웠어, 윤쌤. 어서 가자.

윤지원   응. 고생했어.

　　　　　윤지원, 책상 위에 뒀던 핸드폰을 들어보면, 부재중 전화 알림이 떠 있다.

#54. 사택. 1층 거실. 밤

　　　　　멀리서 뛰어오는 소리 점점 다가오더니, 거칠게 문을 열고 들어서는 윤지원.

윤지원   할아버지! (하는데)

　　　　　윤재호의 방문을 조심스럽게 열고 나오는 석지원.

석지원   (작게) 왔어? 할아버지 괜찮아지셨어. 이제 주무셔.

#55. 윤재호의 방. 밤

잠든 윤재호를 확인하는 윤지원.

지쳐 잠든 윤재호가 살짝 뒤척이면, 윤지원 얼른 이불을 다시 덮어주는데 눈물이 고이고. 석지원 문밖에서 그 모습을 바라보고 있다.

#56. 사택. 마당. 밤

마당 평상에 앉아 있는 윤지원과 석지원.

윤지원   (눈물 맺혀서) 고마워. 너 없었으면 큰일 날 뻔했어.

석지원   아냐, 내가 죄송하지. 우리 아버지랑 다투시다 그러신 건데.

윤지원   (쓱 눈물을 닦으며) 우리 할아버지 언제 저렇게 늙으셨지...

석지원   (윤지원의 손을 다정하게 잡아주며) 너무 걱정하지 마.

             내가 더 잘할게. 나 믿어줘, 윤지원.

윤지원, 끄덕이고 둘 서로를 보며 웃는 데서.

#57. 등하굣길. 낮

길 여기저기에 현수막들이 붙었다.

〈학생 안전 짓밟고 골프장이 웬말이냐!! - 독목고 학부모회〉

〈골프장 진입로 재검토, 학생들의 안전이 먼저〉 등등.

그 앞에 서서 물끄러미 현수막들을 보고 있는 석지원.

석지원 몸을 돌려 가고 나면, 천천히 다가오는 차. 창문을 내리는 지경훈.

지경훈   (현수막과 저만치 가는 석지원 바라보며) ...미친놈. (문을 닫고 출발하는)

책상 앞에 심각한 얼굴로 앉은 석경태와 그 앞에 앉아 지경훈, 눈치를 보며.

지경훈 학부모들을 모은 것 같습니다. 그래서 일단 진입로는 없던 일로 하시는 게 좋겠습니다.

석경태 일단? 뭐가 또 있어?

지경훈 학부모들이 이런 식으로 관심을 가지면 다른 문제를 만들 수도 있으니, 제가 만나서 잘 말씀을 드려 보겠습니다.

석경태 윤재호 이 양반이 진짜...

지경훈 (말없이 보며)

석경태 (버럭) 아니, 일이 이 지경이 되도록 너는 뭐 한 거냐, 경훈아? (차갑게) 아니 지경훈 실장님?

지경훈 죄송합니다.

석경태 생각보다 일 처리가 깔끔하지 않네. 내가 널 너무 믿었나 봐?

지경훈의 표정이 굳어진다.

#59. 사택. 1층 거실. 낮

마주 앉은 윤재호와 지경훈. 섭섭한 얼굴로 지경훈을 보는 윤재호.

윤재호 그놈 따라갈 땐 언제고, 이제 와서 뭔 말을 하겠다고 찾아왔어?

지경훈 아버지, 그게...

인서트 > 석지원의 오피스텔 복도. 밤 (#31. 이후 상황)
벌컥 문 열리고 뛰어나오는 윤지원과 석지원. 그대로 복도를 달려가는데.

거의 동시에 지경훈의 집 문도 열린다. 운동복 차림으로 나오다가 둘을 보고 멈칫해서 뒷걸음질 쳐 집 안으로 들어가는 지경훈. 둘의 뒷모습을 보고 서 있다.

윤재호   왜 말을 하다 말어? 그게 뭐?

지경훈   (바라보다) 이사장하고 지원이가 만나는 것 같아요.

윤재호   ...뭐?

지경훈   아침에 지원이가 이사장이랑 같이 집에서 나오는 걸 봤습니다.

윤재호   (놀라서 창백해지고)

지경훈   지원이는 저한테도 딸 같은 아인데... 둘이 그런 사이인 걸 알고 나니까 두 분 감정이 극으로 치닫는 건 막아야 할 것 같아서...

윤재호   (설마 했는데) 우리 지원이가 석경태 아들놈이랑?

지경훈   네. 깊은 사이 같았어요.

윤재호   (머리를 짚는) 어이구 내 이놈들을...

#60. 학교 일각. 낮

빠른 걸음으로 학교로 향하는 윤재호.
학교에 들어서다 문득 멈춰서 보면 개발 항의 현수막들이 펄럭이고 있고. 현수막을 물끄러미 바라보다 다시 발걸음을 옮기면 멀리 석지원이 보인다.
"다리몽댕이를..." 하며 석지원을 향해 가려다 멈추는 윤재호,
석지원, 어느 한 곳을 애틋하게 바라보며 웃고 있고,
윤재호, 그 시선 따라가면 윤지원이 웃으며 동료들과 서 있다.

윤재호   저놈을... 저것들을... 어째야 하나...

윤재호, 막막한 얼굴로 보다가 한숨을 크게 내쉬고 돌아선다.

#61. 학교 일각. 낮

여전히 윤지원을 보고 있는 석지원. 다가오는 이기하.

이기하   (뒤에 서서) 전무님, 차 준비했습니다. 가시죠.
석지원   (돌아보며 담담하게) 그래.

#62. 도로. 낮

도로를 달리는 석지원의 차. 이기하, 룸미러로 뒷자리의 석지원을 보면.
석지원 생각이 많은 표정으로 창밖을 보고 있다.

#63. 석경태의 집. 거실. 저녁

석경태, 한영은과 마주 보고 앉아 있는 석지원.

석경태   무슨 대단한 말을 하려고 이렇게 분위기를 잡아?
        너 이 자식, 재단에서 손 못 뗀다 이딴 소리 할 거면, (하는데)
석지원   (담담하게) 저 만나는 사람 있습니다.
석경태   (놀라서 멈추고) 뭐...?
한영은   (앉은 채로 폴짝 뛸 정도로 기뻐서) 어머, 드디어!
석경태   (심각한) 누구야? 너 설마...
석지원   네. 윤지원이요. 저 지원이하고 진지하게 만나는 사이예요.
석경태   (일어나서 바로 석지원의 머리를 후려치면)

한영은	(놀라서) 어어! 여보!!
석경태	(분노로) 설마설마했는데. 너 그래서 그동안 그렇게 줄기차게 그 영감 편을 든거지? 그 망할 여자애한테 홀려서!
석지원	저한텐 어떻게 하셔도 좋은데 지원이를 그런 식으로 말씀하시지 마세요.
석경태	뭐가 어째? 이놈이 여자한테 넋이 팔려서 집안이고 부모고... (다시 달려들려는데)
한영은	(잡으며) 말로 해요! 이 양반이, 다 큰 아들한테 뭐 하는 짓이에요?
석경태	말을 해서 알아들을 놈이면! 우리 회사를 말아먹었던 집안이랑 이러겠어? 제정신이면?
석지원	(아프게 보는) 저희의 선택도 잘못도 아니었어요. 저하고 지원이는...
석경태	아, 그러니까 다 내 탓인데 왜 너한테 이러냐 이거지? 그래, 그러면 다 내려놔. 회사에서도 나가고 이사장은 지랄, 그 자리도 내가 만든 거야. 당장 전부 다 내놔!
한영은	(흘겨보며) 어이구, 언제는 회사 당신 아들하고 힘 합쳐 만든 거라고 아주 자랑을...
석경태	조용히 해!
석지원	아버지 저 그런 거 하나도 미련 없습니다. 제가 가진 거 전부 다 잃어도 상관없어요. 지원이만 있으면요.
석경태	(기가 차는) ...나가. 아들 없다 치면 그만이야. 호적 파! 당장 나가!
석지원	아버지... (하는데)
한영은	(석지원 잡으며) 일단은 나가자. 나와.

#64. 석지원의 본가. 정원. 저녁

심란한 얼굴로 나오는 석지원과 뒤따라 나오는 한영은.

한영은	(석지원 머리를 만지며) 너는 피하지 그걸 왜 맞어? 아팠지?
석지원	안 아파요. 아버지 이제 힘도 없으시네.

한영은	아유, 저 저 쪼잔한 양반 진짜... (작게) 내가 뭘 믿고 저런 남자랑 결혼했나 몰라.
석지원	(투덜) 그러니까... 왜 그러셨어요?
한영은	어려서 내가 뭘 몰랐어. 나도 애, 그때로 시간을 돌릴 수만 있으면...
석지원	물러요?
한영은	근데 그럼 니가 없잖아. 난 그건 안 돼.
석지원	(이제야 좀 웃는)
한영은	그거 아니? 우리 아부지도 저 사람 반대했어.
석지원	그랬어요?
한영은	어어. 근데 어느 날 아버님이 계속 반대하면 자기랑 도망가서 살자고 하데? 그만큼 날 좋아한다나? (떠오른 듯 웃고)
석지원	아버지가요?
한영은	그렇다니까. 가진 것도 없이, 내 눈도 제대로 못 보면서 말로만 패기가 넘치는 게 웃기기도 했는데. 이상하게 그 말에 안심이 되더라.
석지원	(보면)
한영은	나도 아부지가 반댈 하시니까 좀 갈팡질팡했나 봐. 근데 딱 저렇게 말해주니까 확신이 들더라고. 어쨌든 나랑 끝까지 가겠구나 하는. 그날부터 맘을 굳게 먹었지.
석지원	그러셨구나.
한영은	근데 그 집 어르신도 만만찮지?
석지원	(쓰게 웃고) 어머니는 저하고 지원이 괜찮으세요?
한영은	그 아가씨? 아유 얘 가물가물한데 뽀얗고 예뻤던 거 같애. 야무지고. 나는 딴 거 필요 없고 니가 좋으면 돼. 니가 좋아하고 그 아가씨도 너 좋아하고. 요즘 세상에 그렇게 마음 맞는 것도 얼마나 힘든 일인데 순 늙은이들이 옛날 일 가지고 애들 발목이나 잡고 말이야, 쩨쩨하게. 난 그런 엄마 아니야, 얘.
석지원	고마워요. 엄마.
한영은	(애틋하게 보는) 이쪽이나 그쪽이나 쉽지는 않겠지만 엄마는 니가 잘 할 거라고 믿어. 그러니까 너도 그 사람한테 믿음을 줘.

석지원   네.

고맙게 보는 석지원의 등을 다정히 쓰다듬어 주며 대문으로 걸어가는
두 사람에서.

#65. 석지원 차 안. 저녁

혼자 운전해서 돌아가는 길의 석지원. 정체된 도로에 멈춰 선다. 생각
이 많은 얼굴로 도로를 바라보다가 차들 움직이기 시작하면, 무언가
결심한 듯 유턴을 한다.

#66. 주차장 근처. 저녁

하교하는 학생들이 쏟아져 나오는 중. 그 사이에 정율도 있다.
저만치 차 한 대가 주차장으로 들어가면 갸웃하며 고개를 기울여 보
는 정율.
차는 이미 들어가 보이지 않는다. 잠시 생각하다 짧게 고개를 젓고는
주머니에서 이어폰을 꺼내 귀에 꽂고 그대로 가는 정율.

#67. 교무실. 저녁

윤지원 제 책상 앞에 서서 가방을 챙기고 있다. 막 나가려는데 핸드폰
이 울리고.

윤지원   (받는) 어. 지원아.
석지원(F) 학교야?

윤지원	응 지금 퇴근하려고. 넌 어딘데.
석지원(F)	나 너한테 고백했던 데.
윤지원	(픽 웃는) 거긴 왜 갔어?
석지원(F)	여기 기운 좀 받아볼까 해서. 지금 올 수 있어?
윤지원	뭔 소리야... 알았어. 갈게.

전화를 끊고 서둘러 나가는 윤지원에서.

#68. 학교 일각. 저녁

노을이 지고 있다. 윤지원 신난 걸음으로 빠르게 걷는데 그런 윤지원 뒤로 나타나는 누군가.

정수한(E)	저 실례합니다.

우뚝 걸음을 멈추는 윤지원. 좀 더 윤지원에게 다가오는 남자.

정수한(E)	교무실이 어딥니까?

윤지원의 얼굴에서 서서히 미소가 사라진다. 그러다 아닐 거야, 고개를 젓고 천천히 몸을 돌리면, 눈앞에 서 있는 정수한.
뭔가 잘못 봤다는 듯, 잠시 눈을 감았다가 뜨는 윤지원.

정수한	교무실이 어디... (하다가 번뜩!) 어?

윤지원 여전히 멍한 채 보고 있는데, 정수한 천천히 미소 짓는 그 위로, 과거의 기억이 섬광처럼 빠르게 스쳐 지나는.

인서트 > 1. 쉐어액트 사무실. 밤 <자막 - 12년 전>

직원들의 책상이 있는 홀. 한편에 대표 사무실과 회의실이 있는 구조. 아무도 없는 깜깜한 내부. 대표 사무실에서만 불이 새어 나온다.

퇴근 차림의 스물넷 윤지원, 빠른 걸음으로 들어와 제 책상 위를 두리번거린다.

카드 지갑을 발견하고는 집어 들고 돌아서는데 벌컥 대표 사무실 문이 열리며 또래인 김미정이 사색이 되어 나온다. 머리와 옷이 다소 흐트러져 있다.

동시에 놀라 얼어붙는 윤지원과 김미정.

뒤따라 나온 정수한이 짜증 섞인 한숨을 쉰다.

인서트 > 2. 대표 사무실. 낮

넓은 책상에 혼자 앉아 있는 윤지원. 두렵지만 단단한 얼굴로 올려다보고 있고 그 앞에 서서 무섭게 화를 내는 정수한의 얼굴.

인서트 > 3. 회사 내부. 낮

직원들의 책상이 모여 있는 공간. 대표 사무실에서 윤지원이 나오면 집중하고 있다가 얼른 외면하는 직원들. 김미정도 눈이 마주치면 고개를 떨군다.

인서트 > 4. 법원 앞. 낮

걸어 나오는 윤지원. 멍한 얼굴이다. 뒤이어 나온 정수한이 윤지원의 어깨를 툭 밀치고, 차에 오르며 매섭게 노려본다.

정수한   윤지원? 너 윤지원 맞지?!

윤지원, 하얗게 질린 채로 서 있다.

#69. 놀이터. 저녁

그네에 앉아 있는 석지원.
반지를 꺼내 제 새끼손가락에 슬쩍 끼워서 보고 있다.
한참을 보다가 다시 케이스에 담아 재킷 안주머니에 소중하게 넣는다.
어두워져 막 가로등이 켜지면, 석지원 시계를 본다.
고개를 빼고 윤지원이 오나 살피다가 설레는 얼굴로 자리에서 일어난다.

#70. 학교 일각. 저녁

정수한 윤지원을 향해, 한 발 더 다가온다.

정수한   이런 데서 만나네. (손을 내밀며) 니가 선생이 됐어?

윤지원, 그 손을 보다가 작게 진저리 치며 뒷걸음질 친다.
딱딱하게 굳어버린 얼굴이 하얗게 질려간다.

#71. 놀이터 + 학교 일각. 저녁

윤지원을 기다리는 석지원과 절망으로 서 있는 윤지원의 얼굴이 동시
에 보이며.

사랑은 외나무다리에서 9회 끝.

제 10 회

#1. 학교 일각. 밤

정신없이 걷고 있는 윤지원. 걷다가 점점 걸음을 빨리해 뛰다시피 한다.

#2. 쉐어액트 사무실. 밤 (과거) <자막 – 12년 전>

퇴근 시간 이후 아무도 없는 깜깜한 사무실.
그때 출입문이 열리고 들어오는 스물넷 윤지원. 제 책상으로 가서 이리저리 살피면 한편에 놓인 핸드폰. 집어 들며 안도의 한숨을 내쉬는.

윤지원   (중얼) 내가 못 살아, 진짜...

다시 몸을 돌려 나가려는데, 멀리서 들리는 의자 등이 쓰러지는 듯한 소음과 놀라는 여자 목소리...
놀라 멈칫하는 윤지원. 곧 소리가 나는 쪽으로 가면.

#3. 대표실 앞. 밤 (과거)

조심스럽게 걸어오는 윤지원.
안에서 들리는 소리에 발을 멈추며 조심스레 문을 살짝 열어본다.

김미정   (겁에 질린) 하지 마세요! 대표님.
정수한   에이 뭐야... 회사에 꼭 필요한 인재가 되고 싶다며? (달래듯) 내 말을
           잘 들어야 정직원도 되고 회사에 꼭 필요한 인재도 되고 그러는 거지, 응?
김미정   (울음 섞인 비명으로) 하지 마시라고요...!

윤지원, 망설임 없이 대표실 문을 벌컥 여는 데서.

#4. 회의실. 낮 (과거)

겁에 질린 채 의자에 앉아 고개를 푹 숙인 김미정. 그 옆에는 담담한
얼굴의 윤지원.
맞은편에 앉은 정수한이 들고 있던 서류를 윤지원의 얼굴로 던지며
벌떡 일어난다.
흩날리는 서류, 고소장이다.

정수한   성추행? 윤지원 너 이거 감당할 수 있어? 그날 니가 본 건!
윤지원   (올려다보며) 동의하지 않은 성추행이었습니다. 그날 제가 본 거.
           (김미정을 보며) 그렇게 진술했고요.
정수한   (무섭게) 야, 김미정 니가 말해 봐. 내가 강제로 그랬다고?
           너도 좋아서 받아준 거잖아?
김미정   (두려움에 고개를 숙인다)
정수한   아이 씨, 이래서 여자애들 뽑는 게 아닌데. 야, 알았어.
           니네 둘 다 그냥 솔직히 원하는 거 말해 봐. 돈? 돈이야? 아니면...

김미정   (작게 흐느끼기 시작하면)

윤지원   (김미정의 손을 잡아주는) 진심으로 사과하실 리는 없으니 그냥 법적
         처벌 제대로 받으세요.

정수한   (소리 지르며) 야, 윤지원!

         정수한을 마주 보는 윤지원의 단단한 표정에서.

#5. 사무실. 낮 (과거)

         무표정한 얼굴로 제 자리의 물건을 박스에 담고 있는 윤지원.
         그 옆에 비웃는 얼굴로 선 정수한. 법원 봉투를 툭 상자 안에 던져 넣
         는다.

정수한   퇴사 선물 고소장. 명예훼손, 무고, 업무방해 골고루 준비했다 내가.
         (둘러보며 들으란 듯) 그러니까 죄 없는 사람을 함부로 몰아가면 이렇
         게 인생 망하는 거야.

         윤지원도 사무실을 한번 둘러본다. 사람들 혀를 차거나 눈을 피한다.
         그중에 김미정도 있다. 윤지원과 눈이 마주치는데 텅 빈 얼굴로 보고
         만 있다.
         절망적인 심정으로 김미정을 보다 이를 악물고 걸어가는 윤지원.

#6. 장례식장 밖. 밤 (과거)

         장례식장 입구 휴식 공간. 앞을 노려보며 서 있는 윤지원.
         여유로운 얼굴로 그 앞에 선 정수한.

정수한	정의롭고 좋은 사람인 척은 다 하더니. 니네 아버지, 회삿돈 싹 다 말
	아 잡수셨다며? 거기 직원들 어떡하냐?
윤지원	(분노로 뺨을 치려 손을 올리는데)
정수한	(가볍게 탁 잡고) 집에 돈이라도 있어서 다행이었는데 개털 됐구나.
	불쌍하네.
윤지원	(경멸하는 표정으로 손을 뿌리친다)
정수한	불쌍하니까 부조는 해야지. (돈봉투 내려놓으며)
	근데 불쌍한 건 불쌍한 거고, 다음 주 법원에서 보자? 난 이런 걸로 너
	봐줄 생각은 없거든.

부들부들 떨리는 손으로 봉투를 집어 정수한을 향해 던지는 윤지원.
피식 웃으며 가는 정수한의 뒤로 흩날리는 돈, 분노한 윤지원의 얼굴.

#7. 장례식장 안. 밤 (과거)

텅 빈 장례식장으로 들어오는 윤지원.
나란히 놓인 윤호석과 정주희의 영정사진을 본다. 환하게 웃고 있는
부모님을 잠시 보다가 눈물이 맺히고, 휘청하나 싶더니 그대로 픽 쓰
러진다.

#8. 놀이터 근처. 밤 (현재)

여전히 빠른 걸음으로 걷고 있는 윤지원. 눈물이 툭 떨어지지만 알아
채지도 못하고 아무렇게나 걷다가 멈춰 선다.
보면 멀리 보이는 놀이터 그네 앞에 서 있는 석지원.
전화를 하며 심각한 얼굴이다.
그제야 주머니에서 핸드폰을 꺼내 보면 연신 진동 중이다.

석지원의 이름을 멍하니 보고 있으면 끊어지는 전화.
다시 놀이터 쪽으로 걸음을 옮기려는데 눈물이 후두둑 떨어진다.
돌아서는 윤지원.

#9. 놀이터. 밤

걱정스러운 얼굴로 갸웃하는 석지원. 다시 전화를 걸려는데 도착하는
메시지.
윤지원이다. 〈미안. 머리가 좀 아파서 집으로 왔어. 내일 만나자〉
아무리 생각해도 이상하다. 몸을 돌려 걸어가는 석지원에서.

#10. 사택. 윤지원의 방. 밤

스탠드 등 켜져 있는 어두운 방안. 한편에 쪼그려 앉아 있는 윤지원.

#11. 사택. 윤지원의 창문 앞. 밤

창문 앞에서 서성이고 있는 석지원. 걱정스러운 듯 창문을 바라보는데...
툭 꺼지는 불. 깜깜해진 창을 바라보다가 돌아서는 석지원에서.

#12. 사택. 윤지원의 방. 낮

출근 차림에 가방까지 메고 책상 의자에 앉아 있는 윤지원.
시계를 보고 일어나 문으로 가다가 다시 발을 멈추고 허공에 크게 숨
을 내쉬어본다.

#13. 사택.1층 거실. 낮

서성이고 있는 윤재호와 공문수. 윤지원의 방을 바라보고 있다.

윤재호   (시계 보며) 여차하면 지각인데. 어제 무슨 일이 있었나?
         밥도 제대로 안 먹고 잤잖아.
공문수   어제 두통이 좀 있다고 하셨어요.
윤재호   (안 되겠다 싶어 방문 앞으로 가서) 지원아? 너 컨디션이 별로면은 일
         단 병원부터...

하는데 벌컥 문 열리고 나오는 윤지원. 멀쩡한 척하는 얼굴이다.

윤지원   (싱긋 웃으며) 괜찮아. 다녀올게요, 할아버지.
윤재호   (따라 나가며) 아침은?
윤지원   늦었어. 학교 가서 먹지 뭐. 다녀올게요 할아버지. 가자 공쌤.
공문수   아, 네 선생님. (윤재호 보며) 다녀오겠습니다.

걱정 말라는 듯 윤재호에게 찡긋해보이는 공문수. 윤재호 끄덕이면서
도 걱정스럽다.
윤지원과 공문수 문을 나가면.

윤재호   ...밥을 굶는 애가 아닌데. 그놈하고 싸웠나.

#14. 학교 일각. 낮

걸어오는 윤지원과 공문수. 정수한과 마주쳤던 곳이다.
복잡한 심경으로 멈춰 서는 윤지원.

인서트 > 학교 일각. 저녁 (9회 #70.)

손을 내미는 정수한의 얼굴.

공문수   (조심스럽게) 선생님?

윤지원   어?

공문수   안 가시나 해서...

윤지원   아. 어 가야지.

다시 걸음을 옮기는 윤지원과 공문수.

남자1(E)   저기요?

윤지원 순간, 그 목소리가 정수한처럼 들리는. 소스라치게 놀라 돌아
보면.
통신회사 조끼를 입고 서 있는 남성. 덩달아 움찔한다.
공문수가 윤지원의 얼굴을 살핀다.

남자1   아, 죄송합니다. 컴퓨터실 작업 때문에 왔는데 혹시 행정실이 어딘지
여쭤봐도 될까요?

윤지원   (안도와 자괴감으로 한숨을 내쉬고)

공문수   (얼른) 아, 2층에 있습니다.

남자1   예. 감사합니다. (가고 나면)

윤지원   (어색하게 웃고) 갑자기 불러서 놀랐네.

공문수   네. 저도 살짝 놀랐어요.

윤지원   (걸음 빨리하며) 가자, 늦겠다.

앞서가는 윤지원. 걱정스러운 얼굴로 보다가 얼른 따라가는 공문수에서.

#15. 교무실. 낮

교무실에 앉아 있는 윤지원. 강영재가 반색을 하며 다가온다.

강영재   어, 윤 선생.

윤지원   네?

강영재   저기 딴 게 아니고 쌤 반에 전학 오자마자 1등한 학생 누구더라, 정...

윤지원   아, 네. 정율이요?

강영재   어어, 정율. 어제 그 학생 아버지가 날 찾아왔어요?

윤지원   네? 율이 아버지가요?

강영재   대단한 사람이더구만? 쉐어액트? 거기 대표. 정수한.

윤지원   (!! 얼어붙고)

교생일지를 들고 윤지원의 자리로 오던 공문수 멈칫한다.

강영재   근데 이상한 게, 왜 찾아왔는지 말 안 하고 윤 선생에 대해서만 묻다
        갔어. 불러주겠다는데도 다시 찾아오겠다고만 하시고.
        뭐 학생 때문이겠지만, 짚이는 거 있어요?

윤지원   (겨우) ...아뇨, 제가 확인을 해보겠습니다.

강영재   (웃으며) 학교 일이나 기부에도 관심이 많으시드라구. 자주 오겠다며.

윤지원   (입술을 깨물며 고개를 떨구는데)

강영재   근데 사람이 만만하진 않드라. 아주 깐깐...

공문수   (자연스럽게 끼어들며) 선생님 수업 가실 시간이에요.

강영재   어어 그래, 가 봐요. (가며) 아무튼 전화 한번 드려봐요.

강영재 교무실로 들어가고, 윤지원 잠시 숨을 고르고는 공문수를 본다.

#16. 체육관. 낮

윤지원과 공문수 배드민턴 채와 공이 든 상자를 들고 옮기고 있다.
딴생각에 잠겨 걸음을 옮기던 윤지원, 순간 손에 힘이 빠져 상자를 놓
치고 큰 소리를 내며 바닥으로 흩어지는 배드민턴 채와 공.
공문수가 옮기던 상자를 내려놓고 재빨리 달려온다.

공문수   괜찮으세요?

윤지원   (주우며) 어 괜찮아. 아침이라 정신이 없다, 내가.

공문수   (같이 줍는데)

윤지원, 공을 하나 들고 멍하니 쪼그려 앉아 있다. 공문수 걱정으로
보는.

인서트 > 학교 일각. 밤 (#1. 다른 시점)
퇴근 차림으로 가는 공문수. 저 멀리 악수를 청하며 빙글 웃고 있는
정수한을 두고 몸을 돌려 빠르게 걸어가는 윤지원을 발견한다.
얼른 따라가 윤지원을 부르려는데, 멈춰서서 숨을 고르는 윤지원.
눈을 질끈 감고 울음을 참느라 얼굴이 엉망이다.
공문수 더 다가가지 못하고 걱정스러운 얼굴로 보고 서 있다.

공문수, 윤지원 손에서 공을 뺏어 들고 옆에 놓인 의자에 앉힌다.

윤지원   (보며) 왜?

공문수   (망설이다가) 아까 교감 선생님이 말씀하신 학부모...
        그 사람이죠, 우리 병원에서 만났을 때 다니셨다던 회사 대표.
        어제 선생님 찾아오기도 했고요.

윤지원   ...봤구나.

공문수   그러니까 제 앞에서 괜찮은 척 안 하셔도 돼요, 선생님.

윤지원   괜찮은 척이라도 해야 내가 좀 덜 한심한 거 같아서.
        근데 그것도 못 하고 있네.

공문수	(고개 저으며 뭔가 말하려는데)
윤지원	이거 공쌤만 알고 있어 줄래?
	아무한테도 말하지 마, 할아버지한테나 또...
공문수	이사장님께도 말 안 할게요. 대신 그 사람 찾아오면 혼자 만나지 마시고 꼭 저도 같이,

하는데, 벌컥 문 열리고 들어오는 석지원.

석지원	뭘 같이 하지, 두 분이? 왜 같이 하지?
윤지원	(흠칫 놀라서) 너 여긴 왜 왔어?
석지원	(미소 지으며) 너 보러 왔지. 보고 싶어서.
공문수	(질색하고)
윤지원	(공문수 살피며, 석지원 끌고 구석으로 가는)
	그런 얘기는 좀 둘이 있을 때 해줄래?
석지원	(걱정스러운 듯 윤지원 얼굴을 살핀다) 머리 아픈 건 괜찮아?
윤지원	괜찮아.
석지원	(이마를 짚어보며) 열은 없고?
윤지원	응. 어젠 진짜 미안.
석지원	미안할 건 아니지. 그래도 미안하면 다음엔 아플 때 나한테 와.
	혼자 있지 말고.
윤지원	(끄덕이며 작게 웃는다)
석지원	(미소 지으며) 그럼 내일 놀이터 다시 갈까.
윤지원	그래. 근데 너 놀이터에서 뭐 하려고 그래?
석지원	(살짝 당황하며) 어? 아니 뭐, 줄 것도 좀 있고...
윤지원	뭔데?
석지원	가서. 내일 가서 보면 알아.
윤지원	(피식 웃는) 시답잖은 거기만 해, 너. 알았으니까 빨리 가.
석지원	(둘러보며) 나도 같이 도울까?
윤지원	안 돼. 가. 곧 애들 올 거야.

윤지원과 공문수를 번갈아 보고는 미적대는 석지원을 억지로 내보내는 윤지원.

어쩔 수 없이 밀려나며 나가기 전에 벽을 몇 번 쿵쿵 두드려보고 나가는.

무의식적으로 문을 닫다가 다시 활짝 열어놓고 가는 석지원.

#17. 이사장실. 낮

책상 앞에 앉아 있는 심각한 얼굴의 석지원.

그 앞에 서서 서류를 들여다보는 이기하 역시 심각한 표정이다.

석지원   (혼자만의 생각에 빠진) 이상해.

이기하   네, 저도 말씀하신 것들 쭉 살펴보니까 이상합니다.

석지원   분명 뭔가 있는데. 나한테만 숨기나...

이기하   숨긴다기보다 좀 미심쩍은 정도긴 한데.

석지원   그걸 근데, 교생 선생한텐 얘길 한다?

이기하   ...예? 아. 체육 선생님 말씀이시구나.

석지원   (정신 차리고) 아니, 체육관. 역시 내 생각대로 그 돈을 들여서 매년 수리를 했는데 그 상태인 건 말이 안 돼.

이기하   예. 체크해 주신 다른 시설들도 서류에는 있는데 실제로는 없거나 수량이 안 맞거나 그런 게 좀 있습니다.

            행정실장님의 단순 실수인지...

석지원   (서류 들어서 보며 고개 젓는) 아니야. 재무 쪽 일을 오래 하셨다는데 실수일 리가.

이기하   그치만 행정실장님은 전 이사장님하고 각별하시잖아요.

석지원   각별한 정도가 아니지.

이기하   그럼 실장님하고 말씀을 한번 나눠보시는 건 어떠세요?

석지원   (잠시 생각하다) 아니. 일단 자료들 다 본사 재무팀에 제대로 검토하라고 보내고. 해당 업체들도 다 찾아서 만나보자.

이기하	(물끄러미 보다 애틋하게) 곧 쫓겨날지도 모르는 재단 일을 이렇게 열심히...
석지원	소문 다 났냐?
이기하	예. 회장님께서 곧 전무님 쫓아내실 거라고.
석지원	(태연히 끄덕이고) 그러니까 그 전에 하자. 빠르게, 응?
이기하	예. (나가려는데)
석지원	(다시 혼자만의 생각에 빠진) 근데 이유가 뭔 거 같아?
이기하	글쎄요, 실장님이,
석지원	무슨 일이 있는 것 같은데, 왜 나한텐 계속 괜찮은 척일까?
이기하	아. 또 거기로 가셨구나. (하다가 번뜩) 혹시...
석지원	(! 고개 들고 보는) 뭔데?

#18. 학교 일각. 낮

앞 씬의 서류들 담은 종이백을 들고 바쁘게 걷는 이기하와 석지원.

이기하	체육 선생님이 딱 보니까 프러포즈 각인데 놀이터 운운하고 계셔서 김이 팍 샌 거 아니겠습니까?
석지원	아니, 그럼 뭘 더...
이기하	반지 하나 딸랑 사셨다고요? 아니 호텔 레스토랑, 선물, 편지, 꽃다... 솔직히 전무님 정도시면 놀이공원을 통째로 빌리지는 못할 망정... 놀이터? 반지이?
석지원	(억울한) 아니, 마음이 제일 중요한 거 아니야?
이기하	그럼 그대로 진행하실까요? 작고 소중한 마음만 안고?
석지원	(멈춰 서서) ...괜찮은 데 좀 알아봐 줘. 니가 잘하는 거. 하나부터 열까지.
이기하	지금 본사 갔다가 준비하고 연락드릴게요. 아! 편지는 직접 쓰셔야 합니다?

석지원   (와락 이기하를 껴안으며) 당연하지. 고맙다.

이기하   (앙탈하듯 뿌리치며) 세상에 이런 비서가 진짜 어딨습니까?

#19. 주차장. 낮

차에서 내리는 지경훈. 일각에서 서류 들고 통화하며 주차장으로 오는 이기하.

이기하   예, 팀장님.
갑자기는 아니고 학교 재단 회계에서 좀 미심쩍은 게 보여서 석 전무님이 조사를 부탁하셨어요.

지경훈, 조용히 차 옆으로 몸을 숨긴다.

이기하   아이, 알죠 재무팀 바쁘신 거는 제가 잘 아는데 그래도 석 전무님이 특별히 지시하신 거라.
서류는 제가 다 준비했으니, 부탁 좀 드리겠습니다.

이기하 차에 올라타고. 지경훈, 얼굴이 일그러진다.

#20. 교무실. 낮

심란한 얼굴로 자리에 앉아 있는 윤지원. 핸드폰의 메시지음이 울린다.
열어보면 〈전화 좀 주시죠. 윤지원 선생님 - 정수한〉
흠칫 놀라는 윤지원. 잠시 멍하게 있다가 곧 굳은 표정으로 책상 위 전화기로 손을 뻗는데 차마 수화기를 들지는 못하고. 다시 정수한의 메시지를 본다.

차지혜(E) 윤!

윤지원 (놀라 돌아보는) 어, 지혜야?

차지혜 (상의만 체육복을 입은) 뭐 해? (하다가) 너 어제 못 잤어?
안색이 별론데?

윤지원 (애써 웃는) 아냐... (말 돌리는) 너는 웬 체육복?

차지혜 말도 마. 변쌤이 진학부 창고 비우자고 해서서 진학부 다 같이 노동
중. 한 1톤은 버린 거 같다.

윤지원 도와줄까?

차지혜 됐네요. 너 지금 병가 내도 먹힐 얼굴이야. 그리고 진학부 일인데 니
가 왜?

윤지원 (머쓱하게 웃으면)

차지혜 야, 근데 내가 뭘 발견했는지 알아?
(씩 웃으며 주머니에서 낡은 종이 한 장을 건넨다)

윤지원 (받으며) 뭔데?

차지혜 무려 18년 전에 니가 쓴 수시 자소서. 패기 넘치니까 한번 봐.

윤지원 (펼치지 못하고 머뭇거리고 있으면)

차지혜 (다시 가져가서 착 펼치고) 최근 3년간 읽었던 책 중 자신에게 가장 큰
영향을 준 책을 선정하고 그 이유를 기술하시오.

윤지원 (생각이 나는 듯 피식 웃는)

차지혜 침묵의 봄을 감명 깊게 읽었군요, 윤지원 학생?
한 개인의 용기와 정의로움이 세상을 바꾸는 기적을 보았습니다.
저 또한 현재에 안주하거나 불의에 굴복하지 않고 언제나...

윤지원 (휙 뺏으며) 아우 그만해.

차지혜 (씩 웃고) 이름 없었어도 니가 쓴 줄 알아봤을걸.
딱 그때 싸움꾼 윤지원답더라. 마저 읽어봐. 재밌어.

차지혜, 제 자리 위에 놓인 텀블러 하나 들고 "이게 여깄었네" 다시 나
가면.
윤지원 자소서를 펼쳐서 읽어보다가 괴로운 듯 접고 자리에서 일어난다.

#21. 2-1반 앞 복도. 낮

손에 교무수첩을 들고 저벅저벅 걷고 있는 윤지원.
문을 열려다가 창문으로 안을 들여다보면 종례를 기다리며 시끌벅적
한 아이들.
엎드려 자고 있던 정율이 천천히 몸을 일으키고 있다.
착잡한 심정으로 정율을 보다가 문을 열려는데.
대뜸 윤지원의 교무수첩을 뺏는 누군가. 보면 공문수다.

공문수   (정율 힐끗 보고) 종례 제가 혼자 한번 해볼게요.
윤지원   공쌤.
공문수   오늘 중요한 전달 사항도 없잖아요.
윤지원   아니...
공문수   어서요. 가서 좀 쉬세요.

공문수 윤지원을 밀어내고 교실로 들어가 문을 쿵 닫는다.
잠시 서 있던 윤지원. 고개를 돌려 창밖의 하늘을 문득 올려다보는 윤
지원에서.

#22. 학교 일각. 낮

걸어오고 있는 석지원. 고개 돌리면 하교하는 학생들 보인다.
핸드폰을 꺼내 들고 메시지를 보내는. 〈어디야?〉 하는데 답장이 없다.
얼마 못 기다리고 다시 보내는. 〈수업 끝났지? 잠깐 볼까?〉 보내고
앞을 보면 앞에서 걸어오는 사람, 정수한이다.
핸드폰을 막 귀에 가져다 대며 중얼댄다.

정수한   윤지원, 건방진 건 여전해. 감히 내 연락을 씹어?

석지원   (발을 멈추고 정수한을 본다)

#23. 경찰서. 밤 (과거. 석지원의 회상)

12년 전. 스물넷의 석지원. (4회 #68과 같은 옷차림이다) 상처투성이 얼굴로 잔뜩 화가 난 채 앉아 있다. 그 옆에는 마찬가지로 엉망이 된 정수한이 씩씩대며 앉아 있다. 맞은편에 와 앉는 경찰관.

정수한   아니 길에서 그냥 냅다 저를 때렸다니까요?
          나는 절대 합의 안 합니다. 부모 빨리 오라고 해요.
경찰   (귀찮은) 오고 있습니다. 그리고 쌍방이세요.
정수한   먼저 쳤어! 이 새... 이 학생이!

말끝에 석지원을 보면, 죽일 듯 노려보고 있다.
정수한 움찔하며 의자를 조금씩 옆으로 옮기는 데서.

#24. 학교 일각. 낮 (현재)

찌푸린 얼굴로 정수한을 보다가 다가와 손에 든 핸드폰을 뺏어 통화 종료를 누르고 돌려주는 석지원.

정수한   (당황해서) 뭐, 뭐 하는 겁니까, 이게?
석지원   윤지원 선생님 보러 오셨습니까?
정수한   그런데요?
석지원   무슨 일로요?
정수한   우리 애 담임인데 내가 좀 따질 게 있어서요. 그쪽은 누구신데...
석지원   저랑 가시죠. 여기 이사장입니다.

정수한   ...예? 이사장이요?

#25. 이사장실. 낮

상석에 앉은 석지원. 정수한과 강영재 앉아 있다.

석지원   그러니까 교감 선생님께서 파악한 바로는 쌍방의 작은 다툼,
          학생들끼리 사과하고 문제 삼지 않기로 한 것. 맞습니까?
강영재   예. 그렇습니다.
정수한   거 되게 간단하게 정리 해버리시네. 나는 담임을 만나서 자세한 얘기
          를 듣고 애들 관리는 어떻게 하는 건지 좀 따져야겠습니다.
석지원   아니요, 문제가 있으면 권한도 책임도 큰 이사장인 저나,
          여기 교감 선생님이 해결해 드리는 게 맞죠.
강영재   (목소리 떨리는) ...제가요?
정수한   (짜증이 나서) 답답하시네, 정말. 담임을 좀 보자고요.
          어제도 내가 온 걸 다 알면서 전화도 안 받고 얼굴도 안 비추고.
          뭐 하는 거야?
석지원   (꿈틀하는) 어제도 윤지원 선생님을 찾아오셨습니까?
정수한   예. (픽 웃는) 뭐 얘기는 나누지 못했지만.
석지원   잘잘못을 따지고 싶으시면, 학생들을 불러 조사하겠습니다.
          어떤 싸움이었고 어떻게 시작됐고 누가 먼저 뭘 했는지 낱낱이요.
정수한   아니, 공부하는 애를 뭘 또 불러서...
석지원   그 후에 필요하다면 학폭위를 열겠습니다.
정수한   무슨 학폭위까지 나와요? (짜증으로) 그냥 화난 학부모 마음을 좀 헤
          아려 달라는 거지!
석지원   왜요?
정수한   (돌겠고) 이봐요.
석지원   (정색하며) 선생님이 왜 그것까지 해야 합니까?

강영재	(충격으로 입을 틀어막고)
정수한	(언성 높이며 벌떡 일어나) 아니, 선생이 학부모한테 그 정도는 해야지! 당연한 거 아니에요?!
석지원	(일어서며 단호하게) 앞으로도 이 일에 대해 알고 싶으신 게 있으면 저를 찾아오세요. 성의껏 헤아려드리겠습니다.
정수한	(어이없는) 아, 말이 안 통하는 사람이네. 나 이거 그냥 안 넘어가요? (그대로 문을 박차고 나간다)
강영재	아버님...! (하며 따라 나가려는데)
석지원	(손 들어 제지하고) 놔두세요. 뭘 하든 제가 알아서 처리하겠습니다.
강영재	(도로 털썩 앉으며 미쳤나? 하는 눈으로 보는)

석지원, 경멸로 정수한이 나간 문을 보다가 얼른 핸드폰을 확인하면 윤지원의 답장은 없다. 윤지원이 걱정되는.

#26. 교무실 · 낮

빠른 걸음으로 문을 열고 들어오는 석지원.
퇴근 준비하는 몇몇 선생님들만 있다. 윤지원의 자리 비어 있는.
이재규가 석지원을 보고 인사를 한다.

석지원	(같이 꾸벅하고) 혹시 윤지원 선생님 어디 갔습니까?
이재규	(자리 보고) 글쎄요. 가방은 그대로 있는 것 같은데. 전화 안 받나요?
석지원	아... 예. 알겠습니다.

다시 밖으로 뛰어나가는 석지원.

#27. 체육관. 낮

텅 빈 체육관으로 뛰어 들어오는 석지원. 윤지원에게 다시 전화를 걸어보지만 받지 않는다.

#28. 라일락 벤치. 낮

불안한 얼굴로 뛰어오는 석지원. 벤치에 아무도 없다.
이리저리 둘러보는데 핸드폰이 울리고, 발신자 확인하고는 냅다 받는다.

석지원   너 어디야! (겨우 안도하다가 눈 커지는) 뭐? 거길 왜 가?
         (뛰기 시작하며) 너, 너 꼼짝 말고 있어!

#29. 학교 건물 앞. 낮

달려가는 석지원. 건물 안으로 들어간다.

#30. 학교 계단. 낮 (현재) -> 병원 계단. 밤 (과거) 교차

계단을 빠르게 오르는 석지원.
현재의 석지원과 과거의 석지원이 교차되며,
어두운 밤 병원 계단을 오르는 스물넷 석지원의 운동화로 바뀐다.
헉헉대며 절박한 표정으로 계단을 오르는 스물넷 석지원.

#31. 병원 옥상 앞. 밤 (과거)

이윽고 도착한 스물넷 석지원. 두려운 마음에 다급히 손을 뻗어 옥상 문을 연다.
저만치 난간에 위태롭게 앉아 있는 윤지원과 공문수의 뒷모습.
윤지원을 향해 미친듯이 뛰어가는 석지원에서.

#32. 학교 옥상. 낮 (현재)

옥상 문을 다급히 열고 들어오는 석지원.
옥상 난간 가까이 서서 하늘을 올려다보고 있는 윤지원.
석지원이 뛰어 들어온다. 막 돌아보려는 윤지원에게 순식간에 달려와 끌어안듯 양어깨를 잡고 품으로 안으며.

윤지원   ...석지원.
석지원   너 여기서 뭐 해!
윤지원   어?!
석지원   여기서 뭐 하냐고!!
윤지원   (당황하며) 말했잖아. 땡땡이치러 왔다고.

손 풀고 윤지원을 바라보는 석지원.

석지원   (걱정스러운 표정으로) 땡땡이를 왜...! 열쇠는 어디서 났어!
윤지원   (열쇠 들며 웃는다) 교사 특권.
석지원   (풀어지며) 아니 왜 하필... 옥상에서...?
윤지원   기억 안 나?
석지원   뭐가!

윤지원, 시선 돌리면 아무렇게나 쌓여있는 낡은 책상과 의자 더미 보인다.

#33. 학교 옥상. 낮 (과거)

여름의 어느 날. 책상과 의자를 쌓아 올려 아지트마냥 꾸며놓은 공간.
구멍이 난 커다란 파라솔도 꽂혀 있다. 그 아래 앉아서 종이에 뭔가를
열심히 쓰고 있는 열여덟 윤지원. 그 앞에 와 서는 열여덟 석지원.

석지원 너 옥상 문 잠겼는데 어떻게 올라왔어?

윤지원 (열쇠 들어 보이며) 학생회 특권.

석지원 (픽 웃고 옆에 앉아서 윤지원이 쓰는 걸 본다) ...더워서 미쳤구나.

윤지원 (계속 쓰며) 뭐가?

석지원 2학년이 수시 자소서를 왜 쓰고 있어?

윤지원 예습. 예습 몰라?

석지원 너도 참 답 없다. 보충 땡땡이치자고 불러놓고 자소서 예습...
우리가 어? 진짜 그거밖에 할 게 없을까? 아무도 없는 여기서?

윤지원 (흘겨보며) 읽어봐 줘. 진정성이 느껴지는지.

석지원 (삐죽이며 옆에 앉아 받아서 읽는다)

윤지원 (고개를 기울여서 진지한 얼굴로 읽는 석지원을 보고 있는)

석지원 (보는) 명문이네요.

윤지원 (좋아서) 그래?

석지원 문제라면 대학 입학을 위한 자소서가 아니라 대통령 출마 선언 같달
까? 뭘 자꾸 바꾸고... 세상을 뒤집고 막...

윤지원 왜? 진심인데. 난 어른 되면 진짜 그렇게 살 거야.

석지원 (자소서 들고 읽는) 불의에 맞서며 정의를 수호하고...

윤지원 (흐뭇하게 들으며 연신 끄덕인다)

석지원 좋다. 내 여자 친구 완전 슈퍼맨 같고 좋아.

의자를 움직여 윤지원 옆에 딱 붙어 머리를 기대는 석지원.
덥다고 밀어내는데 악착같이 붙어오는. 옥신각신하다 웃음이 터지는
둘에서.

책상에 기대 있는 석지원과 의자에 앉아 있는 윤지원. 석지원 픽 웃는다.

석지원   기억났다. 우리한테 그런 옥상도 있었네.

윤지원   슈퍼맨은 고사하고 왜 이렇게 됐지, 나?

석지원   (바라보며) 니가 어때서.

윤지원   (석지원 바라보다가) …넌 왜 여전히 내가 좋아?
         옛날의 나는 없고 비겁하고 시시한 어른만 남았는데.
         (고개 떨구며 자조적으로) 심지어 날 바닥까지 끌어내린 놈을 만나도
         도망이나 치는 바보가 됐는데…

석지원   윤지원.

윤지원   응?

석지원   …그래도 돼. 무서우면 돌아가고 더러우면 피하고,
         그렇게 대충 비겁하고 시시하게 살아도 된다고.

윤지원   (씁쓸한 얼굴로 웃으며) 그런가. 결론이 좀 이상한데?

석지원   그때의 너도 너고. 지금의 너도 너야. 내가 사랑했고 사랑하는…
         그냥 윤지원 너. 알겠어?

윤지원   (눈물이 날 것 같아 괜히 하늘을 바라보며) 알았어.
         (혼잣말처럼) 그때도 네가 있었으면 좋았을 텐데.

석지원   언제?

윤지원   옛날에 내가 이렇게 옥상에 서 있었을 때.

석지원   (잠시 보다가 담담하게) 있었어, 그때도.

윤지원   뭐?

석지원   니 옆에 있었다고.

윤지원   (서로 바라보다가) 혹시 나 병원에 있을 때 너 왔었어?

석지원   응.

윤지원   (목소리 떨리는) 그때 날 구한 것도 너고?

석지원   (담담하게) 그때 난간에 앉은 널 봤을 때가 내 인생에서 제일 무서운

순간이었어. 지금 생각해도 심장이 떨릴 정도로.

그러니까... 옥상은 자제해주시죠. 윤지원 선생님?

윤지원 (눈물 툭 떨어지는데, 석지원의 팔을 한 대 때린다) 말하지!

왔다고 나 여기 있다고 말했어야지! 그때 내가...

내가 널, 얼마나 보고 싶었는지 알아?

석지원 (팔 문지르며 웃는) 그러게. 그랬으면 우리가 이렇게 오래,

멀리 돌아서 만나지 않았을 텐데.

윤지원 (애틋한 얼굴로 보면)

석지원 (슥 눈물 닦아주며 다 안다는 듯이) 고맙지? 고마우면...

일어서서 씩 웃으며 팔을 활짝 벌린다. 윤지원도 마주 웃으며 석지원을 끌어안는다.

석지원 (안은 채로) 그리고 분명히 말해두는데...

윤지원 (고개 들어 석지원을 본다)

석지원 옛날이나 지금이나 나는 너 예뻐서 좋아하는 거다.

윤지원, 어이가 없어 웃음이 터진다.

#35. 석경태의 집. 안방. 저녁

침대에 누워 링거를 맞고 있는 석경태. 천장만 쏘아보고 있다가 갑자기 링거를 냅다 뽑고 벌떡 몸을 일으킨다. 막 침대에서 내려서려는데, 물과 청심환 등이 놓인 작은 쟁반을 들고 들어오는 한영은. 협탁에 쟁반 내려놓으며.

한영은 (단호한) 누워요.

석경태 안 돼. 내 당장 가서 이놈을...!

한영은	(와서 냅다 밀어 눕히며) 당장 가서 뭐 하게요?
	회사랑 재단에서 쫓아낸다고 걔가 눈이나 깜박할 것 같아요?
	지 힘으로 충분히 먹고살 앤데.
석경태	(다시 벌떡 일어나며) 그렇다고 넋 놓고 있어?
	당장 가서 그 집안을...!
한영은	(다시 눕히며) 그 집 뒤집으면 지원이가 아이쿠 하면서 납작 엎드리겠
	다 그쵸? 셀프로 호적 팔 애야.
	당신은 당신 아들을 아직도 몰라?
석경태	나 아프다고 말했어?
한영은	아니요? 아들 상대로 악쓰고 몸살 난 게 뭐 자랑이라고.
석경태	(일어나며) 말해야지!
한영은	당신도 생각 좀 바꿔. 무슨 조선시대도 아니고 집안의 웬수 어쩌고 부
	끄럽지도 않아요?
석경태	(원망을 담아 째려보면)
한영은	(쟁반에 놓인 청심환을 억지로 입에 넣어주고) 한숨 더 자요.

한영은, 석경태를 힘으로 밀어 눕히고 나간다. 한영은 나가면 다시 일
어나는.
골똘히 생각하다 어디론가 전화를 거는.

석경태	어. 김 부장. 회사 애들 몇 명 데려가서 지원이 오피스텔 비워.
김부장(F)	...예?
석경태	잠금장치를 뜯든 어쩌든 들어가서 짐 다 빼라고!

#36. 주차장. 저녁

석지원의 차 트렁크를 탁 닫는 이기하. 그 옆에 선 석지원.

이기하	자, 트렁크 준비 완료. 그럼 7시까지 알려드린 레스토랑으로 오시면 됩니다. 편지는 쓰셨죠?
석지원	썼지. 짧은 시간에 주옥같이.
이기하	(엄지 척 들어 보이고) 두 분이 오붓하게 오십시오.

#37. 사택 근처. 저녁

일각에 서 있는 석지원의 차. 반대 방향에서 윤지원이 주위를 둘러보며 차로 달려온다. 차에서 내려 조수석 쪽으로 오는 석지원.

윤지원	대체 뭘 하려고 이럴까... 며칠 전부터 계속?
석지원	(조수석 문을 달칵 열며) 타시죠. (하는데)

불쑥 끼어들어 조수석으로 타는, 윤재호.
석지원과 윤지원 놀라 사색이 된 얼굴로 윤재호를 본다.

윤지원	할아버지!
석지원	어르신, 그게 저희가...
윤재호	(고개 내밀고 엄하게) 둘 다 타. 집으로 가.

#38. 사택 앞. 밤

사택 앞에 와 서는 차. 내리는 세 사람. 윤재호 무서운 눈초리로 "들어오게."
윤재호가 앞장을 서고 윤지원이 그 뒤를 따른다.
석지원 마지막으로 걸어가다가 윤재호 큰소리로 "빨리 안 와?!" 하고 들어가면.

석지원 놀라서 자동차 문을 잠근다는 게 그만 트렁크를 활짝 연다.
색색의 풍선과 색종이들이 일제히 하늘로 날아오르고. 풍선 더미에
묶인 석지원이 쓴 편지도 허무하게 날아간다.

석지원   (보고 놀라는) 어? 아...

당황하며 얼른 윤지원과 윤재호를 살핀다. 윤지원이 막 고개를 돌리
려 하면 얼른 시야를 막으며 서둘러 대문으로 밀어 넣는 석지원에서.

#39. 사택. 1층 거실. 밤

윤재호와 윤지원 석지원이 둘러앉아 있다. 윤재호 복잡한 표정으로
둘을 보고 있고.

윤지원   (분위기 풀어보려) 공쌤은 어디...
윤재호   집에 일이 있어서 다녀온댄다.
윤지원   아, 그렇구나. 저녁은? 할아버지 우리 저녁...
윤재호   니들!

둘, 동시에 얼른 고개를 숙이면.

윤재호   다 알고 있으니까, 뭘 어쩔 작정인지 어디 한번 얘기해봐.
윤지원   (뭔가 말하려는데)
석지원   지원이하고 저 만나는 거 허락해 주십시오, 어르신.
윤재호   자네하고 지원이가 그냥 허락해 주십시오 하면 될 사이 같은가?
석지원   저희가...
윤지원   여러 가지 문제가 우리 사이에 있는 거 알아, 할아버지.
윤재호   아는데 이래? 불구덩이인 걸 알면서 냅다 뛰어들어?

윤지원   (미안한 얼굴로 윤재호를 보며) ...그러고 싶어.

윤재호   (어이가 없는) 뭐?

윤지원   그동안 사는 게 계획대로 흘러간 적 없고, 피하고 대비해도 불행은 그
냥 왔잖아. 그래서 더는 미리 무서워하고 피하기 싫어.
나는 그냥, 지금 지원이하고 같이 있는 게 좋아.

석지원   (윤지원의 얼굴을 본다)

윤지원   그러니까 할아버지가 나, 아니 우리 좀 이해해주시면 안 될까?

윤재호   (한숨을 푹 내쉬고) 지원아, 할애비는...

석지원   제가 지원이를 정말 좋아합니다. 언제나 좋은 일만 있을 거란 장담은
할 수 없지만, 어떤 일이 있어도 제가 항상 지원이 옆에 있겠다는 건
제 전부를 걸고 약속드릴 수 있어요.

윤재호   (머리를 짚는) 아이구, 어디서 똑같은 것들이 만나가지고...

자리를 털고 일어나는 윤재호. 둘 긴장으로 올려다보면.
윤재호 둘을 번갈아 노려보다가, 휙 몸 돌려 부엌으로 가며.

윤재호   와! 밥이나 먹게!

순간 멍한 얼굴로 서로를 보는 윤지원과 석지원. 활짝 웃으며 손을 맞
잡는데.

윤재호   그 손 못 놔?

석지원, 얼른 손을 놓고. 두 사람 일어난다. 윤재호를 따라가며 마주
보며 웃는다.
고개를 돌려 웃고 있는 둘을 보는 윤재호. 작게 한숨을 내쉰다.
벽에 걸린 시계. 7시 반이다.

#40. 호텔 레스토랑. 밤

커플들로 가득한 실내. 화려하게 꾸며진 테이블에 혼자 앉아 화기애
애한 주변을 외롭게 둘러보는 이기하에서.

#41. 사택. 부엌. 밤

저녁을 먹는 세 사람. 석지원, 윤재호에 막걸리를 따라준다.
이미 빈 막걸리 통이 두어 개 놓여 있다.

윤재호   (달게 마시면)
윤지원   할아버지 이제 그만 드셔. 내일 약속 있으시다며.
윤재호   (잔 내려놓고) 알아. 내일 또 마시려면 그만 먹어야지.
        막잔이야, 막잔.

윤재호 일어나면, 두 사람 따라 일어난다.

윤재호   (석지원 보고) 술도 마셨고 늦었는데 자고 가게.
석지원   (좋아서) 예.
윤재호   ...내 방에서.
석지원   예. 예?
윤지원   응? 할아버지?
윤재호   내가 규칙을 하나 말해주지. 단둘이 집에 있지 말어.
        이사장 집에 가서 밤새고 오면 죽어.
윤지원   (놀라서 입을 떡 벌린다) 할아버지 그걸 어떻게...
석지원   (눈을 피하며 이마를 긁적인다)
윤재호   이 집에서도 나나 문수 없이 둘만 있다가 들키면 끝이야.
윤지원   (어이가 없단 얼굴로) 할아버지, 우리가 지금 나이가 몇인데 그런 말

도 안 되는 규칙을...

윤재호   (휙 째려보면)

석지원   (윤지원 툭 치며) 지키겠습니다. 어르신 말씀대로.

윤재호   그래야지. 따라 들어오게?

석지원   ...네.

석지원 슬픈 얼굴로 윤재호를 따라가고, 윤지원 시무룩한 얼굴로 석지원을 본다.

#42. 사택. 윤재호의 방. 밤

같은 독목고 체육복을 입고 나란히 누운 윤재호와 석지원.
석지원 어색해 죽을 것 같은 얼굴로 눈만 굴리고 있다. 눈을 감는 윤재호.
슬쩍 옆을 보는 석지원. 잠든 윤재호의 고른 숨소리가 들려오면 조용히 자리에서 일어나려고 꿈틀대는데.

윤재호   ...학부모들...

석지원   (얼른 다시 눕는다)

윤재호   (눈 뜨고) 모아서 현수막 건 것도 우리 애 땜에 나한테 잘 보이려고 그런 건가?

석지원   예? 아닙니다. 진입로는 바꾸는 게 맞고 아버지의 결정을 바꿀 효율적인 방법이라 생각했습니다.

윤재호   몸은... 아픈 데 없이 다 건강하고?

석지원   (작게 웃고) 그럼요, 어르신.

윤재호   ...스물넷에 지원이가 부모 잃고, 많이 아팠어.
자식 잃은 나도 그랬지. 세상에 덜렁 둘만 남았는데 무섭더라고.
나도 이렇게 무서운데 그 어린 게 오죽했을까.

먹지도 자지도 못하고 울기만 하더라고.
이러다가 저놈마저 놓치겠다 싶어 무작정 운동장을 뛰었어.

석지원   (고개 돌려 보는)

윤재호   뛰면은, 숨이 차 죽을 것같이 뛰면은, 나쁜 생각이 좀 덜 날까 하고.
그러니까 피곤해서 잠이 오데? 배도 고파. 밥도 먹게 돼.
그렇게 우리 둘이, 지원이랑 나랑 둘이 살아남은 거야.
매일 밤을 울면서 달렸어. (석지원 보며) 나한테 그런 애야.
그러니까 내 말은... 다 허락한 거 아닐세. 지켜볼 거야.
자네 아버지든 자네든 우리 애 눈에서 눈물 나게 하면 누구든 아주 피
똥 싸게 될 줄 알어. 알겠나?

석지원   예. 명심하겠습니다.

윤재호   ...그래. 나 잠들면 슬쩍 나갈 생각 말고 얼른 눈 감게.

석지원   (재빨리 눈을 꼭 감는다)

윤재호   (힐끗 보고 피식 웃는)

나란히 누운 두 사람에서.

#43. 한정식집. 밤

고급 한정식집에 마주 앉은 지경훈과 차도식.
지경훈이 공손한 자세로 차도식에게 술을 따라준다.

지경훈   시끄러운 건 다 정리됐으니까, 최종 승인 빨리 날 수 있게 힘 좀 써주
십시오. 형님.

차도식   (보면)

지경훈   (얼른) 의원님.

차도식   (마시고 따라주며) 난 석 회장이 알아서 케어하는데 뭘 너까지 나서?

지경훈   (받으며 머쓱하게 웃으면)

차도식   (웃는) 골프장 근처에 땅 많이 사놔서 애가 타지?

지경훈   (멈칫했다가) 아닙니다. 그냥 조금...

차도식   조금은 무슨. 최근에 니 와이프랑 애 이름으로 잔뜩 샀드만.
              골프장 올라가기만 하면 니가 아주 떼돈 벌겠더라?

지경훈   (곤란한 얼굴로 술을 들이켠다)

차도식   근데 너 윤호석이 회사에 있을 때부터 그냥 월급쟁이 아니냐?
              돈이 어디서 났어? 어르신네는 망해서 재단도 다 넘긴 판에.

지경훈   그러니까 제가 더 악착같이 이러죠. 아버지랑 지원이도 생각해서.
              그동안 투자를 좀 잘했습니다.

차도식   (어이없는) 어르신을 위해서다? 골프장이라면 거품을 무는 양반인데?

지경훈   (덤덤한 얼굴로) 세상 물정을 모르시는 거죠. 이상만 좇는다고 될 일
              이 아닌데. 안 그렇습니까?
              아무튼 제 땅 얘기는 새어나가지 않게 의원님만 알고 계셔 주세요.

차도식   애 봐라. 나 입조심시키네?

지경훈   (넉살 좋게) 아유, 부탁드리는 거죠. 아버지 아시면 속상하시니까.

차도식   ...무서운 놈이네, 이거.

        지경훈, 입만 웃으며 차도식의 잔에 다시 술을 따르는 데서.

#44. 지경훈의 별장. 밤

        어두운 실내. 문을 열고 들어오는 지경훈.
        오피스텔과 달리 호화롭게 꾸며놓은 공간이다. 불도 켜지 않고 넓은
        소파에 털썩 앉는. 피곤한 듯 눈가를 꾹꾹 누르며 핸드폰을 꺼낸다.

#45. 석지원의 본가. 서재. + 지경훈의 별장. 밤

퀭한 얼굴로 앉아 있는 석경태. 지경훈과 통화 중이다.
소파에 앉은 지경훈과 동시에 보인다.

석경태   그럼 그 현수막 걸던 학부모들은 다 정리가 됐다 이거지?

지경훈   예. 적당히 주고 잘 마무리했습니다. 그런데... (하다가) 아닙니다.

석경태   말을 해! 왜 말을 하다 말아?

지경훈   알고 보니까 진입로 때문에 학부모들 모은 게 이사장님이셨더라고요.

석경태   뭐? 지원이가?

지경훈   아마도 아버지께 잘 보이고 싶으셨던 게 아닐까.

석경태   (얼굴 벌게져서) 뭐가 어째?

지경훈   아버지가 그러실 분은 아니지만, 이사장님이 그 집 식구가 되면 학교
나 골프장에 아무래도 아버지 의견이 힘을 얻게 되겠죠.

석경태   그럼 그렇지! 그 영감이 지 옆에 우리 애를 붙여놓고 있는 것부터가
수상했어. 둘이 만나는 거 다 알면서 그러고 있는 거지?

지경훈   예. 아십니다. 그래서 말인데 이사장님을 다시 해외로 보내시는 건 어
떨지.

석경태   해외? 두바이로 다시 보내란 말이야?

핸드폰을 귀에 댄 채 일어나 한편으로 가면 커다란 책장.
지경훈의 가족사진과 묵주 등이 놓여 있고, 각종 서류도 쌓여있다.
무의식적으로 묵주를 집어 들고 만지작거리는 지경훈.
옆에 있는 서류는 토지 매매 계약서들이다.

지경훈   예. 이사장님이 멀리 가 계시면 다 해결될 문제 아니겠습니까?

석경태(F) 다른 건 뭘 해도 안 먹힐 놈이긴 해.

지경훈   예. 그러니까요.

어둠 속에서 차가운 얼굴로 선 지경훈.

#46. 석지원의 본가. 서재. 밤

의자에 머리를 기대고 앉은 석경태. 복잡한 표정이다.

#47. 병원 응급실. 낮 (과거. 석경태의 회상)

환자와 보호자, 의료진들로 가득한 바쁜 응급실이다.
피투성이가 된 채 나란히 침대에 누운 윤지원의 아버지 윤호석과 어머니 정주희.
의사와 간호사가 붙어 다급하게 처치 중이고, 막 돌아 나가는 구급대원들.
멀리서 그 모습을 보고 있는 50대 석경태.
사람들 사이로, 윤호석의 손이 침대 아래로 툭 떨어지는 게 보인다.
놀라는데, 뒤에서 들리는 지경훈의 목소리 "호석아!!"
얼른 기둥에 몸을 숨기는 석경태. 그 옆으로 달려가는 지경훈.
그 뒤로 넋이 나간 윤재호와 스물넷 윤지원도 보인다.
침대 옆에 다다라 울부짖는 두 사람과 의사와 뭔가를 얘기하는 지경훈을 잠시 보다가 서둘러 빠져나가는 석경태에서.

#48. 석지원의 본가. 서재. 밤

무거운 얼굴로 일어나는 석경태. 불을 끄고 서재를 나간다.

#49. 샛길. 낮

밝아지면, 출근 중인 윤지원과 석지원. 윤지원 몇 걸음을 앞장서 가다

뒤돌아보며 잡아 달라는 듯 문득 손을 내민다.

윤지원   (밝게) 손잡고 가자. 나 힘 좀 내게.
석지원   (씩 웃으며 잡는다) 갑자기?
윤지원   내가 오늘 진짜 만나기 싫은 사람을 만날 거거든.
석지원   (정수한 얘기인 걸 알겠고) 그럼 만나지 말지 왜 만나?
윤지원   내가 그 사람이 기억하는 윤지원이 아니라는 건 보여주고 싶어서.
석지원   학교에서 보는 거지?
윤지원   응. 왜?
석지원   (미소 지으며) 학교에서 봐야 내가 있으니까.
윤지원   아이구 여부가 있겠습니까, 이사장님?
석지원   잘하고 와, 윤지원답게. 내가 늘 니 옆에 있단 거 잊지 말고.

마주 보며 웃는 둘. 손잡고 걸어가는 뒷모습에서.

#50. 교무실. 낮

자리에 앉아 있는 윤지원. 수화기에 손을 댄 채 노려보고 있다.
그러다 결심한 듯 전화기를 들고 정수한의 번호를 누르는.
신호가 가면 크게 심호흡을 한다.

정수한(F) 네. 정수한입니다.
윤지원   …
정수한(F) 여보세요.
윤지원   율이 담임 윤지원입니다. 오늘 뵐 수 있을까요?

담담한 윤지원의 얼굴에서.

#51. 학교 일각. 낮

긴장한 얼굴로 걷고 있는 윤지원.
막 코너를 돌려다가 멈칫한다. 보면 아무도 없는 구석에 서 있는 정율
과 정수한.

정율   봐. 내 말은 듣는 시늉도 안 해, 아빠. 다신 오지 말라고 했지!
             내가 여기까지 전학을 왜 왔는데? 여기서도 내가 불륜남 딸이라고 소
             문났으면 좋겠어?
정수한   (순하게 율의 볼에 손을 갖다 대며) 아니, 니가 다쳤잖아.
             이런 일 있으면 담임을 한번 잡아봐야…
정율   (뿌리치며) 개소리하지 마. 아무 일도 아니라고 분명히 말했어.
             나한테 신경 끄고 어린 여자들이랑 바람이나 실컷 피워. 하던 대로!
정수한   율아!
정율   (경멸로 보며) 나보다 겨우, 다섯 살 많더라. 엄마한테 맞은 그 언니.
정수한   (고개 떨구는) 오해야.
정율   …더러워.
정수한   (충격으로) 뭐?
정율   이런 사람이 내 아빠인 게 쪽팔리고, 더럽다고. 알아?

윤지원, 정수한의 얼굴을 경멸로 보다가 돌아선다.

#52. 상담실. 낮

앉아 있는 정수한. 문 열고 들어오는 윤지원. 떨리는 손을 꽉 쥐는.
정수한 윤지원 발견하고는 거만한 표정으로.

정수한   이야, 윤지원! 반갑다? 나 섭섭했어. 오랜만에 만났는데 도망이나 가

고. 연락도 안 받고 말야.

윤지원 　죄송했습니다. 율이 아버님.

정수한 　(허, 하고 웃는) 그렇게 부르니까 간지럽다?

윤지원 　계속 반말하실 건가요?

정수한 　뭐 어때, 우리 사이에. 그럼 안 되나? 나는 반가워서 그런 건데.

윤지원 　(앉으며) 율이 때문에 오신 거 아니죠, 대표님?

정수한 　아냐, 내 딸내미 땜에 왔지. 근데 뭐 그건 천천히 하고.
　　　　(몸을 탁자에 기대 윤지원을 가까이 보며) 와, 너 어떻게 사나 내내 궁
　　　　금했거든. 근데 선생이라. 사회생활 못 할 줄 알았더니.

윤지원 　저도 가끔 궁금했습니다. 대표님이 어떻게 살고 계실지.

정수한 　아, 그래?

윤지원 　네. 제 생각처럼 여전하시네요.

정수한 　(웃는) 야, 뭐가 여전해, 많이 늙었지. 회사는 더 컸고.

윤지원 　딸뻘인 여자들이나 건드려가며.

정수한 　(웃음기 지우고) 뭐?

윤지원 　그걸 딸에게 들켜가며 그렇게요. 그러실 것 같았어요.

정수한 　(부들부들 떨며) 그, 그러실 것 같았어요?

윤지원 　네.

정수한 　(벌떡 일어나며) 이봐, 선생이 학부모한테 이래도 돼!?
　　　　애 얼굴이 그렇게 됐는데. 어? 가해자 데려와. 당장.

윤지원 　해당 사건 관련해서 항의하실 게 더 있으시면 학교든 교육청이든 정
　　　　식으로 요청해 주세요.

정수한 　이야, 이거 학교에 교사고 이사장이고 순 미친 것들뿐이네, 이거.

윤지원 　그런데 그게 저를 괴롭히는 일일지 율이를 괴롭히는 일일지 잘 생각
　　　　해 보시고요. 대표님.

정수한 　(율의 이름에 움찔했다가) ...너 내가 안 무섭냐?

윤지원 　네. 이제 무섭지 않아요. 저한테 더는 아무것도 아니니까.

단호한 얼굴로 정수한에게 고개 숙여 인사를 하고 문으로 가는 윤지원.

정수한 잠시 멍해졌다가 곧 사나운 얼굴로 윤지원을 향해 걸어오더니 손목을 휙 낚아채는.

윤지원   (놀라고 불쾌한. 뿌리치며) 놓으세요!
정수한   (안 놓고) 싫은데. 니 할 말만 하면 끝이야? 무섭지가 않다?
         너는 선생이고 나는 학부모야. 계산이 안 서니?
윤지원   (힘주어 뿌리치면)
정수한   어쭈... 이게, (하면서 윤지원을 향해 손을 치켜드는 순간)

벌컥 문 열리고 들어오는 석지원. 그대로 걸어와 정수한의 멱살을 잡고 벽 쪽으로 밀어 윤지원과 떨어뜨려 놓는다.
정수한 당황해서, 제 멱살을 쥔 석지원의 주먹을 뿌리치려 애쓰는데 그대로 정수한에게 주먹을 날리는 석지원.
나뒹구는 정수한 입술에 상처가 났다. 놀라는 윤지원.
눈만 껌벅이고 있다가 맞은 볼을 부여잡으며.

정수한   야! 너 미쳤어? 지금 날... 감히 나를 쳤어?
석지원   더 맞고 싶지 않으면 그만하고 나가시죠.
정수한   뭐...? 너 너 내가 이거 그냥 넘어갈 줄 알아?

석지원 답 없이 힐끗 위를 보면, 정수한도 시선을 옮긴다.
구석에 CCTV가 있다.

석지원   예. 이 일 또한 문제 삼으신다면 저 역시 최선을 다해 대응하겠습니다.
정수한   (입만 달싹거리고 아무 말 못 하고)
석지원   (무섭게 노려보며 말만 예의 바르게) 조심히, 돌아가십시오.

당황한 채 서 있는 윤지원을 데리고 상담실을 나가는 석지원.
정수한, 비틀하다가 의자에 털썩 주저앉는다.

정수한   저 저 미친 새끼가 어디서, (맞은 곳이 아프다) 아 씨.

#53. 상담실 앞 복도

상담실 밖에서 듣고 있던 변덕수와 이재규.
정수한이 뛰어나오자 얼른 딴청을 부리며 마치 지나가는 길이었다는
듯 걸어가며 슬쩍 발을 건다. 그대로 넘어지는 정수한.

변덕수   아이고, 아버님 괜찮으십니까?!
이재규   아유, 선생님 조심 좀 하시지.

하며 팔을 잡아주는 척 정수한의 손을 슬쩍 밟는 이재규.

정수한   (손을 감싸쥐며) 악!!
이재규   아이구, 죄송합니다.

둘, 정수한을 일으켜 세우고 옷을 툭툭 털어주며 입만 웃는다.
정수한 화낼 힘도 없다. 둘을 번갈아 보며 짜증 섞인 한숨을 내쉰다.

#54. 보건실. 낮

윤지원이 석지원을 침대에 억지로 앉힌 참이다. 연고와 반창고 등을
부산스럽게 챙겨 와 앞에 앉는다. 석지원의 주먹에 작은 상처가 났다.

석지원   (씩 웃으며) 보건 선생님이 마침 안 계시네.
윤지원   (가차 없이 소독약을 손등에 바르면)
석지원   (아파하며) 아, 아파!

윤지원	가만히 좀 있어. (상처에 다시 바르며) 너 그 사람이 진짜로 가만 안 있으면 어쩌려고 그래?
석지원	뭘 어째. 나도 가만 안 있지.
윤지원	(반창고를 떼며 한숨을 쉰다)
석지원	아무 짓도 못 해, 저런 놈은. 자기보다 약해 보이면 밟고 그게 아니면 못 덤벼. 잃을 게 많거든.
윤지원	(절레절레 고개를 저으며 연고를 툭 바르면)
석지원	아 따가워...! 살살해.
윤지원	(밴드 붙이며) 엄살은.
석지원	피도 났는데 뭐가 엄살이야! 되게 아파. 무지하게 따가워.
윤지원	어디서 큰 소리야?
석지원	보건실에서!

서로 버럭하다 동시에 피식 웃는 둘.

윤지원	너나 나나... 세월이 그렇게 흘렀는데 멘트까지 똑같을 일이야? (물끄러미 보다) 그때 참 귀여웠는데 석지원.
석지원	뭐래, 지금이 훨씬 더 귀여운데.

어이가 없다는 듯 고개를 젓는 윤지원. 일어나려 하면 윤지원을 잡아 손가락으로 볼을 찌르며 귀여움을 어필하는 석지원.
윤지원, 질색하며 밀어내면서도 웃음이 터진다.
열여덟로 돌아간 듯 티격태격하는 두 사람의 모습에서.

#55. 라일락 벤치. 낮

나란히 앉아 있는 홍태오와 맹수아. 맹수아 지친 얼굴의 홍태오를 힐 끗 본다.

홍태오   그날 많이 놀라셨죠.

맹수아   네. 심장이 목구멍까지 올라와서 뛰더라고요. 너무 놀라서.

홍태오   미안해요. 나하고 해수는...

맹수아   (보는)

홍태오   오래전에 영문도 모르고 버림받았다고 생각했었어요.

         근데 절 떠나 혼자 아이를 낳고 길렀더라고요.

         (회한으로) 그걸 이렇게나 늦게 알았어요.

맹수아   인생에선 늘 제때 알았으면 좋았을 걸 하는 일들이 있죠.

         근데 돌이킬 수 없는 후회는 짧은 게 좋더라고요.

홍태오   (진심으로) 고맙습니다, 맹 선생님.

맹수아   술, 아니다, 밥이나 한번 사세요, 그럼.

홍태오   (미소로 끄덕인다)

#56. 학교 일각. 낮

멍한 얼굴로 서 있는 고해수. 나란히 앉은 홍태오와 맹수아를 보고 있다.
정율이 옆으로 다가와 고해수의 발을 툭 건드리고, 홍태오를 힐끗 보는.

고해수   (보고) 왜, 아직도 의심을 못 거두겠어?

정율   관심 없고. 우리 아빠라는 사람이 너랑 싸운 걸로 시비를 걸고 싶은
         거 같은데. 그냥 아무 일도 아니었다고 해.

고해수   너네 아빠?

정율   생물학적으로는.

고해수   (한숨 푹 쉬고 혼잣말처럼) 너도 아빠가 문제구나.

정율   ...너도라니?

정율, 고해수의 시선 따라가면, 홍태오의 얼굴을 보는 고해수의 복잡
한 얼굴.

정율   (놀라서) 고해수, 설마 보건쌤이 너...
고해수   (휙 몸 돌려가며) 이것도 소문내고 싶음 내라. 난 상관없으니까.

가는 고해수를 보는 정율의 당황한 얼굴에서.

#57. 2-1반 교실. 낮

김유미와 엄기석을 둘러싸고 있는 반 학생들. 9회 #35.의 학생1,2,3도
있다.
정율, 제 자리에 엎드려 있다.

학생1   (어이없다는 얼굴로) 뭐, 니들도 이날 있었다고?
엄기석   고해수 공부하다가 코피 쏟고 쓰러진 날이잖아.
김유미   나랑 엄기석이 보건실에 옮겼고, 보건쌤이 집까지 데려다준 거야.
         교문 밖에서 나랑 엄기석도 탔고. 누가 이렇게 우린 싹 빼고 찍었는지
         모르겠지만.
학생2   (핸드폰 자세히 들여다보며) 여기 옷깃에 피 묻어 있긴 해.
학생1   니들은 고해수랑 친하잖아. 짜고 치는 건지 어떻게 알아?
엄기석   야, (화난 얼굴로 뭐라 하려는데)
정율(E)   나도 있었는데.

학생들 돌아보면, 반쯤 눈을 감은 정율 몸 일으켜 앉아 있다.

정율   반장 코피 터진 날. 나도 교실에 있었어. 그날 말하는 거 아냐?
김유미   어! 맞다. 그때 보고도 쌩깠잖아. 그치?
정율   (다시 툭 엎드리면)
학생1   (삐죽인다)
엄기석   왜, 고해수랑 싸운 정율 얘기는 믿기냐?

학생3	반장이 그럴 캐릭터는 아니긴 해.
학생2	보건쌤이야말로 전혀...
김유미	선생님들도 아니라고 하시고 심지어 고해수 엄마도 그냥 넘어갔는데 너만 왜 그럴까? 이상하네?
학생1	(얼굴 빨개져서) 그냥 친하다고 반장이랑 니들이. 누가 뭐, 뭐래?

하는데, 교실로 들어오는 고해수. 아무렇지 않은 얼굴로 자리에 앉아 책을 꺼낸다.
학생들 슬금슬금 흩어져 제 자리로 가는. 고해수, 고개를 돌려 자리에 앉는 엄기석을 본다. 눈이 마주치면 얼른 못 본 척하고. 엄기석 피식 웃는다.

#58. 차 안. 저녁

나란히 앉은 석지원과 윤지원. 어딘지 긴장한 얼굴의 석지원을 보는 윤지원.

윤지원	어디 가는 거야?
석지원	(자랑하고 싶은 표정으로) 알려주면 재미없지.
윤지원	놀이터 아니고?
석지원	놀이터는... 거긴 다음에.
윤지원	뭔가 잔뜩 준비해 놓고 막 자랑하고 싶은 얼굴인데... 뭐지? 무슨 날인가 오늘?
석지원	(허세로) 뭘 준비는 무슨. 그런 거 아냐. 그냥 밥이나 먹자는 거야.
윤지원	(안 믿는 얼굴로) 그으래? 준비한 게 없으시다?
석지원	없다니까? (미소 짓다가 표정 굳는)

갑자기 차를 급하게 세우는 석지원.

윤지원   (놀라서) 왜?
석지원   (주머니를 더듬더듬 만지며) 없다... 없어.

인서트 > 사택. 윤재호의 방. 밤
체육복을 들고 들어오는 석지원. 쓸쓸한 얼굴로 재킷을 벗는데 툭 떨어져 옷장 아래로 굴러 들어가는 반지 케이스.

머리를 기대며 작게 탄식하는 석지원에서.

#59. 사택 앞. 저녁

차에서 내리는 석지원과 윤지원.

석지원   지금 할아버지 안 계신 거 확실하지?
윤지원   동네 어르신들하고 약속 있으셔서 좀 전에 나가셨대.
석지원   다행이다. 아, 내가 왜 이런 실수를...

윤지원, 앞서 대문으로 걸어가고. 자책하며 따라 걷는 석지원.

#60. 사택. 1층 거실. 저녁

막 들어서는 석지원과 윤지원.

윤지원   뭘 두고 갔는데? 내가 내일 찾아서 갖다 줄 건데 꼭 이래야 돼?
석지원   이래야 돼. 금방 찾아서 나올게.

석지원 얼른 윤재호의 방으로 들어가고. 윤지원 영문을 모르겠단 얼굴로 서 있다.

#61. 마을 일각. 저녁

가벼운 외출복 차림으로 걷고 있는 윤재호.
주변을 둘러보며 걷다가 아차, 하는 얼굴로 멈춰 선다.

#62. 사택. 1층 거실. 저녁

윤재호의 방에서 서둘러 나오는 석지원. 소파에 앉아 있다가 돌아보는 윤지원.

윤지원   찾았어? 나한테 비밀인 거?
석지원   비밀은 무슨. 일어나. 빨리 나가야 돼.
윤지원   (일어나며) 어. 잠깐 나 물 한 잔만 마시고.
석지원   (마음 급한) 가서! 가서 마시자, 빨리...

하는데, 현관문을 달각거리는 소리 들리고. 두 사람 놀란 얼굴로 마주 본다.
벌떡 일어나는 윤지원. 현관으로 달려가 석지원의 신발을 신발장에 던지듯 넣고.

윤지원   (입 모양으로) 할아버지!

석지원 우왕좌왕하다가 보면 마침 2층 계단 근처다. 재빨리 계단으로 올라가는데,

벌컥 문 열리고 들어오는 윤재호.

윤지원   (계단을 가리려 애쓰며) 어, 할아버지! 저녁 약속 벌써 끝나셨어?
윤재호   아니야. 뭘 두고 갔어. 아이구, 늙으면 죽어야지. 맨날 깜박한다.
            가만 보자, 내 그걸 2층에 치워둔 거 같은데...?
윤지원   (화들짝 놀라서 큰 소리로) 뭐! 2층?

#63. 사택. 2층 거실. 저녁

걸어 올라오는 윤재호. 사색이 된 윤지원도 따라 올라오는데 둘이 올라옴과 동시에 다락방 사다리가 막 올라가고 문이 닫힌다.
윤지원 질끈 눈을 감았다 뜬다. 윤재호는 보지 못하고 석지원의 방과 공문수의 방을 차례로 열어본다.

윤재호   어디 뒀더라... (하다가 거실 한구석을 보고는) 어, 저깄네.
윤지원   (보고) 낚싯대?
윤재호   어어. 안 쓰는 거 김 영감 주기로 했는데, 내가 몇 번을 까먹어가지고.
            준다 준다 하다가 계절이 다 지났다.

낚시 가방을 챙겨서 다시 계단 쪽으로 가는 윤재호.
윤지원 안도의 한숨을 내쉬는데 윤재호 문득 돌아본다.

윤재호   근데 너...
윤지원   (놀라서) 어? 나, 나 왜?
윤재호   너도 약속 있다 하지 않았어?
윤지원   어, 갈 거야. (시계 보며) 아직 좀 남아서. 가야지, 바로 갈 거야.

윤재호, 어딘지 불안해 보이는 윤지원과 2층 전체를 천천히 훑어보는

데서.

#64. 사택. 2층 거실. 저녁

다락 앞에 선 윤지원. 줄을 당겨 사다리를 내린다.
천천히 계단을 밟고 올라가는.

#65. 다락방. 저녁

고개를 쏙 내미는 윤지원. 긴장한 얼굴의 석지원이 보인다.

윤지원   ...할아버지가 너 당장 나오래.
석지원   아셨어?

고개를 숙이며 절망하는 석지원. 그때 들리는 윤지원의 웃음소리.
천천히 고개를 들면, 장난스레 웃고 있는 윤지원 보인다.

석지원   너 진짜...!
윤지원   (웃으며) 나가셨어.
석지원   (그제야 안도의 한숨을 크게 내쉬며 몸을 일으키려는데)
윤지원   내가 올라갈까?
석지원   어? 여기?
윤지원   (올라와서 석지원 옆에 앉는) 노을 질 때 올라와 본 건 첨이거든.

둘이 무릎을 세워 나란히 앉으면 꽉 차는 공간이다.
작은 창을 통해 들어온 노을빛에 먼지들이 반짝인다. 마주 보는 둘.

#66. 다락방. 저녁

나란히 앉은 석지원과 윤지원. 석지원, 윤지원을 빤히 보고 있다.
윤지원이 보지 못하는 손에 반지 케이스를 쥐고, 만지작거리고 있는.
긴장한 듯 침을 꿀꺽 삼킨다.

윤지원   (웃는) 왜 그렇게 봐?
석지원   (침을 꿀꺽 삼키고)
윤지원   (그런 석지원을 보고 씩 웃는)

#67. 윤재호의 방. 낮 (윤지원의 회상)

청소기를 밀고 있는 윤지원. 옷장 아래까지 밀다가 멈칫하는.
청소기를 끄고 들여다보면 반지 케이스가 보인다. 뭐지 싶어서 꺼내
본다.
열어보는 얼굴에서.

#68. 다락방. 저녁

석지원 이윽고 결심한 듯.

석지원   근사하고 멋진 곳에서 오랫동안 기억될 날을 만들어주고 싶었는데.
윤지원   웅?
석지원   생각해 보니까 그냥 이렇게 작은 다락방이라도 너하고 나 둘만 있으
면 되는 거였어.
윤지원   (보는)
석지원   내가 너무 앞서 나가는 걸 수도 있고, 무모해 보일 수도 있지만 그래도

꼭 지금 너한테 말하고 싶어.

윤지원   (나지막이) 야, 석지원.

석지원   평생 나하고...

윤지원   우리...

석지원   (이윽고 반지를 꺼내 내밀며 입을 여는 순간)

윤지원   (담담하게) 결혼할까?

윤지원의 눈앞에서 반지가 반짝, 빛난다. 석지원 아무 말도 못 하고
보고 있으면.

윤지원   (손가락을 내밀며) 평생 행복하게 해줄게.

석지원   좋아. 평생 같이 있자, 우리.

석지원, 조심스럽게 윤지원의 손을 잡아 손가락에 반지를 끼워주고,
손가락에 짧게 입을 맞춘다.
가만히 보다가 양손으로 석지원의 볼을 잡고 살짝 입을 맞추는 윤지원.
석지원 떨어지기 무섭게 다시 윤지원을 안으며 입을 맞춘다.
두 사람의 모습에서.

사랑은 외나무다리에서 10회 끝.

제 11 회

#1. 유치원 정원. 낮 (과거)

경쾌한 결혼 행진곡이 울려 퍼지며.
〈결혼을 축하합니다〉 적힌 가랜드와 풍선 등으로 꾸며진 작은 결혼식.
유치원생들의 결혼식 체험이다. 주례, 사진사, 하객 등 모두 맡은 역
할 수행 중인데.
단상 위에 삐딱한 자세로 선 일곱 살 석지원. 턱시도를 입었다.
명찰에 석지원 적혀있고.
주례를 맡은 아이가 "신부 입장!" 외치면 아버지 역할의 아이와 팔짱
을 낀 일곱 살 윤지원이 걸어온다. 귀여운 드레스를 입었다. 역시나
명찰을 달았다.

점점 다가오는 윤지원을 보는 석지원의 얼굴이 점점 침울해진다.
이윽고 윤지원의 손을 넘겨받을 참인데, 바닥에 드러누워 울기 시작
하는 석지원.

석지원   나 윤지원이랑 결혼 안 해! 난 김지수랑 결혼할 거야!
　　　　 윤지원 싫어요, 선생님!!

버둥거리는 석지원을 어이가 없다는 듯 내려다보는 윤지원.

윤지원 야 석지원! 나도 너 싫거든? 이거 진짜로 하는 것도 아닌데 진짜 이럴
래? 니가 애야?
석지원 (듣지 않고 계속 울며) 윤지원이랑 결혼하기 싫어요오...

와르르 웃는 하객들. 뒤로 선 학부모들도 웃음을 터뜨린다.
달려와 석지원을 일으키며 달래는 선생님. 윤지원 하객 탁자 위에 놓
인 요구르트 하나를 거칠게 뜯어 원샷하며.

윤지원 (노려보며) 바보 멍청이...

#2. 독목중학교 복도. 낮 (과거)

동복 차림의 열다섯 석지원. 손에 빼빼로 하나를 들고 복도를 걷고 있다.
긴장한 얼굴로 뭔가 중얼거린다.

석지원 야, 먹고 떨어져. (아닌 것 같다) 오다 주웠다?
(고개 젓고) 야! 윤지원 난 너무 먹어서 질리니까 이거 너 먹...

하다가 문득 앞을 보고 얼굴이 굳는다.
보면 심드렁한 얼굴의 윤지원에게 남학생들이 앞다투어 빼빼로와 선
물을 안기고 있다. 기분이 상해 휙 돌아서는 석지원.
거칠게 빼빼로를 뜯어 대여섯 개를 한꺼번에 입에 털어 넣고 마구 씹
으며 간다.
/
쏟아지는 빼빼로를 대충 받아주는 윤지원. 저를 에워싼 아이들 틈으
로 저만치 혼자 빼빼로를 씹어먹는 석지원이 보인다.

윤지원   (괜히 섭섭한) 의리 없는 새끼...

#3. 놀이터. 밤 (과거) (2회 #72.와 동일)

석지원, 긴장했지만 단단한 얼굴로, 윤지원을 똑바로 본다.

석지원   ...나는 너 좋아해. 윤지원.
윤지원   (빤히 본다)

#4. 다락방. 저녁 (10회 엔딩과 동일)

윤지원   (손가락을 내밀며) 평생 행복하게 해줄게.
석지원   좋아. 평생 같이 있자, 우리.

석지원, 조심스럽게 윤지원의 손을 잡아 손가락에 반지를 끼워주고,
손가락에 짧게 입을 맞춘다.
가만히 보다가 양손으로 석지원의 볼을 잡고 살짝 입을 맞추는 윤지원.
석지원 떨어지기 무섭게 다시 윤지원을 안으며 입을 맞춘다.

#5. 상동. 저녁

머리를 맞대고 뭔가를 보며 웃고 있는 윤지원과 석지원.
옆에 커다란 상자 하나가 열려 있고 거기서 꺼낸 낡은 사진첩을 함께
보는 중이다.
어린 시절과 학창 시절 둘의 사진들이 빼곡하다.
그중 한 장을 꺼내 드는 윤지원. 보면 **#1.**의 울고 있는 석지원과 어이

없는 얼굴로 서 있는 윤지원을 찍은 사진이다. 동시에 웃음이 터지는 두 사람.

행복한 얼굴에서 암전.

#6. 이사장실. 낮

팔로 얼굴을 가리고 소파에 길게 누워 있는 석지원.

핸드폰이 울리면 눈만 살짝 뜨고 발신자를 확인한다. 〈아버지〉다.

인서트 > 석지원의 오피스텔. 거실. 밤
당황한 얼굴로 서 있는 석지원.
텅 비어 먼지 한 올 없는 깨끗한 모습이다. 열린 방문 안도 비어 있다.
그때 울리는 메시지음. 핸드폰 열어보면 석경태다.
〈짐 다 뺐으니까 당장 집으로 들어와〉
고개를 절레절레 흔들다가 피식 웃고는 뒤돌아 나가는 석지원.

석지원 전화 안 받고 그냥 내려놓는다.

그때 문을 열고 들어오는 이기하. 손에 새 와이셔츠와 세면도구 등을 들었다.

슬쩍 보고는 몸을 일으켜 앉는 석지원.

이기하 (얼른 옆에 와 앉으며) 여기서 주무신 겁니까?
아니 회장님도 너무하시지, 말도 없이 집을 홀랑 빼 버리시다니.
프러포즈도 제대로 못 하셨는데. 속상하셔서 어떡...
(하다 석지원 얼굴 보면)

석지원 (은은하게 웃고 있다) 뭘. 집이야 또 구하면 돼.

이기하 예?

석지원 (와이셔츠 집어 들며) 예쁜 걸로 잘 사 왔다. 고마워.

이기하   ...그냥 흰 와이셔츠인데요.

        어느새 석지원, 와이셔츠와 세면도구를 들고 작게 노래를 흥얼거리며
        나간다.

이기하   (안타까운) ...충격이 크신가 봐.

#7. 학교 일각. 낮

        말끔한 석지원 여전히 기분 좋은 얼굴로 걷고 있다.
        마주 오는 학생들이 인사를 하면, 세상 가장 온화한 얼굴로 다정하게
        받아준다.

#8. 교무실 앞 복도. 낮

        걸어오는 석지원. 교무실 문 열리고 출석부 등을 들고나오는 윤지원.
        석지원 반가움에 활짝 웃으며 손을 번쩍 들면,
        그런 석지원을 발견한 윤지원도 미소 지으며 왼손을 들어 흔드는데.
        순간 미소가 사라지는 석지원의 얼굴.
        의아해하는 윤지원에게로 빠르게 다가와 왼손을 낚아채 요리조리 보는.

석지원   뭐지?
윤지원   뭐? 아, 반지?
석지원   아아, 반지?
윤지원   아니... 또 다들 난리 날 거잖아. 전부 한마디씩 얹고.
        (달래듯) 피곤해지기 싫어서 그래.
석지원   (충격) 피곤해? 지원아, 나 같으면! 반지 이마에 붙이고 출근했어.

윤지원   (못 말린다는 듯 웃는) 볼만하겠다.

하는데, 수업을 알리는 종이 울린다.

석지원   (털썩 윤지원의 손을 놓고) 됐다. 수업이나 가.
윤지원   아니, 야, 그게...

하는데 이미 휙 돌아서서 가는 석지원.
윤지원, 부르려는데 교무실에서 우르르 나오는 선생님들. 휩쓸려 걸
어가면서 뒤를 돌아보면 어깨가 축 처진 채 가고 있는 석지원의 뒷모습.
윤지원 신경이 쓰여서 연거푸 돌아본다.

#9. 석지원의 본가. 거실. 낮

소파에 앉아 있는 석경태. 핸드폰으로 전화를 걸다가 신경질적으로
던져버리고.

석경태   이 자식이 내가 집을 뺐는데 전화도 안 받아?
한영은   (커피 한 잔을 들고 맞은편에 앉아서) 아주 당신이 등을 떠밀었네.
석경태   무슨 등을?
한영은   애가 당장 퇴근했는데 집이 없으면 어디로 가겠어요?
          옳다구나 여자 친구 집으로 가지.
석경태   (버럭) 뭐!!
한영은   그 정도 예측이 안 돼, 당신은?
석경태   (비장하게) 다시 두바이로 보내야겠어.
한영은   안 돼요! 누구 맘대루! 이제 아들 얼굴 좀 보고 사나 했더니.
          당신이 뭔데!
석경태   그게 싫으면 협조해.

한영은	뭘요?
석경태	저기 그 최 회장네 둘째 딸, 또 장 회장님 댁 막내, 또 그... 어디더라? 아무튼 지원이한테 어울릴 만한 여식들로 리스트 쫙 뽑았으니까 선보고 결혼하라 그래.
한영은	(어이가 없는) 왜 저럴까 정말? 말이 안 되는 소릴 왜 진지하게 할까, 자꾸만?
석경태	당신이 골라. 선보고 결혼, 아님 두바이야.
한영은	그걸 우리가 왜 골라요, 지원이 인생인데.
석경태	(벌떡 일어나며) 하여간 남편 편을 한 번을 안 들어줘.
한영은	어디 가게요?
석경태	이 자식이 애비 전화도 안 받고. 뭐 하고 자빠져있나 가 봐야지.
한영은	학교에 있겠지, 지금은... (하다가 반짝, 얼른 일어나며) 나도 갑시다.
석경태	당신이 왜?
한영은	왜긴 왜야, 지원이 보러.

의심스럽게 보는 석경태를 향해 방긋 웃어 보이는 한영은.

#10. 사택. 1층 거실. 낮

거실로 막 들어서는 윤지원. 소파에 앉아 신문을 보고 있는 윤재호.

윤재호	(윤지원 보고) 응? 점심시간에 무슨 일이냐?
윤지원	나 두고 간 게 있어서. 식사는 하셨어?
윤재호	먹어야지. 뭐 두고 갔냐?
윤지원	(배시시 웃는) 응. 가져갈 게 있어서.
윤재호	밥은?
윤지원	후딱 먹고 왔지. 할아버지 식사 내가 얼른 차려 드릴게.
윤재호	(끄덕이고) 그래, 어서 들어가서 갖구 와.

#11. 사택. 윤지원의 방. 낮

윤지원, 책상 서랍 제일 아래 칸에서 반지 케이스를 꺼내 든다.
픽 웃으며 고개를 젓고는 주머니에 챙겨 나간다.

#12. 사택. 부엌. 낮

윤재호 밥을 먹고, 그 앞에 앉아 있는 윤지원.
할 말 있는 얼굴로 윤재호를 보고 있다.

윤재호   너 뭐 할 말 있지, 할애비한테?

윤지원, 배시시 웃고는 불쑥 왼손을 내민다. 손가락에 반지가 있다.
긴장한 얼굴로 윤재호를 보고 있는.

윤재호   (보고 살짝 놀라는) 어이구... 둘이 아주 그동안 어떻게 참았대.
　　　　...겨, 결혼하게? (말해놓고 너무 섭섭한)
윤지원   당장은 아니야. 그냥 서로 마음만.
　　　　할아버지께 젤 처음으로 보여드리고 싶었어.
윤재호   (끄덕이며 한참 반지를 보다가) 하고 싶은 말이 많지마는 니가 좋으면
　　　　나는 그걸로 됐어.
　　　　필요한 거 있으면 할애비가 어떻게 해서든 최고로 해줄 테니까,
　　　　기죽지 말고 당당하게 굴어. 알았지?
윤지원   (웃는) 당연하지!
윤재호   얼른 가. 점심시간 끝나겠다.
윤지원   알았어요.

윤재호, 끄덕이며 다시 밥을 먹다가 윤지원을 애틋하게 본다.

#13. 상동. 낮

식사가 끝난 듯 행주로 식탁을 훔치는 윤재호. 혼자다.
잠시 생각하다가 의자에 앉아 핸드폰을 꺼내는.
연락처에서 〈석경태〉를 찾는다. 통화 버튼을 누를까 말까, 고민하다
가 에이, 핸드폰을 내려놓는.

윤재호   아유, 봐야 되는데... 꼴 보기 싫어.

심란한 얼굴로 절레절레 고개를 젓는다.

#14. 이사장실 앞 복도. 낮

경쾌한 발걸음으로 걸어오는 윤지원.
이사장실 문이 열리고 이기하가 나와 반대쪽으로 걸어간다.
문 앞에 다다른 윤지원 노크를 할까, 손을 올리는데 약지에서 빛나는
반지.
씩 웃고는 벌컥 문을 열고 반지 낀 왼손을 불쑥 집어넣는다.

#15. 이사장실. 낮

벌컥 열리는 문으로 불쑥 들어오는 윤지원의 손. 반지를 뽐내듯 손을
흔들다가 뿌듯한 얼굴로 짠- 하듯 들어오는데. 고요하다.
놀란 얼굴로 서 있는 석지원이 먼저 보이고 그 뒤로 더 놀란 석경태와
한영은이 보인다. 소파에 앉아 있다가 벌떡 일어나는 석경태.
윤지원 너무 놀라 눈이 커진다. 얼른 손을 뒤로 감추는데, 딸꾹질을
한다.

cut. to

정적 속에 둘러앉은 석경태 한영은과 석지원 윤지원.
못마땅한 얼굴의 석경태. 윤지원을 뚫어지게 보며 웃고 있는 한영은.
잔뜩 긴장한 윤지원과 그런 윤지원과 반지 낀 손을 번갈아 보며 씩 웃
는 석지원.

석경태   (버럭) 웃지 마!
한영은   (더 버럭) 소리 지르지 마요! 교양 없게.
        (윤지원 향해 나긋하게) 많이 놀랐죠?
윤지원   아닙... 아닙니다.
석경태   반지를 줘? 내 허락도 없이 둘이 아주 막 나가는구나?
석지원   지원이하고 정식으로 찾아뵈려고 했는데 보셨으니까 말씀드릴게요.
        저하고 지원이...
한영은   (감격으로 입을 틀어막고)
석경태   결혼? 그래 결혼해.

석지원과 윤지원 놀라서 석경태 보는데.

석지원   예? 아버지 지금 뭐라셨어요?

석경태, 부스럭거리며 옆에 있는 서류 봉투를 열어 여러 장의 사진과
서류를 꺼내 탁자에 착 뿌린다. 보면 여러 명의 프로필과 사진이다.

석경태   좋은 집안, 똑똑한 여식들이니까 다 만나보고 마음 맞는 사람이랑 결
        혼해.
석지원   (어이가 없는) 아버지 뭐 하시는 거예요!
한영은   이이가 미쳤나 봐. 이걸 왜 갖고 왔대?

하는데, 말없이 서류와 사진들을 가져와 보는 윤지원. 눈썹이 꿈틀한다.

석지원	보지 마. 볼 필요 없어. (하는데)
윤지원	(놓지 않고 하나씩 보는)
한영은	(석경태를 노려보고)
석경태	(뻔뻔하게 윤지원이 든 프로필을 힐끗 보고 석지원 향해)
	어, 장호식품 장 회장님 댁 막내딸. 미국에서 대학 나오고 지금 아버
	지 회사 다닌댄다. 그 뭐냐 취미가 클라이밍? 그런 거래. 예쁘지?
석지원	(화가 나서 뭐라 말하려는데)
윤지원	(담담하게) 예쁘네요.

석경태, 흠칫 놀라고. 석지원, 윤지원에게서 사진을 뺏어 던지듯 내려
놓는다.

석지원	(윤지원 손잡으며) 일어나. (하는데)
석경태	(윤지원 보며) 왜? 기분 나쁜가?
윤지원	(석경태 보며 싱긋 웃는다) 아니요. 괜찮습니다.
	대신 저에 대해서도 이렇게 들어주세요.
	제가 어떻게 살았고 뭘 좋아하고 어떤 생각을 가진 사람인지.
석경태	내, 내가 왜 그래야 하는데?
윤지원	제가 아드님을 많이 좋아합니다. 그래서 결혼하려고 하고요.
석지원	(윤지원을 보는)
석경태	들으면? 뭐 여기 이 사람들보다 윤지원 씨가 더 낫다 할 자신은 있고?
윤지원	네. 열심히 잘 살아왔다고 생각합니다. 그리고 아무리 봐도…
석경태	아무리 봐도?
윤지원	(미소로) 제가 제일 예쁩니다.
석지원	(입을 떡 벌리고)
한영은	(감탄으로 윤지원을 본다)
석경태	(뭐라 할 말이 없다. 입만 달싹거리고 있다)

#16. 라일락 벤치. 낮

멍한 얼굴의 윤지원이 석지원에게 이끌려 오고 있다. 앉히는 대로 털썩 앉는다.
가져온 물병을 입에 대주는 석지원. 여전히 멍한 얼굴로 몇 모금 마시는 윤지원.

윤지원 마지막에 그 말을 왜 했지? 잘 참다가 내가 왜 그랬지?
석지원 (진지한) 니가 젤 예쁘긴 했어.
윤지원 너라도 말렸어야지.
석지원 미안. 전혀 예상을 못 했어. 그런 말을 할 거라고는.
윤지원 (휙 보면)
석지원 (웃고 있다가 얼른 표정 관리한다)
윤지원 나 이상한 애로 보시겠지?
석지원 ...아냐.

석경태(E) 좀 이상하지 않아, 사람이?

#17. 학교 주차장. 낮

멍한 얼굴로 걸어오는 석경태와, 연신 웃으며 오는 한영은.

한영은 귀엽기만 하던데요? 그런 모욕을 줘도 생글생글 웃으면서.
석경태 그러니까. 내가 대놓고 그러는데 어떻게 그렇게 나오지?
한영은 당신처럼 치졸한 사람이 아닌 거야.
       윤지원 씨가 잘 받아줘서 다행이지 당신 진짜 꼴값이더라.
석경태 꼴값이 뭐야! 남편한테!
한영은 (딴소리) 저녁에 뭐를 해주지? 좋아하는 음식이라도 물어볼걸.

석경태 아이 씨... 이놈 멱살을 끌고 갈라고 왔더니 사람 정신을 쏙 빼놔서 얼떨결에 저녁까지 먹게 생겼잖아.

한영은 틀린 말 아닙니다. 당신 윤지원 씨를 그 집 손녀 말고 그냥 사람으로 한 번이라도 생각해 본 적 있어?

석경태 (잠시 생각하는) 없어. 내가 왜 그런 생각을 해?

한영은 쫌스럽긴. 그러면 왜 내가 집으로 초대할 때 가만있었어요?

석경태 석지원이 잡는 거보다는, 윤지원이를 포기시키는 게 쉬울 거 같아서. 와 보라 그래. 내가 제풀에 나가떨어지게 해줄 거니까.

절레절레 고개를 젓는 한영은. 석경태 결의를 다지는 얼굴로 가는 데서.

#18. 교무실. 낮

지친 얼굴로 제 자리에 앉는 윤지원. 아무 생각 없이 기지개를 켜는데. 뒤를 지나던 맹수아가 그런 윤지원의 팔목을 덥석 잡는다.

맹수아 어머, 이 영롱한 것 좀 보게?

장온유 (고개를 빼고 보다가 벌떡 일어나 다가온다)

변덕수 (의자를 쭈욱 밀어 순식간에 다가오는)

윤지원 눈이 왜 이렇게 좋을까, 우리 맹쌤은...

맹수아 (반지 요리조리 보며) 알이 커서 눈에 확 들어와.

장온유 어머 반지 너무 예뻐요, 선생님!

윤지원 (민망해서) 그냥 선물이죠, 뭐.

변덕수 (눈이 촉촉해서 보고 있는) 내가 결혼 결혼 염불을 외긴 했지만... 우리 지원이들이 언제 이렇게 다 커 가지구... 교복 입고 복도 뛰댕기던 때가 어제 같은데.

윤지원 (보다가 놀라서) 선생님?

장온유 어머 변 선생님, 우세요?

변덕수   (얼른 닦으며) 아냐, 울긴. 눈에 뭐가 들어가서 그래.

맹수아   (놀리는) 아유, 주례 탈락. 결혼식 때 아주 오열하시겠는데요?

변덕수   (부릅뜨며) 안 울었다니까? 봐, 안 울었어!

윤지원   (여전히 팔이 들어 올려진 채 허허 웃는다)

#19. 교무실 앞 복도. 낮

교무실을 향해 걸어오는 공문수.
보면, 열린 교무실 문 앞에 서 있는 차지혜.

공문수   (다가가) 안 들어가세요?

차지혜   (움찔하고) 아, 들어가야죠. (어색한 미소를 짓는데)

차지혜 시선을 따라가면 저만치 선생님들과 반지를 보며 웃고 있는
윤지원이 보인다.

차지혜   프러포즈 받았대요.

공문수   (윤지원의 반짝이는 반지를 본다)

차지혜   그렇게 오래 떨어져 있었어도 결국은 만나네.
저런 게 뭐, 운명 인연 그런 건가, 다른 사람은 끼어들 틈도 없는?

공문수   (쓸쓸한 얼굴로 계속 보고 있는)

#20. 학교 옥상 앞. 저녁 (10회 #34. 상황. 공문수의 회상)

윤지원을 찾아 뛰어오는 공문수.
살짝 열려 있는 문을 잡은 순간 들려오는 목소리들.

석지원(E) 니 옆에 있었다고.

윤지원(E) (서로 바라보다가) 혹시 나 병원에 있을 때 너 왔었어?

석지원(E) 응.

윤지원(E) (목소리 떨리는) 그때 날 구한 것도 너고?

잡고 있던 문고리를 툭 놓는 공문수. 그대로 천천히 돌아선다.

#21. 교무실 앞 복도. 낮 (현재)

공문수, 작게 고개를 젓고 보면, 차지혜 어느새 교무실로 들어가 윤지
원의 자리로 가고 있다. 윤지원의 손을 덥석 잡으며 웃는 차지혜.

차지혜   (밝게) 뭐야, 반지야? 나도 보여줘!

그 모습을 잠시 보다가 그대로 몸을 돌려 가는 공문수에서.

#22. 이사장실 앞 복도. 낮

문을 열고 나오는 석지원. 공문수가 그 앞으로 마주 걸어오고 있다.
눈이 마주치는 두 사람. 공문수가 먼저 멈춰 선다.

석지원   (서며) 나한테 할 말 있습니까?

공문수   네.

석지원   (보는)

공문수   늦었지만 고맙다는 인사를 해야 할 것 같아서요.

석지원   공문수 씨가 나한테요? 왜...?

공문수   본의 아니게 알게 됐습니다. 그때 옥상에서 선생님하고 저 구해주셨

다고.

석지원 아, 별일 아닌데요, 뭘. (어깨를 툭툭 쳐주고 가려는데)

공문수 근데 그때 어떤 마음으로 오신 거예요?
        왔다고 말도 못 하는 상황인데.

석지원 (가만히 보다가) 글쎄요 그때는, 왔다는 말을 못 하는 상황이어도 그
        냥 윤지원이 보고 싶었거든.

공문수 (끄덕이고. 불쑥 석지원을 향해 손을 내민다)

석지원 응? 아... (어색해하면서도 마주 손을 잡고)

악수를 나누는 두 사람. 공문수 짧게 고개를 숙여 보이고는 석지원을
지나쳐 걸어간다.

#23. 사택. 1층 거실. 밤

거실로 막 들어오는 공문수.

공문수 다녀왔습니다.

소파에 앉아 뭔가를 골똘히 들여다보고 있던 윤재호가 고개를 든다.

윤재호 어 문수 왔구나.

공문수 (옆에 와 털썩 앉는다) 뭐 보세요?

윤재호, 말없이 내밀면 젊은 윤재호와 윤호석, 정주희, 갓난아기인 윤
지원이 함께 찍은 지 오래된 사진이다.

공문수 (웃는) 이 아기가 선생님이세요?

윤재호 응. 우리 지원이 두 살쯤인가, 그때 찍은 거야. 귀엽지?

공문수   (끄덕이며) 네. 엄청 귀여워요. 할아버지도 멋지시고요.

윤재호   나도, 우리 아들도 며느리도 이렇게 보니까 젊다.
          이때가 엊그제 같은데 지원이는 언제 저렇게 어른이 되고,
          나는 어쩌자고 이렇게 늙었는지.

공문수   (보면)

윤재호   (마주 보며 씩 웃는) 참 좋을 때다. 젊고 팔팔하고.

공문수   저요? 하나도 안 좋아요. 좋아하는 것도, 사람도 놓치기만 하는데요.

윤재호   놓치기도 하고 그래서 울기도 하고 그럴 때가 좋은 거야.

공문수   할아버지도 그럴 때가 있으셨어요? 좋아하는 사람을 놓쳐본 적이요.

윤재호   있었지. 아주 오래전에.

공문수   힘들지 않으셨어요?

윤재호   힘들었어. 울기도 울었고. 근데 사실 간단한 문제거든.

공문수   (보면)

윤재호   그 여인이 딴 놈 땜에 울면은 붙잡아야지.
          무슨 수를 써서든 돌려세워야지. 근데, 딴 놈 땜에 웃으면은…
          그럼 보내줘야 해. 그놈 옆에서 저렇게 복사꽃마냥 환하게 웃으면서
          살겠구나 싶으니까 그냥 후련하더라고.

공문수   (웃는) 그런 거라면 간단하긴 해요.
          제가 좋아하는 사람도 정말 행복하게 웃거든요. 그놈 옆에서.

윤재호   (지그시 본다) 시간이 다 해결해 준다, 문수야.

          공문수 편안해진 얼굴로 끄덕인다.

#24. 석지원의 본가. 대문 앞. 밤

          단정한 차림으로 나란히 서 있는 석지원과 윤지원. 윤지원 커다란 꽃
          다발을 들었다.
          막 초인종을 누르려는 석지원. 그때 그런 석지원을 말리는 윤지원.

윤지원	잠깐만. (마주 서며 긴장한 얼굴로) 나 어때? 괜찮아?
석지원	(안쓰러운) 너 무리해서 만날 필요 없어. 다른 날로 미룰까?
윤지원	무슨... 어떻게 그래. 초대해 주셨는데.
석지원	엄마가 성격이 좀 급하셔. 아버지는 봐서 알겠지만 너한테 계속 무례하게 구실 거고.
윤지원	불구덩이라도 뛰어들기로 했는데 그 정도야 뭐.
	(머리 매만지며) 됐고 나 어떤데? 어디 흐트러진 데 없어?
석지원	(유심히 보는) 일단 예쁘긴 최고로 예쁘...
윤지원	(팔꿈치로 명치를 쿡 찌르며) 그만 놀리라고!
석지원	(아픈 척하며 웃으면)
윤지원	(흘겨보다가 긴장 풀리며 같이 웃는다)
석지원	들어가자.

윤지원, 끄덕이면 석지원 초인종을 누른다.

#25. 석지원의 본가. 밤

화려하게 차려진 식탁에 둘러앉은 석경태와 한영은, 윤지원과 석지원.
석지원 연신 반찬을 윤지원의 밥 위에 올려 주고 있다.

윤지원	(하지 말라고 작게 고개를 저으면)
석지원	(알겠다는 표정으로, 도로 가져가며) 아? 이거 싫어?
	(다른 반찬 올려주며) 그럼 이거 먹어 봐. 맛있어.
윤지원	(질끈 눈을 감는다)
석경태	(숟가락 탁 내려놓고 물을 벌컥벌컥 마신다) 애비한테는 식사하셨냐는 안부 전화 한 통 안 하는 놈이.
석지원	잘 드시잖아요.
석경태	아주 눈꼴시어서 못 보겠어.

윤지원	(꿀꺽 삼키는데 힘겹고)
한영은	아유, 둘이 번갈아 가면서 아주... 체하겠어.
	안 그래도 불편한 자린데.
석경태	불편한 자리에 뭐 누가 오래?
윤지원	안 불편합니다. 꼭 한번 뵙고 싶었어요.
석경태	(퉁명스럽게) 입에 침도 안 바르고 거짓말은.
석지원	(동시에) 아버지!
한영은	(동시에) 여보! 왜 이렇게 사람이 못됐어? 집까지 불러놓고는.
	(윤지원 보며) 이해해요. 저이가 천성이 좀 까칠해.
석지원	그래, 원래 저런 분이셔.
윤지원	(웃는) 안 그러시던데.

세 사람, 동시에 윤지원을 보면.

윤지원	기억하실지 모르겠는데, 저 초등학교 1학년 때 우산이 바람에 날아가
	버려서 비를 쫄딱 맞으면서 가고 있었거든요.
	넘어져서 무릎도 까지고.

#26. 마을 일각. 낮 (과거)

책가방으로 비를 가리고 절뚝이며 걷고 있는 여덟 살 윤지원.
무릎에 피가 맺혀 있다. 울고 싶은데 참고 있는 얼굴이다.
그때 머리 위로 슥 드리워지는 우산. 올려다보면 점퍼 차림에 서류 가
방을 든 젊은 석경태다. 마뜩잖은 눈으로 보며.

석경태	우산 어쨌냐.
윤지원	(울먹) 날아갔어요.
석경태	칠칠치 못하게.

윤지원   (훌쩍하고는) 칠칠치 못한 게 뭐예요?

석경태   너처럼 여덟 살이나 먹어놓구 넘어지고 우산도 잃어버리고 그런 거. 하여간 윤씨 집안들...

윤지원   (삐죽하는데)

석경태   (몸을 숙여 무릎을 살펴보고는 귀찮은 얼굴로 혀를 찬다)

#27. 슈퍼 앞. 낮 (과거)

여전히 비가 내리고. 슈퍼 앞 의자에 앉아 아이스크림을 먹는 윤지원.
석경태 여전히 귀찮은 얼굴로 무릎에 반창고를 붙여준다.

#28. 윤재호의 옛날 집 앞. 낮 (과거)

대문 앞에 서서 꾸벅 인사를 하고 고개를 드는 윤지원.
이미 등을 돌린 석경태. 발을 떼려다가 휙 돌아보며.

석경태   어이, 너네 집에 이거 비밀이다.

윤지원   네.

석경태   (가려는데)

윤지원   아저씨.

석경태   왜?

윤지원   (주머니에서 캐러멜 하나를 꺼내 내밀며) 고맙습니다.

석경태, 물끄러미 보다가 받아서 대충 주머니에 넣고 돌아서서 간다.
가는 석경태의 한쪽 어깨가 다 젖어 있다.

#29. 석지원의 본가. 부엌. 밤

얼떨떨한 표정의 석경태.

윤지원 그때 다정하셨어요. 말은 퉁명스럽게 하셨지만 분명히 다정한 분이라
       고 생각했습니다. 지금도 제가 미우서서 그렇지 천성이 그러신 분은
       아니세요.
석경태 (윤지원을 빤히 본다)
한영은 (씩 웃는) 그러고 보니 우리 태어날 때부터 쭉 본 사이네.
       한 마을에서. 그렇지?

       석지원과 윤지원, 한영은이 웃는데.

석경태 (그때가 떠오른 듯 희미하게 웃다가 얼른 정신 차리고)
       거 괜히 분위기 훈훈하게 만들지 마!

       헛기침을 하며 전투적으로 밥을 먹기 시작하는 석경태. 힐끗 보면 석
       지원과 윤지원이 마주 보며 작게 얘기를 나눈다. 윤지원을 사랑스럽
       게 보는 석지원을 가만히 보는 석경태에서.

#30. 석지원의 본가. 현관. 밤

곤란한 얼굴로 현관에 내려선 윤지원.
이마를 짚고 있는 한영은. 석경태와 석지원이 다투는 중이다.

석경태 있으라고!
석지원 그니까 왜 의논도 없이 집을 빼세요. 그런 식으로 하시는데 제가 집에
       들어오면 앞으로도 계속 그러실 거잖아요.

절대 싫습니다. 갈게요. (내려서려는데)

석경태 야! 석지원! (하는데)

윤지원 (낮게) 지원아, 나랑 잠깐 얘기 좀 할까?

#31. 석지원의 본가. 밤

거실 통창 앞에 서서 밖을 내다보고 있는 석경태와 한영은.
대문 앞에 서 있는 윤지원과 석지원. 윤지원이 뭔가 말하면, 석지원
항변하듯 맞서보다가, 시무룩해졌다가 결국 알겠다고 고개를 끄덕이
고 있다.

석경태 (어이가 없는) 아까 내 앞에서 바락바락 대들던 놈 맞아?

한영은 (픽 웃고) 딴사람 같긴 하다. 쟤가 저런 얼굴이 있네, 여보?

#32. 정원. 대문 앞. 밤

마주 서 있는 석지원과 윤지원.

윤지원 (엄하게) 다시 한번 말하지만, 우리 아버님하고 싸우고 이겨야 하는
        거 아니다? 기다리고 설득하는 거야. 알아들었어?

석지원 알아들었어. (문 열며) 그럼 너 데려다주고 다시...

윤지원 (학생 혼내듯 쏩- 하고) 택시 타고 간다고 했지?
        빨리 들어가. 빨리!

불만이 가득한 얼굴로 선 석지원을 두고 대문을 열고 나가는 윤지원.
한숨을 푹 쉬고 돌아서는 석지원.

#33. 석지원의 본가. 현관. 밤

들어오는 석지원. 한심하다는 듯 보고 있는 석경태와 마주치면 흠칫 한다.
눈을 피하며 2층으로 향하는데.

석경태   아주 선생님 말씀을 학교 다닐 때보다 더 잘 듣는구만?
석지원   (휙 돌아보며 발끈) 제 결정입니다.
석경태   놀구 있네.
석지원   (민망하다. 잰걸음으로 가고 나면)
석경태   (혼잣말) 쳇, 뭐 싹싹하고 똑 부러지면 단가?
         그래봤자, 윤재호 손녀야. (다짐하듯) 안 되는 건 안 되는 거야.

         휙 돌아서서 가는 석경태에서.

#34. 사택. 윤재호의 방. 밤

불이 꺼진 방. 누워 있는 윤재호. 눈을 뜨고 자리에서 일어난다.
불을 켜고 한편에 놓인 서랍에서 상자 하나를 꺼내는.
열어보면 여러 개의 통장과 도장, 문서 등이 들어 있다.
통장을 하나하나 열어보는 윤재호. 신통치 않다는 듯 작게 한숨을 내쉬다가 서류 하나를 들어 꺼내 보면 〈등기권리증〉이다.
넘겨 가며 보는 얼굴에서 암전.

#35. 이사장실. 낮

문을 등지고 서서 석지원의 책상 위 서류 등을 챙기는 이기하.

어깨에 핸드폰을 끼우고 통화 중이다.

이기하   예. 다 챙겼고요. 어떻게 그래도 본가로 들어가셨네요, 전무님.
        (웃고) 예예. 저도 재무팀으로 바로 들어갈까요? 네 알겠습니다.

전화를 끊고 돌아서는 이기하. 문 앞에 서 있는 지경훈.

지경훈   이사장님 안 계신가 보네요. 보고드릴 게 있어서 왔는데.
이기하   (서류를 슬쩍 감추며) 아, 오늘 본사에 일이 있으셔서.
        급한 일이시면 연락을 드려볼까요?
지경훈   아뇨, 그런 건 아닙니다. 수고해요.

#36. 학교 주차장. 낮

운전석에 앉아 있는 지경훈. 뭔가 생각하는 듯 골똘한 얼굴이다.
시동을 건다.

#37. 석반건설 회의실. 낮

회의실에 마주 앉은 석지원과 재무팀장.

재무팀장 (서류를 내밀며) 행정실장님이 재단 상황이 엉망인데도 꾸준히 해드
            셨네요. 보시면 금액은 크지도 않습니다.
석지원   (심란한. 서류를 끌어와 넘겨본다)
재무팀장 금액을 부풀려서 백마진을 받은 것도 있고, 허위 거래처도 있습니다.
            법무팀 연락해서 법적 절차 밟도록 할까요?
석지원   그래야겠죠. (일어나며) 고생하셨습니다.

석경태(E) 내가 지금 뭐 잘못 들은 거 아니지?

#38. 석반건설 회장실. 낮

착잡한 얼굴로 고개를 푹 숙이고 있는 지경훈.
그 앞에 어이없다는 얼굴로 앉은 석경태. 손에 든 청심환을 씹으려다 멈춘 상황이다.

석경태   너 지금 그동안 재단 돈 횡령했다고 나한테 고백하는 거 맞아?
         아니 자수라고 해야 하나?
지경훈   예.
석경태   뜬금없이 제 발로 찾아와서?
지경훈   그러면 안 된다는 거 알면서 아이랑 애 엄마 미국 가 있는 동안 상황이
         너무 힘들었습니다, 형님. 그래서 어쩔 수 없이.
석경태   이야, 지경훈이 너...
지경훈   (입술을 깨무는) 제발 법적인 조치는 하지 말아주십시오.
         행정실장직 내려놓고 돈도 다 돌려놓겠습니다.
석경태   (황당하다는 듯 웃는) 돌려놓을 돈은 있고?
지경훈   돌려놓겠습니다. 한 번만 선처해 주십시오. 부탁드립니다.
석경태   (가만히 보다가) 뭐 그때는 내 돈도 아니었으니까 한 번은 넘어가는데.
지경훈   (살았다 하는 얼굴로 보면)
석경태   내 재단이 된 이상 다신 장난칠 생각 하지 말아. 알았나?
지경훈   그럼요! 형님. 제가 절대로, 다시는...
석경태   골프장 짓는 데 이래저래 힘쓰는 거 알아서 봐주는 거야.
         (청심환 씹으며) 가 봐.
지경훈   (공손한 얼굴로 일어나 인사를 하고 몸을 돌리면)
석경태   근데 너 필요해서 내 편 하자 하긴 했지만, 윤재호 뒤통수를 아주 세게
         후려갈기는구나? 아버지라면서.

멈칫하는 지경훈. 얼굴은 방금과 달리 짜증이 가득하다.

천천히 문으로 걸음을 옮긴다. 지경훈 나가고 나면.

석경태 고개를 절레절레 흔들며 잠시 생각에 잠겼다가 핸드폰을 꺼내 든다.

연락처에서 〈영감탱이〉 찾아내고 통화 버튼을 누를까 말까 하는데, 갑자기 울리는 벨. 화들짝 놀라서 보면 윤재호로부터 온 전화다.

석경태   (받고 가만있으면)

윤재호(F) 좀 보세. 우리.

석경태   (삐죽하고) 그럽시다?

#39. 석반건설 엘리베이터 앞. 낮

기다리고 있는 지경훈. 엘리베이터가 도착하면 올라탄다.

거의 동시에 옆 엘리베이터에서 내리는 석지원.

지나다가 안에 타고 있는 지경훈을 본다.

멈칫하는 사이 문이 닫히고 내려가는 엘리베이터. 지경훈은 석지원을 보지 못하고.

#40. 석반건설 로비. 낮

나란히 걸어 나오는 석경태와 석지원.

석경태   글쎄, 그냥 덮어.

석지원   못 덮습니다. 재단이 그 지경인데 그런 짓을 했어요.

         그걸 어떻게 덮습니까?

석경태   (힐끗 보는) 그러니까 덮어. 재단이 그 지경인데 아들 삼은 놈이 그런 짓 한 걸 윤재호 그 영감탱이가 알면 어떻게 되겠냐?

석지원   (멈칫한다. 발을 멈추고 석경태를 보면)

석경태   (멈춰 서서) 골프장 세울 때까지는 살아있어야, 내가 실컷 약을 올리
지. 돈도 채워둔대잖어.
학교도 골프장에도 어쨌든 이래저래 써먹을 놈인데 시끄럽게 일 키울
필요 없어.

석지원   그 사람 말을 어떻게 믿습니까?
자기 불리한 패를 저렇게 먼저 내놓는 게 안 이상하세요?
뭔가 더 숨기고 싶은 패가 있으니까 저렇게 납작 엎드리는 거예요.

석경태   (다시 걷기 시작하는) 그럼 뭐라도 더 찾아오든가.

석지원   (한숨을 내쉬고) 아버지...

석경태   (신경도 안 쓰고 가던 길 계속 가고)

석지원   얘기 안 끝났는데 어디 가세요?

석경태, 대답하기도 귀찮은 듯 손 휙휙 저으며 문밖으로 나서고.
혼자 남은 석지원은 생각에 잠긴다.

#41. 동네 부동산. 낮

부동산 사장(50대 남)과 마주 앉아 있는 윤재호.
탁자에 **#34.**의 등기권리증이 놓여있다. 집어 드는 사장.

사장   이걸 지금 파시게요?

윤재호   (끄덕이면)

사장   손녀딸 결혼자금이라고 마지막에 마지막까지 남겨 두신... (하다가)
어? 윤 선생 결혼해요?

윤재호   어떻게, 임자가 있겠는가?

사장   여기는 골프장하고 완전히 가깝지는 않지만 그래도 덩달아 들썩들썩

하고 있는데 지금 파시면 좀 아깝지요.

윤재호 내놔줘.

사장 아유 아까운데. 웬만하면 좀 기다리세요, 어르신.

윤재호 (대답 없이 일어나면)

사장 아유 잠깐 앉아보세요. 왜 이렇게 급하서?

윤재호 (나가며) 약속 있어. 그냥 팔아 줘.

그대로 나가는 윤재호. 얼른 같이 일어나는 사장. 뭔가 말하려다가 마는 데서.

#42. 부동산 앞. 낮

문을 열고 나오는 윤재호. 천천히 걸어가는데. 잠시 후 따라 나오는 사장.
잠시 망설이다가 결심한 듯.

사장 저, 어르신!

윤재호 (돌아보는)

사장 돈이 급히 필요하신 거면 지 실장한테 말씀해 보시지.

윤재호 우리 경훈이?

사장 (긁적이며) 저도 최근에 알았는데 뭐 이 일대 땅이 다 지 실장 거예요. 저건 그냥 갖고 계시고 지 실장하고 의논해 보세요.

윤재호 무슨 소린가? 외국에 있는 가족들에게 월급 다 보내면서 작은 오피스텔에서 사는 애야. 근데 땅이 있다니?

사장 (에휴) 거기 지금 살지도 않아요.
독목산 뒤편에 서울 어디 회장님 별장이라고 지었던 데 있잖아요?
입구부터 으리으리한 거기, 지 실장 지금 거기 산다구요.

윤재호 뭐? 걔가 무슨 돈으로...

사장	그러니까요. 지 실장 최근에 어마어마하게 사들였더라고요.
	골프장 올라가면 지 실장 재벌 될 판이에요.
윤재호	이 사람이 무슨 말도 안 되는...
사장	(에라 모르겠다) 아유, 어르신만 몰라. 알 사람은 다 알아요!

윤재호, 믿을 수 없다는 얼굴로 바라보는데.

#43. 마을 식당. 낮

식당으로 막 들어서는 석경태. 적당히 비어 있는 자리에 앉는다.

석경태	(중얼) 피차 껄끄러운 사이에 밥은 무슨...

종업원이 앞에 물이 담긴 컵을 놓아주고.

cut to.
어느새 바닥난 물컵.
짜증이 난 얼굴로 앉아 있는 석경태. 시간을 확인하는.

석경태	씨... 엎어지면 코 닿을 데 살면서 늦어? 하여간 맘에 안 들어...
	맘에 드는 게 하나도 없어.

하며, 앞에 놓인 물컵을 드는데 유리 밖으로 식당 앞을 지나쳐 걷고 있
는 윤재호가 보인다.

석경태	어? (일어난다)

#44. 마을 일각. 낮

아까와 달리 멍한 얼굴로 비틀거리며 걷고 있는 윤재호.
성난 얼굴로 빠른 걸음으로 윤재호에게 다가가는 석경태.

석경태   영감님! 사람 기다리는데 뭐 하는 거요!?
윤재호   (반응 없이 걷던 길 걷는)
석경태   (짜증이 나서) 아니, 저 양반이... 벌써 귀가 멀었나?

뛰다시피 달려가 윤재호의 어깨를 잡아 돌리는 석경태.
저항 없이 획 돌려지는 윤재호.

석경태   영감님! 왜 부르는데 대답을 안 해요?
         (하다 윤재호 얼굴 보고 멈칫하는)
윤재호   (멍한 얼굴로 보다가, 갸웃하는) 누구시더라...?
석경태   (놀랐다가 바로 성내는) 지금 장난합니까?
         사람 먼 길 불러놓고는 이게 무슨 짓이야.
윤재호   (겁먹은 듯 움찔 물러나며 움츠러드는데)
석경태   (침을 꿀꺽 삼키고) 영감님... 나 모르시겠어요?
         나 석경태요! 벼멸구!

라고 말하며 윤재호의 어깨를 잡고 흔드는 석경태.
윤재호, 순간 머리를 짚으며 비틀, 무릎이 꺾인다.
놀라서 황급히 잡아주는 석경태.

#45. 병원 응급실. 밤

침대에 누워 링거를 맞고 있는 윤재호.

그 앞에 앉아 미간을 찌푸리고 있는 석경태.

인서트 > 리조트 로비. 밤 (8회 #69.)
윤재호의 전화를 받은 석경태.

석경태   뭡니까? 내가 지금 바쁘니까...
윤재호(F) *호석아, 바쁘냐?*
석경태   (하다가 표정이 굳는) 지금 뭐라고 하셨어요?
윤재호(F) *나다. 바빠도 내 말 좀 들어봐라. 거 석가네 아들 석경태 그*
놈 있잖아...
석경태   영감님, 술 취하셨어? 나 석경태요!

석경태, 뭔가 고민을 하다가 핸드폰을 꺼내 전화를 걸려는데.
툭 뻗어와 석경태를 말리는 팔. 보면 윤재호 눈을 뜨고 있다. 천천히
몸을 일으키는.

석경태   (불안한 얼굴로) 내가 누굽니까?
윤재호   (빤히 보다가) ...벼멸구.
석경태   (짜증이 나면서도 안도해서) 거 사람 놀라게 진짜!
윤재호   우리 애한테 말하지 말어. 늙으면 그럴 수도 있는 거야.
나올 때 더워서 머리가 핑 돌더니만.
석경태   아니, 그걸 지금 말이라고...
윤재호   (말 막듯이) 자네 경훈이한테 땅 주면서 꼬드겼나?
석경태   뭐요? 내가 걔한테 땅을 왜 줍니까?
윤재호   골프장 올리면 팔아서 큰돈 벌라고, 땅 주면서 자네 편 만들었냐 이 말
이야.
석경태   무슨... 마을 사람들하고 나보다 잘 아니까 입이나 좀 털라고 끼고 있
는 거지, 걔가 골프장 짓는 데 뭐 얼마나 역할을 한다고 그런 걸 줍니까?
열심히 잘하면 뭐, 골프장 매점 자리나 하나...

윤재호   (보는)

석경태   (아차! 입을 다물었다가, 문득) 그놈 혹시 골프장 근처 땅 샀습니까?
         와, 이 자식 이거 진짜...

윤재호   (목소리 떨리는) 자네는 준 게 정말로 없다는 거지?

         석경태 뭔가 말하려다 시선을 내리면, 이불을 꽉 쥔 윤재호의 손이 떨
         리고 있다.
         절망과 두려움이 뒤섞인 표정이다. 석경태 역시 심란한 마음으로 윤
         재호를 본다.

지경훈(E) 다 세울 때까지 기다릴 것도 없어.

#46. 지경훈의 별장 안. 밤

         거실 소파에 앉아 통화를 하는 지경훈. 탁자에는 술병과 반쯤 마신 잔
         이 놓여 있다.

지경훈   골프장 승인만 나도 땅값 많이 오를 거니까 다 팔아서 정리하고 나도
         미국으로 가려고. (사이) 당신이랑 동원이도 보고 싶고.
         노인네들 뒤치다꺼리도 신물 나. 땅 살 사람하고도 얘기 다 됐어.
         그래, 얼마 안 남았어. 곧 보자, 여보.

         전화를 끊고 무언가 생각을 하다가 비웃고 술을 마저 마시는 지경훈.

#47. 별장 전경. 밤

         숲속, 잘 정리된 정원 안에 있는 크고 웅장한 지경훈의 별장.

발코니 창 안으로 소파에 앉은 지경훈의 모습이 보이는 위로,
도어락 전자음 삑- 소리 들리며.

#48. 사택 앞. 밤

현관 앞 도어락 앞에 선 윤재호, 키패드를 하나 누르고 순간 머뭇거린다.
초조해지는 표정, 키패드 화면 불이 꺼지면 다시 켜고.
한 번 더 눌러보지만, 문은 열리지 않는다.
다시 시도를 해 보지만, 생각이 나질 않는다. 눈을 질끈 감았다 뜨는
윤재호.
화면 불이 꺼질 때까지 아무 번호도 누르지 못하는데.
그때, 들리는 기척에 놀라서 돌아보면 서 있는 공문수.

윤재호   (당황해서) 언제 왔어?

키패드와 윤재호를 문득이 번갈아 바라보는 공문수,
점점 눈빛이 불안함에 흔들리는데.

#49. 사택. 거실. 밤

심각한 표정으로 마주 앉은 두 사람.

윤재호   (애써 담담하게) 내 나이 되면 깜박깜박하는 게 당연하지.
공문수   그렇긴 한데... 그게 그래도요, 할아버지.
         (조심스럽게) 이런 비슷한 일 또 없으셨어요?
윤재호   (아무 대답도 할 수 없고)
공문수   실은 저희 할머니가...

윤재호	(한숨을 푹 쉬며) ...치매셨나?
공문수	(마음이 아픈. 끄덕이고) 절대 혼자 숨기시면 안 돼요.
	그게 제일 위험해요, 할아버지. 오늘 윤 선생님 오시면 바로,
윤재호	알았어. 내가 검사 꼭 받으러 가지. 아닐 수도 있는데 뭐 하러 미리 말
	해, 애 마음만 불안하게.
공문수	그래도... (하는데)
윤재호	내가 진짜 오랜만에 보거든. 지원이가 저렇게 행복해하는 거.
	그래서 무섭다, 문수야. 나 때문에 우리 애가 울게 될까 봐.
	그러니까 조금만 시간을 줘라. 내가 꼭 병원 가마.
공문수	(안타까운) 네. 그래도 혹시 모르니까 핸드폰 줘 보세요.
윤재호	왜? 어디 연락하게?
공문수	그게 아니고. 위치추적 어플 깔아드릴게요.
	할머니 가끔 사라지시면 이걸로 찾곤 했거든요. 그냥 혹시 몰라서요.
	이게 있으면 어디 계시든 저희가 찾으러 갈 수 있어요.
윤재호	(망설이다가 휴대폰 건네며) 미안하다. 니가 안 해도 될 걱정을 하는
	구나.
공문수	그런 말씀 하지 마세요. 그리고 할아버지 말씀대로 그냥 정말 아무것
	도 아닐 수 있으니까 병원 꼭 가세요. 제가 같이 가드릴게요.

윤재호, 옅게 웃으며 끄덕인다.
어플을 설치하는 공문수를 보며 생각에 잠기는 얼굴에서.

#50. 사택. 윤재호의 방. 밤

막 세수를 마친 듯 수건을 목에 건 윤지원이 의아한 얼굴로 앉아 있고.
그 앞에 마주 앉은 윤재호. 바닥에는 #34.의 통장이며 수첩 등이 놓
여있다.

윤지원	이게 다 뭐냐니까, 할아버지?
윤재호	(통장들 챙겨서 건네며) 비밀번호는 수첩에 다 적어놨다.
	그리고 이거는 (문서 건네며) 부동산에 내놓은 땅이야.
	팔리면은 너한테 연락이 올 거다. 박 사장 부동산에 내놨어.
	그리고 (수첩 들어 넘기며) 여기서부터 친척들 연락천데...
윤지원	(다 내려놓으며) 뭐야, 갑자기 나한테 왜 이런 거 알려주시는 건데. 기분 이상하게.
윤재호	미리미리 준비하는 거야, 그냥.
윤지원	그러니까 뭘! 뭘 준비하시는 거냐고.
윤재호	(할 말이 없다. 끍적이다가) 내가 늙기도 했고, 너도 이제 곧...
윤지원	할아버지! 나 당장 어디 안 가! 결혼 바로 할 거 아니라니까?
윤재호	(물끄러미 보며 끄덕이는) 너무 미루지는 말고.
윤지원	어? 뭐야. 나 빨리 보내고 싶으신 거야?
윤재호	누가 그렇대? 건강할 때 니 손잡고 들어가고 싶어 그러지.
	내가... 건강할 때.
윤지원	(와락 걱정으로) 할아버지 어디 아프서?
윤재호	아이구 아냐, 무슨 말을 못 해, 하여간. (주섬주섬 챙겨 상자에 넣고)
	이거 여기 서랍에 두니까 그렇게 알고. 어서 가 자라.

윤지원, 여전히 미심쩍은 얼굴로 일어나 문으로 가다가 문득 뒤돌아보면 윤재호 침대에 등을 돌리고 눕는 중이다. 그 등이 유난히 작아보인다.
윤지원 물끄러미 보고 있다.

cut. to
반듯하게 누운 윤재호. 그 곁에 옆으로 누워 종알대고 있는 윤지원.

윤지원	이렇게 있으니까, 옛날에 우리 정전되면 다 같이 모여서 잤었잖아.
	할아버지랑 나랑 엄마, 아빠랑. 그때 같아. 그치?

윤재호 (웃는) 나는 됐다는데도 깜깜하면 할아버지도 무서워서 안 된다고 하도 울어대서 거실에서 다 같이 잤지.

윤지원 어차피 불 끄고 자는데 나도 참 어렸다.

윤재호 대여섯 살 때니까 애기지 뭐.

윤지원 (졸리다. 하품을 하는) 할아버지도 그때가 다 기억나?

윤재호 나다마. 너 태어났을 때, 돌잡이 때 다 기억나지.

윤지원 나 뭐 잡았다 그랬지? 들어도 맨날 까먹어.

윤재호 (떠올리며 행복한) 손도 쪼끄만 게 양손을 이러고 뻗어서 판사봉도 잡고, 돈이랑 실도 움켜쥐고 그랬지.

윤지원 맞아. 한 번에 세 개 잡은 애는 첨 본다고 다들 그랬다 그랬지.

둘, 동시에 웃다가, 윤재호 별안간 몸을 돌려 협탁에 켜놓은 조명을 끈다. 깜깜해진다.

윤지원 왜에?

윤재호 (겨우) ...자야지, 이제.

윤지원 벌써? 알았어. 안녕히 주무세요, 할아버지.

윤재호 그래, 너두.

cut. to
여전히 어두운 방. 윤지원 깊이 잠들어있고,
윤재호 옆으로 돌아누워 잠든 윤지원을 보고 있는데 눈물이 툭 떨어진다.

윤재호 (다짐처럼) 그래 말도 안 되지. 그 오랜 세월도 이렇게 다 기억이 나는데 무슨... 잠깐 깜박한 거야, 잠깐.
이놈을 두고... 절대 안 돼. 안 되고말고.

윤재호, 손을 뻗어 윤지원의 머리를 애틋하게 쓰다듬는 데서 암전.

소파에 앉아 있는 석경태. 침통한 얼굴로 청심환을 씹고 있다.

그 앞에 선 석지원과 이기하. 석지원이 이기하가 건넨 서류들을 넘겨본다.

이기하 그때쯤 집도 여러 채 사고, 부채 있던 걸 다 정리하셨습니다.

앞 아이 유학 비용 보내던 것도 금액이 확 늘었고요.

석지원 그게 2014년이란 거지. 회사가 자금난으로 문 닫고 난 직후.

이기하 예. 그리고 최근에 가진 부동산들 죄다 팔아서...

석지원 골프장 근처 땅을 샀고.

이기하 예. 그건 딱 회장님께서 재단 인수하기 직전입니다.

앞 골프장 들어설 거 아무도 모를 때요.

석경태 나한테 들어서 갠 알고 있었을 때지.

석지원 (덮고, 이마를 짚는)

이기하 재단 횡령이 문제가 아니라 그 전부터 비슷한 방법으로 재산을 불려

앞 오신 게 아닐까 싶은데.

석지원 (석경태를 보면)

석경태 (착잡한) 그 회사 망한 게 윤호석이 때문은 맞는 거냐?

이기하 그건 좀 더 알아보겠습니다.

석지원 이제는 덮을 수가 없겠는데요, 아버지.

석경태 (일어나며) 법무팀이랑 얘기해서 확실해지면 움직여.

석지원 예.

석경태, 속이 복잡한 듯 아유, 하며 소파에 머리를 기댄다.

인사를 하고 나오는 석지원과 이기하.

석경태 주머니에서 명함을 꺼내 들여다본다. 〈한국대학교병원 신경과 교수 최효진〉 고민하는 얼굴로 보고 있는.

#52. 석반건설. 복도. 낮

나란히 걷고 있는 석지원과 이기하.

석지원   따로 부탁한 건 알아봤니?

이기하   예. 골프장 승인 관련해서는 차도식 시의원하고 지경훈 실장님이 주
          도를 해 온 것 같습니다. 승인이 빨리 나도록 이리저리 손을 쓰신 것
          같아요. 약속은 잡아 놨습니다.

석지원   (머리가 아픈) 고생했어. 가자.

이기하의 어깨를 툭 치고 가는 석지원. 따르는 이기하에서.

#53. 시의원 사무실. 낮

긴장한 얼굴의 차도식, 침을 꿀꺽 삼킨다.
맞은편에 앉아 있는 석지원.

차도식   그러니까 자네가 알고 싶은 게...

석지원   (예의 바른 얼굴로) 예, 그러니까 저희 쪽에서 골프장 건설 승인을 앞
          당겨달라는 청탁과 함께 금품을 받으셨느냐 하는 겁니다.

차도식   나, 나는 별로 안 받았... 아니 근데 안 되는 걸 되게 한 게 아니라, 그
          냥 좀 과정을, 자네도 알겠지만 허가 과정이 정말 길어도 너무 길어? 1년
          씩 걸리잖아? 그걸 좀 스피드 있게, 응?

석지원   받으셨군요.

차도식   아니 지경훈이가 그냥 막 막무가내로 안기는 걸 어째?
          나는 진짜 근데 돈이 문제가 아니고 그냥 의리로...!

석지원   제출한 허가 관련 서류들은 다시 검토하고 내겠습니다.
          시간이 얼마가 걸리든 적법한 절차대로만 진행되게 해주십시오.

차도식   ...자네 아버지하고는 얘기가 된 건가?

석지원   (일어나며) 책임자는 접니다. 아버지껜 제가 말씀드리죠.
         안녕히 계십시오.

         깊이 고개를 숙여 인사를 하고 돌아서 나가는 석지원.
         차도식 당황한 얼굴로 보고 있다.

#54. 체육관. 낮

         벽에 기대 휴대폰을 보고 있는 공문수, 휴대폰 화면엔 위치추적 앱이
         켜져 있고.

윤지원(E) 뭘 그렇게 심각한 표정으로 봐?

         보면, 어느새 다가와 공문수의 휴대폰에 시선이 가 있는 윤지원.

공문수   (얼른 휴대폰 내리며) 아니에요, 아무것도.

윤지원   공쌤 오늘 좀 이상한데?

공문수   제가요? 아닌데... (앞에 놓인 도구들 정리하는)

윤지원   (장난처럼 말하나 진지한) 날 피하는 거 같은데?

공문수   제가요? 아닌데...

윤지원   봐. 지금도 은근히 눈 피하고.

공문수   아니에요.

윤지원   아침에도 할아버지랑 무슨 얘기 하다가 나 나오니까 둘 다 딱 말을 멈
         추던데. 아니야?

공문수   (찔리는) 그건 그냥. 별 얘기 아니었어요.

윤지원   (잠시 보다가) 할아버지가 혹시 공쌤한테 무슨 얘기 한 건 없고?

공문수   무슨 얘기요?

윤지원	아니, 할아버지가 나 땜에 좀 심란하신 거 같아서. 안 하던 얘기도 하시고 이것저것 정리하시려는 것도 그렇고.
공문수	할아버지가 좋아하세요. 옆에 이사장님 계시는 거.
윤지원	(피식 웃고) 할아버지가 그래서?
공문수	(끄덕인다)
윤지원	다행이네. 할아버지가 공쌤한테 털어놓는 얘기 있음 또 말해줘? 나한텐 좋은 얘기만 하시려고 해서.

공문수, 윤지원을 보며 말을 할까, 머뭇거리는데 그때 문 열리면서 들어오는 학생들.
체육관 순식간에 소란스러워지고 윤지원, 학생들에게 다가간다.

#55. 석경태의 집. 거실. 낮

소파에 앉아 있는 석경태와 한영은.
한영은 복숭아를 깎아 석경태 앞의 접시에 놓아준다.

한영은	잡숴봐요. 달아. (슬쩍) 우리 아들 여자 친구네도 좀 보낼까?
석경태	(복숭아 하나 먹으려다가) 쓸데없는 짓 마.
한영은	맛있는 거 같이 먹으면 좋잖아요. 지원이는 바쁠 거고 어르신은 이런 제철 과일 챙겨 먹기도 힘드실 건데.
석경태	알아서, (하다가) 알아서 하긴 개뿔.

하는데 울리는 휴대폰 벨소리. 보면 저장하지 않은 번호이고.

석경태	(전화를 받으며) 네.
병원(F)	어제 응급실에서 진료받으셨던 윤재호 님 보호자 맞으십니까?
석경태	예? 보호자는 아니고... 그냥 뭐.

병원(F)	윤재호 님 신경과 검사 관련해서 내원하시기로 했는데 연락을 안 받으셔서요.
석경태	(한숨이 절로 나오고)
병원(F)	...여보세요?
석경태	네. 제가 전하겠습니다.
	(서둘러 전화를 끊고 짜증 내는) 이놈의 영감탱이. 뭐 하는 거야?
한영은	왜요? 어딘데?

석경태, 대답 안 하고 윤재호에게 전화를 걸지만 받지 않는다.

한영은	무슨 일인데 그래요? 아까 보호자 어쩌고 하는 것 같던데?
석경태	우리 일 아니야.
한영은	근데 당신한테 연락이 와요?
석경태	(한숨 쉬더니 일어서는) 아유 몰라, 나도!

짜증 내며 방으로 향하는 석경태.

#56. 교무실. 낮

자리에 앉아 반지를 만지작거리며 생각에 빠져 있는 윤지원.
제 자리에서 가방과 옷을 챙겨 나가던 차지혜가 그런 윤지원을 툭 친다.

차지혜	퇴근 안 하고 뭐 해?
윤지원	어? 가야지.
차지혜	왜, 반지까지 받고 나니까 싱숭생숭하니?
윤지원	아냐...
차지혜	(옆에 앉으며) 그럼 무슨 일 있어? 혹시 석지원네서 뭐라 해?
윤지원	(고개 젓고) 그냥 좀 싱숭생숭해, 니 말대로. 할아버지도 걱정이고.

나 요새 한가한가. 별생각이 다 든다?

차지혜   무슨 생각?

윤지원   내가 이렇게 행복해도 되나. 혹시 실컷 행복하게 해놓고 또 엄청 큰
불행을 확 던져주려고 그러나? 하는 생각.

차지혜   그런 생각을 왜 해?

윤지원   그냥. 늘 그랬던 거 같아서. 뭔갈 더 바라면 꼭 탈이 나더라고.

차지혜   (물끄러미 보다가) 그럼 뭐, 욕심을 버리면 탈이 안 나고?

윤지원   (차지혜를 보면)

차지혜   그냥 이렇게 생각해 버려. 행복해도 불행해도 같이 나눌 사람이 있잖
아. 그거면 된다, 그렇게.

윤지원   (물끄러미 보다가 웃는)

차지혜   왜?

윤지원   그런 명쾌한 대답은 주로 맹썜이 했거든. 너는 뭐랄까...

차지혜   차갑고 냉정하고? 팩트만 말하고?

윤지원   (장난으로) 허? 너 알고 있었어?

차지혜   알아! 내가 젤 아녜요!

윤지원   농담이야! 너 안 그래. 그런 척은 해도 원래 그런 애는 아니야.
그건 내가 젤 잘 알아.

차지혜   ...그런가? 최근에 내가 뭘 좀 내려놨거든. 너무 오래 이고 지고 있던
감정이어서 다 벗어던지고 나니까 다시 옛날 차지혜로 돌아갔나...

윤지원   (갸웃하는) 뭘 내려놨는데?

차지혜   (씩 웃고 문득 고개 돌려 창밖을 보다가) 저기 석지원... 왔네.

윤지원   (저도 모르게 배시시 웃으며 보는) 어? 어디?

차지혜   너 보러 왔나 보네, 퇴근 시간 맞춰서. 나도 그만 간다. 내일 봐?

손을 흔들어 보이고 가는 차지혜. 웃고 있는 윤지원을 돌아보는 얼굴
에서.

#57. 학교 일각. 낮

골똘히 생각에 잠겨 걷고 있는 석지원. 그때 뒤에서 슬그머니 다가오는 윤지원.
발을 맞춰 걷는데도 알아채지 못하는 석지원.
의아하게 보다가 손바닥을 얼굴 앞에서 흔들면, 그제야 윤지원을 보는 석지원.

석지원 어, 언제 왔어?
윤지원 무슨 생각을 하느라 내가 와도 몰라?
석지원 그냥... (하다가) 잠깐 시간 있어?

#58. 라일락 벤치. 낮

나란히 앉아 있는 윤지원과 석지원.

윤지원 갑자기 아저씨는 왜?
석지원 아니, 저번에 보니까 어르신께서 많이 의지하시는 것 같은데 어떤 사람인지 궁금해서.
윤지원 뭐 너도 알다시피 아저씨 부모님 돌아가시고 우리 할아버지가 아빠랑 형제처럼 키우셨어. 두 분이 같이 회사도 꾸렸고.
석지원 그 운수 회사 말이지?
윤지원 응. 엄마 아빠 돌아가시고, 회사 망했을 때 아저씨가 진짜 고생 많이 하셨거든. 그 후에도 망해가는 재단에 들어오셔서 재단 살림 다 맡아서 하셨고.
석지원 (보다가 어렵게) 회사 말인데... 아버지 어머니 돌아가셨을 때까지 회사가 어려운 걸 아무도 몰랐어?
윤지원 (착잡한) 응. 몰랐어, 우린. 재단 돈까지 손대셨다는 걸 알고 할아버지도 거의 제정신이 아니셨어. 난 말할 것도 없고.
아저씨만 정신 차리고 수습해 주셨지.
할아버지한테는 아들 같은 게 아니고 그냥 아들이어서.

석지원　(고개만 끄덕이면)
윤지원　근데 갑자기 진짜 왜 묻는 건데?
석지원　...알아야 할 것 같아서.
윤지원　(일어나며) 좋은 얘기도 아니고, 다 지난 일인데 뭐. 그만 가자.

쓴웃음을 지으며 가는 윤지원을 잡는 석지원. 의아한 얼굴로 돌아보는
윤지원을 품에 꼭 안는다.

윤지원　왜 이래, 갑자기?
석지원　(더 힘주어 안으며) 그냥.
윤지원　(버둥거리며) 야, 숨 막혀!
석지원　이렇게 숨 막히게 딱 붙어 있을 거니까, 무슨 일이 있어도 내가 니 옆
　　　에 있다는 거 잊지 마, 알았어?
윤지원　뭐라는 거야...

윤지원 어이가 없다는 듯 웃는데, 석지원은 마음이 좋지 않다.
그저 윤지원의 등을 토닥인다.

#59. 사택 앞. 낮

마당으로 들어와 주차하는 석경태의 세단. 멈추자마자 내리는 석경태,
사택을 한 번 고민하듯 쳐다보더니 현관으로 가 벨을 누른다.
답이 없자 성급하게 문을 쾅쾅 두드리는데, 벌컥 현관문을 열고 나오
는 윤재호.
석경태와 윤재호 현관문을 사이에 두고 대치하듯이 바라보는데.

석경태 (조심스럽게) ....내가 누굽니까?

윤재호 (역정) 이 사람이 갑자기 들이닥쳐서는 뭐라는 건가!

석경태 아니, 말없이 쳐다만 보니까 그런 거 아닙니까!
　　　　누군 뭐 좋아서 왔나. 병원은 왜 안 갑니까?

윤재호 (석경태를 안으로 잡아끌며) 조용히 말해, 이 사람아.
　　　　동네방네 소문낼 일 있어?

윤재호, 석경태를 억지로 안으로 들인 후 누가 들었을까 주변을 살피고 문을 닫는다.

#60. 사택. 거실. 낮

윤재호에 의해 끌려 들어온 석경태, 휘청거리다 균형을 잡고 사택 안을 살펴본다.

윤재호 (소파를 가리키며) 뭘 둘러보고 서 있어. 저기 앉게.

석경태 (헛기침하며) 앉을 것도 없이, 할 말은 그게 답니다.
　　　　병원 당장 가세요. 저한테 또 전화 오게 만들지 말고.
　　　　(문 쪽으로 향하다가)

윤재호 (신경질이 나는) 거 한 번 깜박한 걸 가지고 다들 날 무슨 환자 취급...

석경태 한 번이 아니니까!

윤재호 뭐?

석경태 나도 영감님이 왜 자꾸 나한테만 이러는지 아주 짜증 나거든요?

윤재호 (불안한 얼굴로 보다가) 내가 또 그랬다고?

석경태 나더러 (한숨 쉬고) 호석이라고 하셨잖아요. 전화해서.
　　　　술에 취해서 헛소리를 하나 했더니.

윤재호 (눈빛 흔들린다) ...내가, 너를 우리 아들로 착각했다고?

석경태 그래요!

cut to

소파에 앉은 지친 기색의 석경태와 윤재호. 등을 소파에 기대고.

윤재호	(멍하니 앞만 보며) 우리 지원이 말일세, 좋은 애야. 따뜻하고 현명하고.
석경태	(등을 세우고) 아니 그 얘기가 여기서 왜 나와요? 누가 뭐 사돈 맺자고 여기 온 줄 아나?
윤재호	(보는) 우리 사이에, 내가 병원엘 가든 말든 하면 그만인데 굳이 찾아 온 거 보면 우리 애가 싫은 건 아니지 싶어서. 아닌가?
석경태	이 와중에 손녀 손녀... 그렇게 손녀 생각하시면 병원을 가시라고. 영감님 아프면 걔가 제일 힘들 텐데.
윤재호	만약... 만약 내가 애들한테 짐이 되는 상황이 오면... 자네가 꼭 나 요양원에 보내야 해. 지원이는 그러지도 못할 애야.
석경태	(한숨 쉬고 짜증 내는) 어어? 이 영감님이... 내가 그걸 왜 합니까? 무슨 상관이라고.
윤재호	경훈이한테도 부탁을 할 거지만, 자네도 힘을 좀 보태 달라 이거지.
석경태	(휙 보는) 경훈이요?
윤재호	그래야지. 내가 없으면 경훈이가 지원이한텐 아버지나 다름없으니까.
석경태	(답답한. 망설이다가) 이 영감님... 진짜 아무것도 모르시네.
윤재호	(슬쩍 보더니) 나도 알아.
석경태	(놀라서) 뭘요?
윤재호	경훈이가 이 근방에 땅 다 사뒀다며. 골프장 생기면 비싸게 팔려고. 내가 생각을 해 봤는데... 그놈이 기러기아빠로 살기가 오죽 팍팍했으 면. 나 몰래 자넬 도우면서까지...
석경태	아이구, 이런 답답한 양반을 봤나... 생각을 해 보세요. 걔가 무슨 돈으로 그 많은 땅을 샀겠습니까? (답답하고 기가 차서) 아니! 애초에 땅들을 뭔 돈으로 샀겠어요?
윤재호	그거야 똑똑한 놈이니까 투자도 했을 거고.
석경태	(버럭) 영감님 아들! 호석이 돈이에요!

윤재호	(놀라서) 뭐? 그게 무슨...?
석경태	그놈, 호석이 살아있을 때부터 회삿돈 뒤로 꿍쳐서 딴 주머니 찼어요. 영감님 그 죽어가던 재단에서도 계속!
윤재호	(벌떡 일어나는) 말도 안 되는 소리 하지 말어!!
석경태	(일어난다) 호석이 회사, 왜 갑자기 넘어갔어요?
윤재호	호, 호석이가 욕심내서 새 사업 끌고 가다가...
석경태	누가 그래요?
윤재호	...경훈이가...
석경태	호석이 가고 회사 재산 정리 누가 했어요?
윤재호	경...
석경태	믿을 사람을 믿으시라구요. 손녀딸을 지경훈이한테 부탁해요? 영감님! 나도 믿지 말고! 경훈이는 더 믿지 마시고! 지원이 걔가, 이 세상에서 믿을 건 영감님밖에 없다고요!

석경태, 말을 해놓고 걱정으로 윤재호를 보면, 윤재호 천천히 몸을 돌려 비틀거리며 제 방으로 들어간다. 따라간 석경태가 문고리를 잡고 여는데 잠겼다.
석경태, 에이, 신경질을 내고는 그대로 현관으로 향한다.

#61. 라일락 벤치. 저녁 (#58.에 이어서)

운동장엔 주홍빛 노을이 번져가고. 나란히 앉은 윤지원과 석지원.
석지원, 윤지원의 손을 깍지 낀 채 딱 붙어 앉아 있다.
주머니 속 휴대폰 진동이 울린다.

윤지원	전화 안 받아?
석지원	손 놓기 싫은데. 나중에 받을래.
윤지원	(안 된다고 고개 젓고, 자유로운 손을 힘겹게 뻗어 석지원 주머니에서

핸드폰을 꺼낸다. 흠칫 놀라며 화면 보여주고) 얼른 받어!

석지원   (보고, 어쩔 수 없이 손을 놓는다) 네, 아버지.

석경태(F) 너 어디야?

석지원   학교예요.

석경태(F) (숨소리 들리다가) …같이 있지? 사택에 좀 가봐라.

석지원   사택에요? 왜요?

윤지원   (짐을 챙기다 쳐다보고)

석경태(F) 아니 내가! 안 그러려고 했는데 영감님이 하도 답답한 소릴 하니까.
　　　　 확 말해버렸다. 지경훈이 그놈 쌍놈인 거.

석지원   네? 아버지, 그걸 그렇게 갑자기 다 말씀하시면 어떡해요?

석경태(F) (도리어 성내는) 그럼 언제까지 숨겨?
　　　　 그놈이 또 무슨 짓을 할 줄 알고? 빨리 말하는 게 낫지.

석지원   (일어나며) 그래도요.

석경태(F) 이미 말했다고! 빨리 가보기나 해. 영감님 몸 상태도 안 좋아.
　　　　 오락가락한다고. (툭 끊는)

석지원   네? 아버지? 아버지!

윤지원   (불안한 표정으로 보며) 왜 무슨 일인데?

석지원   (걱정하는 눈빛으로 윤지원을 살핀다)

#62. 샛길. 저녁

정신없이 달려가고 있는 윤지원과 따라오는 석지원. 윤지원 뭔가에
걸려 휘청하면 석지원 얼른 잡아서 자신을 보게 한다.

석지원   지원아. 아무 일도 없을 거야.

윤지원, 대답 없이 석지원을 뿌리치고 다시 달려가고.
석지원도 따라 뛰어가는 데서.

#63. 사택. 1층 거실. 밤

현관문을 열고 거실로 들어서는 윤지원. 곧바로 윤재호의 방으로 향하는데.
문 앞에 서서 손잡이를 잡고, 겨우 호흡을 가다듬는 윤지원.
간절한 마음으로 문을 여는데. 윤재호의 방, 텅 비어 있다.
참았던 두려움이 울컥 밀려오지만, 울음을 참는 윤지원.
뒤따라온 석지원이 빈방을 보고 화장실이며 윤지원의 방까지 열어 확인을 해 보지만 아무도 없다. 현관 쪽으로 가보는 윤지원.

윤지원   안 계셔. 신발이 없어.
석지원   어디 가셨지?

윤지원, 핸드폰을 들어 전화를 해 보지만, 받지 않는다.
불안한 얼굴로 그대로 나가려는 순간, 문을 열고 들어오는 공문수.
윤지원의 얼굴을 보고는.

공문수   선생님, 무슨 일 있어요?
윤지원   공쌤 혹시 할아버지...
공문수   (놀라서) 할아버지 없어지셨어요?
윤지원   공쌤, 그걸 어떻게 알아?

곤란한 얼굴로 잠시 보다가, 얼른 핸드폰을 찾아 드는 공문수.

#64. 윤재호의 차. 밤

빠른 속도로 위태롭게 운전하는 윤재호. 주머니 속 휴대폰 진동이 계속 울린다.

룸미러에 달린 윤재호, 윤호석, 지경훈의 사진에 시선이 닿자 핸들을 잡은 윤재호의 두 손이 살짝 떨리며 흔들린다.
반대편에서 오던 차량의 라이트 불빛에 눈이 부시며 경적이 크게 울리면.
급히 핸들을 꺾어 차선을 지키는 윤재호.

#65. 지경훈의 별장. 마당. 밤

거칠게 들어오는 윤재호의 차. 차에서 내려 기가 찬 표정으로 불 꺼진 별장을 바라보는 윤재호.

부동산(E) 독목산 뒤편에 서울 어디 회장님 별장이라고 지었던 데 있잖아요?
입구부터 으리으리한 거기, 지 실장 지금 거기 산다구요.

터덕터덕 발코니 앞으로 향하는 윤재호.
어두운 안을 바라보다가 발밑 작은 바위를 들어 그대로 발코니 창으로 던진다.
어두운 산속에 파열음이 메아리치듯 울려 퍼진다.

#66. 술집. 밤

마주 앉은 차도식과 지경훈. 차도식, 이미 거나하게 취했다.
지경훈 겨우 화를 누르며 차도식을 노려보고 있다.

차도식 와 석경태 아들 그거, 살벌하데. 수틀리면 골프장이고 뭐고 다 관둘 기세더라. 지가 책임자다 이러는데, 이야, 와...
지경훈 (이를 악물고) 같은 말 계속하지 마시고, 그래서 대책이 뭡니까?

차도식   대책? 나는 이제 몸 사려야지. 돈을 준 쪽이 저렇게 나오는데?
         그냥 골프장 천천히 올라가는 거야. 내년 여름이나 가을...
지경훈   의원님!
차도식   (흐흐 웃는) 자네만 똥줄 타는 거네?

         지경훈, 눈을 질끈 감으며 주먹을 꽉 쥐는데, 짧게 울리는 휴대폰 진동.
         귀찮다는 듯 대충 보다가 눈이 커진다. 얼른 핸드폰을 들어서 보면 보
         안 서비스에서 온 알림이다. 〈침입자 감지〉 아래 〈영상 보기〉 버
         튼을 누르면, 흐린 화면 속에 누군가 1층 발코니에 서 있고 유리가 깨
         져 있다.
         벌떡 자리에서 일어나는 지경훈.

#67. 지경훈의 별장 안. 밤

         불을 켜는 윤재호. 화려한 실내를 둘러본다. 비싼 그림이 걸린 벽이며
         가구들을 보며 천천히 걸음을 옮기다 책장 앞에 다다른다.
         지경훈의 가족사진과 한편에 놓인 묵주를 잠시 보고는, 곧 그 옆에 있
         는 토지 매매 계약서들을 와르르 꺼내 거칠게 넘겨 본다. 손이 떨리고
         있다.
         계약서들을 바닥에 아무렇게나 던지고, 근처 서류들을 더 뒤져보는
         윤재호.
         그러다 꽂혀 있던 책 몇 권이 떨어지는데, 그 뒤에 있는 작은 상자.
         열어보는 윤재호. 방금 본 묵주와 똑같이 생긴 묵주가 들었다.
         꺼내 보면, 묵주 여기저기에 핏자국이 보인다.

#68. 옛날 윤재호의 집 앞. 낮 (과거)

열 살 남짓한 어린 지경훈과 윤호석이 나란히 서 있다.
지경훈 커다란 가방을 메고 있고 그 앞에 선 젊은 윤재호 역시 짐가방을 들었다.
어린 지경훈, 집을 올려다본다. 윤재호가 가방을 내려놓고 둘에게 묵주를 하나씩 건네는.

윤재호   피는 나누지 않았어도 이제부터 둘이 형제다. 늘 지니고 다녀라.

받아 들고 서로 마주 보는 지경훈과 윤호석. 동시에 씩 웃는 얼굴에서.

#69. 지경훈의 별장. 밤

같은 묵주 두 개를 들고서 믿을 수 없다는 듯 내려다보고 있는 윤재호.

#70. 지경훈의 별장. 마당. 밤

빠르게 들어오는 차. 윤재호가 엉망으로 주차한 차 뒤에 서고 긴장한 표정의 지경훈이 내린다. 발코니로 올라와 안을 살피면, 등을 돌리고 서 있는 윤재호.
고개를 숙이고 뭔가를 보고 있는 모양새다.
혼란스러운 얼굴로 쉽게 들어가지 못하는 지경훈. 머뭇거리는데.

윤재호   (움직임 없이) 왔니? 들어와라.

지경훈, 긴장한 얼굴로 천천히 걸음을 옮긴다.

#71. 지경훈의 별장 안. 밤

들어오는 지경훈. 윤재호는 여전히 등을 돌리고 선 채다.

지경훈   ...아버지?

홈칫하더니 고개를 들고 돌아서는 윤재호.

지경훈   여, 여기서 뭐 하세요? 여길 어떻게 아셨어요?
윤재호   (덤덤하지만 스산한 말투로) 이걸 왜 네가 가지고 있어?
         호석이가 늘 차에 매달고 다니던 건데 사고 현장에서 못 찾았다며.
         니가 그랬잖어. 근데 이게 왜 여기 있냐...?
         너... 호석이 사고 났을 때 거기 있었어?

순간, 윤재호가 손에 들고 만지작거리는 게 그제야 보이는 지경훈.
묵주 2개다. 피가 묻어 얼룩덜룩한 묵주를 보며 경악한다.

인서트 > 한적한 도로 일각. 밤
아무도 없는 캄캄한 도로. 가로등을 들이받고 전복되어 있는 윤호석
의 차.
운전석의 윤호석과 조수석의 정주희, 피를 흘리며 정신을 잃었다.
룸미러 블랙박스에 묵주가 묶여 대롱거리고 있다.
그 앞으로 비틀거리며 오는 누군가의 발.
몸을 숙여 깨진 유리창 사이로 다급하게 손을 집어넣더니 블랙박스와
묵주를 한꺼번에 잡아 뜯는다.
그때 윤호석의 피투성이 손이 그 손을 덥석 잡는.
창문 밖으로 보이는 놀란 얼굴. 지경훈이다.

지경훈   (눈동자가 흔들린다)

윤재호   니가... 죽였어? 내 아들을 네가 죽였어?
        (피 묻은 묵주를 들어 보이며 다가오는)

        지경훈, 뒤로 주춤주춤 물러나다가, 문득 고개를 들고 주변을 둘러본다.
        창밖은 깜깜하고 고요하다. 이곳에는 윤재호와 자신 둘뿐이다.
        참담한 표정의 윤재호를 보는 얼굴이 점점 차가워진다.
        천천히 윤재호를 향해 손을 내미는 지경훈.

지경훈   그거 이리 주세요.
윤재호   (묵주를 꼭 쥐고) 썩을 놈...!
지경훈   (손을 잡으며) 아버지!
윤재호   (뿌리치고 버럭 화내며) 아버지라고 부르지도 말어. 이놈아!
        호석이가... 내 아들 호석이가... (하는데 눈물이 주룩 흐른다)
        걔가 너한테 어떻게 했는데! 이 쳐 죽일 놈 같으니!
지경훈   (참지 못해 버럭) 죽이긴 누가 죽여요! 지가 알아서 죽은 거야!
        난 아무 잘못도 없다고요!!

        묵주를 뺏으려는 지경훈의 몸싸움. 뺏기지 않으려 버티는 윤재호.
        그러다 지경훈, 얼결에 윤재호를 확 밀어버리면 묵주 줄이 공중에서
        터지면서.
        버둥대던 윤재호, 뒤로 천천히 넘어가는데, 저도 모르게 잡아주려 하
        다가 그대로 손을 거두는 지경훈.
        쿵! 소리와 함께 쓰러져 정신을 잃는 윤재호.
        숨을 헐떡이며 보는 지경훈의 발 근처로 또르르 굴러오는 묵주 알.

#72. 석지원의 차. 밤
~~~~~~~~~~~~~~~~~~~~~~~~

        운전석의 석지원과 보조석의 윤지원.

대시보드 위에는 공문수의 핸드폰이 놓여있다.
화면엔 위치추적 앱이 켜져 있고 산 속의 한 곳을 가리키고 있는데.
운전을 하면서도 윤지원을 살피는 석지원.
윤지원 이를 악물고 앞만 보고 있다.

인서트 > #50. 사택. 윤재호의 방. 밤
윤재호   *누가 그렇대? 건강할 때 니 손잡고 들어가고 싶어 그러지.*
         내가... 건강할 때.

윤지원, 감정이 복받쳐서 점점 얼굴이 일그러지고.

인서트 > #50. 사택. 윤재호의 방. 밤
윤재호 별안간 몸을 돌려 협탁에 켜놓은 조명을 끈다.
깜깜해진다.

그때 할아버지가 울고 있었구나.
참아왔던 울음이 터지는 윤지원. 볼을 타고 뚝뚝 눈물이 떨어진다.
아무렇게나 눈가를 문질러 눈물을 닦으면, 석지원 한 손을 뻗어 윤지
원의 손을 꼭 잡았다 놓고는 속도를 더 높인다.
핸드폰 속 점점 가까워지는 윤재호의 위치 표시.
이윽고 창 너머로 지경훈의 별장이 보인다.
잠시 마주 보는 윤지원과 석지원의 얼굴에서.

사랑은 외나무다리에서 11회 끝.

제 12 회

#1. 윤호석의 사무실. 밤 <자막 - 12년 전>

책상 앞에 앉아 머리를 싸매고 있는 윤호석. 앞에 서류들이 어지럽게 널려 있다.

벌컥 문을 열고 뛰어 들어오는 지경훈. 고개를 들고 그런 지경훈을 보는 윤호석, 자리에서 벌떡 일어나 다가온다.

지경훈   호석아, 잠깐만 내가, 내가 다 설명할게.

하는데 그대로 주먹을 날리는 윤호석. 지경훈 나뒹군다.

윤호석   뭘 설명할 건데? 회삿돈 빼돌린 거? 아니면 아버지 재단까지 끌어들여서 불법 대출 받은 거, 그 돈 다 날린 거?
어떻게 설명할 건데... 아버지한테 재단이 어떤 건지 잘 알면서 어떻게 니가 우리한테 이럴 수가 있냐?

지경훈   (참담한) 잘해보려고 한 거야. 새로운 사업 꼭 성공시키고 싶어서!
그게 이렇게 고꾸라질 줄 내가 알았겠어?

윤호석   (괴로운) 변명 그만해. 다 끝났으니까. (돌아서는데)

지경훈   (매달리는) ...아버지께 벌써 말씀드렸니?

윤호석   (멱살을 잡아 일으키는데 눈물 글썽하다) 우리 아버지 걱정을 하긴 해, 니가?

지경훈   미안하다. 정말 한 번만 나 다시 믿어줘.

       전부 다 제자리로 돌려놓을게 어?

윤호석, 그대로 지경훈을 밀어버리고 나가면, 지경훈 눈을 질끈 감으며 털썩 주저앉는 데서.

#2. 석경태의 사무실. 밤 (과거)

차 한 잔씩을 두고 마주 앉은 석경태와 윤호석.
석경태 차가운 얼굴로 윤호석을 보고, 윤호석 숙였던 고개를 겨우 든다.

석경태   사람 사는 거 참 재밌다, 그렇지 호석아?

윤호석   경태 형님...

석경태   내가 너희 아버지 땜에 회사 말아먹고 도망친 게 엊그제 같은데 그 양반 아드님이 나한테 와서 회사 살리게 돈 빌려달란 소릴 하고 있는 게 말이야.

윤호석   예... 뭐라고 말씀하셔도 좋은데 한 번만 도와주십시오.

       아니면 우리 회사, 아니 학교 재단까지...

석경태   야, 호석아. 너도 여기저기 손 벌릴 만한 덴 다 가 봤는데 안 됐으니까 염치도 없이, 나한테까지 왔을 건데 그럼 회사고 재단이고 가망 없단 소리잖아. 나도 그 정돈 알아. 나 너 도와줄 생각 없다. (일어나면)

윤호석   (일어나 붙잡으며 절실하게) 형님...!

석경태   인과응보라고 생각해. 나도 너네 아버지한테 똑같이 당했으니까.

힘없이 고개를 끄덕이는 윤호석. 천천히 일어나서 나간다.

석경태, 축 처진 윤호석의 어깨를 보는데, 입이 쓰다.

#3. 석경태의 회사 주차장. 밤 (과거)

정차 중인 차에 윤호석이 올라탄다. #2.와 같은 옷차림이다.
조수석에 앉아 있던 정주희가 걱정스러운 얼굴로 윤호석을 본다.

정주희　　안 된대요?
윤호석　　...응. 괜히 당신까지 왔어.
정주희　　그런 말이 어디 있어. 나도 같이 올라가서 무릎이라도 꿇어볼걸.
윤호석　　(피식 웃는) 그런 거에 흔들릴 사람 아니더라.

윤호석, 벨트를 하고 천천히 차를 출발시킨다.

정주희　　참, 지경훈 전화 왔었어요. 당신한테도 한 모양이던데.
윤호석　　(표정 굳어서) 왜 전화했대?
정주희　　그게 좀 횡설수설하더라고. 자기 믿고 기다려주면 꼭 돈을 마련하겠
　　　　　다면서...
윤호석　　(표정 어두워지는) 이 자식이 설마. (다급히 핸즈프리로 전화를 건다)

#4. 지경훈의 오피스텔 주차장. 밤 (과거)

커다란 짐가방을 들고 차로 걸어오는 지경훈. 불안한 얼굴로 두리번
거리며 가는데 울리는 핸드폰. 보고는 망설이다가 받는다.

지경훈　　...어, 호석아.
윤호석(F) 지경훈, 너 지금 어디야?

지경훈   ...호석아, 나 마지막으로 한 번만 더 믿어주라.

윤호석(F) 일단 나랑 만나. 만나서 얘기해. 나 지금 서울에서 가는 길이야.

지경훈   (막듯이) 아니! 오지 마. 소용없어.

그대로 전화 끊고, 차에 올라타 급하게 출발한다.

#5. 한적한 도로 + 차 안. 밤 (과거)

어둠에 잠긴 서울 외곽의 한적한 도로. 윤호석 달리면서 계속 전화를
걸고 있다.

신호가 가지만 받지 않는 지경훈. 다급하게 거듭 다시 전화를 거는 윤
호석. 마침 지경훈이 전화를 받으면.

윤호석   경훈아, 제발 좀! (하는데)

정주희   지원이 아빠! 앞에!

보면, 멀리 차선을 넘어 휘청이는 트럭이 윤호석의 차를 향해 달려오
고 있고.

윤호석, 급히 피하려고 핸들을 옆으로 트는데.

긴 경적과 정주희의 비명, 아스팔트에 바퀴 갈리는 소리가 길게 이어
지며 길가 벽을 향해 끼이익 미끄러지는 윤호석의 차, 쿵! 벽을 박으
며 전복된다.

#6. 한적한 도로 일각. 밤 (11회 #71. 인서트와 동일 상황) (과거)

저만치 전복되어 있는 윤호석의 차.

지경훈 넋이 나간 얼굴로 연기가 피어오르는 윤호석의 차를 보며 서

있다.

덜덜 떨리는 손으로 핸드폰을 꺼내 119를 누르다가 멈칫하는 지경훈.

천천히 고개를 들면 표정 차갑다. 차를 향해 걸음을 옮기는.

#7. 상동. 밤 (과거)

운전석의 윤호석과 조수석의 정주희, 피를 흘리며 정신을 잃었다.

룸미러 블랙박스에 묵주가 묶여 대롱거리고 있다.

그 앞으로 다가오는 지경훈. 몸을 숙여 깨진 유리창 사이로 다급하게

손을 집어넣더니 블랙박스와 묵주를 한꺼번에 잡아 뜯는다.

그때 윤호석이 피투성이 손을 뻗어 지경훈의 손을 덥석 잡는다.

놀라는 지경훈. 얼어붙어서 윤호석을 보면.

윤호석   (겨우) ...우리 지원이 엄마만이라도 살려줘...

지경훈   (손을 뿌리치려는데)

윤호석   (다시 잡으며) 제발, 경훈아...

지경훈, 괴로운 얼굴로 윤호석과 정주희를 번갈아 보다가.

지경훈   미안하다. 내가 다 제자리로 돌려놓을게.

그대로 윤호석을 뿌리치고 일어나는 지경훈에서.

#8. 버스 차고지. 밤 (과거)

아무도 없는 차고지. 작은 드럼통에 불을 피우고 그 앞에 서 있는 지
경훈.

불길 속으로 블랙박스를 툭 던져 넣는다. 곧이어 윤호석의 묵주를 던지려는데.

차마 던지지 못하는 지경훈. 윤호석의 피로 얼룩덜룩한 묵주를 보다가 작게 흐느끼기 시작한다.

#9. 지경훈의 별장 안. 밤 (현재) (11회 #71. 상황)

천천히 윤재호를 향해 손을 내미는 지경훈.

지경훈   그거 이리 주세요.
윤재호   (묵주를 꼭 쥐고) 썩을 놈...!
지경훈   (손을 잡으며) 아버지!
윤재호   (뿌리치며 버럭) 아버지라고 부르지도 말어. 이놈아!
          호석이가... 내 아들 호석이가... (하는데 눈물이 주륵 흐른다)
          걔가 너한테 어떻게 했는데! 이 쳐 죽일 놈 같으니!
지경훈   (참지 못해 버럭) 죽이긴 누가 죽여요! 기다려 달랬는데 호석이가 못
          참고 절 쫓아오다가...!
윤재호   (눈이 흔들리면)
지경훈   (그렇게 믿고 싶은) 지 선택 때문에 죽은 거라고요. 나는...
          나는 아무 잘못도 없어! 아무 잘못도!

말끝에 다시 묵주를 뺏으려는 지경훈. 뺏기지 않으려 버티는 윤재호.
그러다 지경훈, 얼결에 윤재호를 확 밀어버리면 묵주 줄이 공중에서
터지면서.
버둥대던 윤재호, 뒤로 천천히 넘어가는데, 저도 모르게 잡아주려 하
다가 그대로 손을 거두는 지경훈.
쿵! 소리와 함께 쓰러져 정신을 잃는 윤재호.
숨을 헐떡이며 보는 지경훈의 발 근처로 또르르 굴러오는 묵주 알.

지경훈, 정신없이 묵주 알들을 끌어모아서 주머니에 쑤셔 넣고 일어나 돌아선다.
윤재호 작게 신음하며 몸을 뒤척인다.

#10. 지경훈의 별장. 방. 밤

지경훈 옷장을 열어 짐을 챙긴다. 구석에서 여권을 찾아 챙기고, 옷 몇 벌도 아무렇게나 집어넣는다.

#11. 지경훈의 별장 안. 밤

가방을 들고 방에서 나오는 지경훈. 눈이 커진다. 윤재호가 없다.
정신없이 둘러보는데 별장 정원 지경훈의 차 옆에 서 있는 윤재호 보이고.
달려 나가는 지경훈.

#12. 지경훈의 별장. 마당. 밤

지경훈의 차 운전석 앞을 막듯이 서 있는 윤재호.
지경훈, 불쑥 화가 솟는다. 이를 악물고 저벅저벅 다가가면,
인기척을 느낀 듯 돌아보는 윤재호. 어딘지 불안한 얼굴로 지경훈을 본다.

윤재호   어디 가게?
지경훈   (이상한 느낌에 윤재호를 보는데)
윤재호   ...안 갔음 싶어.

지경훈	예?
윤재호	운전하지 말어, 오늘은. 내가 꿈자리가 영 사나워 그래.
지경훈	아버지...
윤재호	그러니까 아무 데도 가지 말고 아버지랑 있자. 응?
지경훈	지금 무슨 말씀을 하시는 거예요?
윤재호	(손바닥으로 눈가를 슥 훔치고는) 그래, 주책맞은 소린 거 알어.
	아는데, 아유, 왜 지금 널 보내면 영영 놓칠 것 같은지.
	가지 말어, 호석아.
지경훈	(!!!)
윤재호	(다가와 지경훈을 천천히 껴안으며) 애비 부탁이다.

지경훈, 충격에 빠진 얼굴로 들고 있던 가방을 툭 떨어뜨린다.
윤재호를 향해 뭔가 말하려 입을 여는데,
저만치 길에서 마당을 향해 오는 자동차 불빛. 놀라서 윤재호를 얼른
떼어내고 차 문을 열려는 지경훈. 그러나 빠르게 달려와 지경훈의 차
앞을 막아서는 석지원의 차. 윤지원과 석지원이 동시에 내린다.

윤지원	할아버지!!

지경훈은 보이지도 않는 듯 윤재호에게 달려가는 윤지원.
지경훈, 그대로 몸을 돌려 마당 옆 비탈길로 달아나기 시작한다.

#13. 지경훈의 별장. 마당. 밤

그대로 우두커니 서 있는 윤재호에게 달려오는 윤지원.
자신을 멍하니 보는 윤재호를 보며, 안심시키듯 애써 미소 지으며 다
가간다.

윤재호	...갔어.
윤지원	응?
윤재호	애비가 갔다. 지원아.

말끝에 지친 듯 비틀하는 윤재호. 윤지원, 얼른 윤재호를 잡아준다.

윤재호	애비가...
윤지원	응, 괜찮아. 다 괜찮아, 할아버지...

안도한 얼굴로 끄덕이는 윤재호를 그대로 꺼안고 다정하게 토닥이는 윤지원에서.

#14. 산길 (또는 별장 마당 뒤편). 밤

지경훈 숨을 헉헉대며 뛰어가고 있다.
곧이어 따라붙는 석지원. 지경훈 힐끗 뒤를 돌아보고 속도를 내다가
발을 헛디디면서 삐끗하며 넘어진다. 그런 지경훈을 덮치는 석지원.
잡고 일으키는데 지경훈, 순순히 일어나는 듯하다가, 옆에 놓인 굵은
나뭇가지를 들어 석지원에게 휘두른다. 팔로 막아내고는 나뭇가지를
뺏어 던지는 석지원.
통증을 참으며 지경훈에게 주먹을 한 방 날린다.
괴로워하며 나뒹구는 지경훈을, 팔을 감싸쥐며 경멸로 보고 서 있다.
저만치서 울리는 경찰차의 사이렌 소리가 점점 커진다.

#15. 병원 윤재호 입원실. 낮

누워 잠들어 있는 윤재호. 그 위로.

의사(E)   경도인지장애로 보입니다.

#16. 병원 상담실 · 낮

의사와 마주 앉아 윤지원.

윤지원   (두려운) 치매하고는 다른 건가요?
의사   아직 치매다 하는 건 아니고, 치매 고위험군이죠. 여기서 십에서 십오
         퍼센트 정도가 치매로 진행됩니다.
윤지원   (입술을 깨무는데)
의사   그래도 일찍 잘 발견한 거니까 너무 절망적으로 생각하진 마시고요.
윤지원   제가 뭘 하면 될까요?
의사   치매는 낫는 병이 아닙니다. 약물치료랑 병행하면서 생활 습관 잘 잡
         고, 합병증 오지 않게 건강관리도 잘하시고. 그러면서 진행을 늦추는
         방향으로 가는 거죠.
         가족분들이 상황을 잘 이해하고 많이 도와주셔야 합니다.
         혹시 다른 가족은...?
윤지원   아뇨. 저 혼자예요.

하는데, 문 벌컥 열리고 들어오는 석경태. 놀라는 윤지원 옆에 앉는다.

의사   누구시죠?
윤지원   (당황해서) 아, 저기 그게...
석경태   그, 저, 가족... 대충 비스무리할 수도 있고, 아닐 수도...
의사   (의심스러운 눈으로 보면)
석경태   ...가족입니다. 맞아요. 우리가 뭘 어떻게 도와야 합니까?
윤지원   (놀란 얼굴로 석경태를 보는)

#17. 병원 복도. 낮
~~~~~~~~~~~~~~~~~~~

나오는 석경태와 윤지원. 석경태 근심 가득한 윤지원을 힐끗 본다.

윤지원   (보는) 감사합니다. 같이 있어 주셔서.

석경태   오고 싶어 온 건 아니고, 어쩌다 보니 그렇게 됐어.
　　　　따지고 보면 치매도 아닌 거네, 뭐. 괜히 호들갑 떨 것 없어.
　　　　영감님이 자네가 알까 봐 노심초사했으니까, 의연하게 굴어.

윤지원   네. 그럴게요.

석경태   어제부터 아주, 영감님 땜에 나도 늙네 늙어. 난 그만 갈 테니까 잘 보
　　　　살펴 드려.

윤지원   (인사하고) 지원이 안 보고 가세요?

석경태   아까 잠깐 봤어. 멀쩡하드만.

몇 걸음 가다가, 문득 다시 돌아와 윤지원의 어깨를 두어 번 툭툭 두드
려주고는 괜히 헛기침을 하며 가는 석경태.

#18. 병원 석지원 입원실. 밤
~~~~~~~~~~~~~~~~~~~~~~~

한쪽 팔에 붕대를 감은 채 침대에 누워있는 석지원. 문 열리고 윤지원
이 들어오면 벌떡 일어나다가 아야, 하며 팔을 감싸쥔다. 놀라서 달려
오는 윤지원.

윤지원   (찰싹 때리며) 왜 일어나? 그냥 누워있어.

석지원   (앉아서) 어르신은 주무셔?

윤지원   응. 식사하시고 주무시는 거 보고 왔어.

석지원   너는?

윤지원   나?

석지원	니 얼굴 지금, 병실 하나 더 잡게 생겼거든.
윤지원	(지치고 피곤한) 쉴 거야, 이제. 얼른 누워.
석지원	어디서 쉬게?
윤지원	보조 침대 있잖아.
석지원	(침대에 눕고 팔을 벌려서) 누워 너도. 보조 같은 소리 하지 말고.
윤지원	됐네요. 너나 얼른,
석지원	(말 막듯) 쉬자, 좀. 같이.

윤지원, 잠깐 고민하다가 어정쩡하게 옆으로 누우면,
석지원 말없이 윤지원을 당겨서 품에 폭 안는다. 윤지원, 그제야 깊게
숨을 내쉬어 본다.

윤지원	...경찰에서는 뭐라고 해?
석지원	최대한 다 벌 받게 할 거야. 그걸로 너하고 어르신 마음이 풀어지지는 않겠지만 그래도.
윤지원	(석지원의 얼굴을 올려다보는데 서서히 눈물이 맺혀서) 너 봐도 안 울려고 마음 단단히 먹고 들어왔는데.
석지원	뭐 어때, 여긴 나뿐인데. 울어. 울어도 돼.
윤지원	(그대로 석지원의 품에 얼굴을 묻는다)
석지원	지원아, 당장은 아니겠지만 우리 다 같이 괜찮아질 수 있어. 그러니까 지금만 실컷 울고, 푹 자. 알았지?

윤지원의 어깨가 작게 들썩이면, 석지원 조용히 위로하듯 윤지원의
머리를 쓰다듬어 주는 데서 암전.

#19. 사택. 1층 거실. 낮

밝아지면 현관 앞에 서 있는 공문수. 그때 문 열리고 들어오는 윤재호

와 윤지원, 석지원. 두 사람이 윤재호를 양쪽에서 부축하듯 붙어있다.

공문수　(반가운) 할아버지!

윤재호　어, 문수야!

석지원　여기, 신발 벗으시고...

윤지원　조심...

윤재호　(번갈아 보고 휙 뿌리치고 공문수 보며) 이런다...? 병원서부터 둘이
　　　　서 이러고 날 갓난쟁이 취급이다. 응?

공문수　(웃고) 건강해 보이셔서 좋아요.

윤재호　(거실로 올라오며) 적어도 팔다리는 아직 쌩쌩하지.
　　　　다들 나 땜에 고생 많았고... 고맙다.
　　　　앞으로 내가 어떻게 될지는 모르지마는, 어차피 인생 한 치 앞도 모르
　　　　는 거. 사는 대로 살아볼 생각이다.
　　　　잘 먹고 자고, 운동도 공부도 열심히 할 거고.
　　　　그러니 다들 너무 애달파하지 말어. 그냥 평소대로 하자, 알겠냐?
　　　　특히 너희 둘!

　　　　윤지원과 석지원을 가리키면 둘, 멋쩍게 웃으며 끄덕인다.
　　　　새삼스럽게 그리웠다는 듯 집을 둘러보는 윤재호의 얼굴에서.

#20. 사택. 윤재호의 방. 새벽
～～～～～～～～～～～～～

　　　　운동복을 입고 있는 윤재호. 노크 소리가 들려 돌아보면,
　　　　윤지원 문을 열고 배시시 웃는다.

윤재호　더 안 자고 왜?

윤지원　같이 뛰자, 할아버지.

윤재호　(씩 웃고 끄덕인다)

#21. 사택. 1층 거실. 새벽

함께 나오는 윤재호와 윤지원. 그때 2층에서 잠이 덜 깬 부스스한 얼굴로 내려오는 석지원.

윤지원   아직 새벽인데 왜 일어났어?
석지원   ...오늘부터 나도 뛰어볼까 해서?
윤재호   (피식 웃는) 눈이나 뜨고 말하게.
석지원   (번쩍 눈을 크게 떠본다)

#22. 사택 앞. 새벽

문을 열고 나오는 세 사람. 저만치서 이미 한 바퀴를 돈 듯한 공문수가 빠르게 뛰어온다.

공문수   어? 다들 나오셨네요?
윤재호   좋구만. 혼자 뛰지 않아서.

천천히 달리기 시작하는 윤재호.

#23. 마을 일각. 새벽

조금씩 아침이 밝아오는 푸르스름한 거리를 달리는 네 사람.
윤재호, 빠르게 뛸 수 없어 거의 걷는 속도지만 멈추지 않고 간다.
나머지 셋, 그런 윤재호의 속도에 맞춰 앞서거니 뒤서거니 달린다.
멀리서 그 모습을 비추며.

#24. 2-1반 교실. 낮

들뜬 얼굴의 학생들이 앉아 있고. 교탁에 윤지원과 공문수 나란히 서 있다.
공문수 학생들한테 받은 작은 꽃다발을 들고 있다.

공문수 (쑥스러운) 한 학기 동안 여러분과 함께여서 즐거웠고 많은 걸 배웠습니다. 다들 공부 열심히 하고, 운동도 열심히 하고.
하고 싶은 말이 많지만, 빨리 나가고 싶을 것 같아서 여기까지만 하겠습니다. 다들 방학 잘 보내라.

여학생들의 아쉬워하는 함성과 함께, 박수가 터져 나오고.

윤지원 그래, 오늘부터 방학이긴 한데 알지? 2학년 2학기는 2학년 아니고,
학생들 (야유처럼) 3학년 3학년!!
윤지원 그래. 다들 잘 알고 있네. 그러니까 공부... (하다가 씩 웃고)
도 좋지만, 마지막 여름방학 즐겁게, 신나게 보내.

학생들, 어리둥절한 얼굴로 서로 보며 웅성거리면.

윤지원 이상, 해산!

신이 나서 앞다투어 교실을 빠져나가는 학생들. 윤지원과 공문수, 순식간에 조용해진 교실을 둘러본다.

#25. 사택. 1층 거실. 낮

커다란 배낭을 멘 공문수, 윤지원과 윤재호 마주 서 있다.

윤재호	(섭섭한) 밥 잘 챙겨 먹고. 심심하면 놀러 와. 언제든 환영이니까.
공문수	네. 놀러 올게요. 할아버지. 건강하게 잘 지내셔야 해요?
윤재호	그럼!

꾸벅 인사를 하고 나서는 공문수. 윤지원도 함께 내려서고,
윤재호 섭섭한 얼굴로 연신 손을 들어 배웅한다.

#26. 정류장. 낮

나란히 걸어오는 윤지원과 공문수. 정류장에 다다르면 멈춰 서는 두 사람.

윤지원	집으로 가는 거 아니고?
공문수	집에도 갔다가, 뭐 여기저기...
윤지원	여행?
공문수	뛰어들어 보려고요.
윤지원	어딜 뛰어들어?
공문수	(씩 웃고) 물에요.
윤지원	물?
공문수	네. 수영 그만두고 한 번도 물에 들어간 적이 없더라고요.
	그 흔한 물놀이도 안 했어요.
	근데 누가 그러더라고요. 아무 소용이 없단 걸 알아도 그냥 보고 싶어서, 좋아해서 보러 간 거라고.
윤지원	(보면)
공문수	생각해 보니까 제가 물을 진짜 좋아했거든요. 애기 때부터 목욕할 땐 절대 안 울었대요. 그렇게 물을 좋아해서 엄마 아빠가 수영을 시켰는데, 그걸 못하게 됐다고 제가 물에도 못 들어가는 건 좀 웃기잖아요. 기록을 재고 메달을 따지는 못해도 그냥 다시 헤엄치고 싶어졌어요.

제가 여전히 좋아하는 거니까.

윤지원 (물끄러미 보다가) …준비 운동 잘하고.

공문수, 어이가 없어 웃음이 터진다. 둘 마주 보며 웃는다.
멀리서 버스가 온다. 둘 오는 버스를 보는.

공문수 (불쑥) 선생님.
윤지원 응?
공문수 저 소원 지금 써도 돼요?
윤지원 소원? 아 농구! 버스 오는데, 소원 뭔데?

공문수, 천천히 윤지원을 당겨 안는다.

공문수 (편안해진 얼굴로) 다녀올게요, 선생님.
윤지원 (등을 탕탕 쳐주며) 실컷 뛰어들고 와, 공쌤.

버스가 도착한다. 공문수 밝게 웃어 보이고 버스에 탄다.
떠나는 버스를 보고 있는 윤지원에서.

#27. 교무실 앞 복도. 낮

퇴근 차림으로 나오는 맹수아. 거의 동시에 상담실 문이 열리고 홍태
오와 강영재가 차례로 나온다. 홍태오가 강영재에게 인사를 하면 강
영재 끄덕이고는 먼저 간다.
홍태오, 몸을 돌리다가 맹수아를 보는.

홍태오 퇴근하세요?
맹수아 네. 퇴근 안 하세요?

홍태오 (웃는) 해야죠 저도. 그때 사드리기로 한 식사, 오늘 시간 어떠세요?

맹수아 (걸으며) 전 좋아요.

홍태오 (같이 걸어가는) 뭐 드시고 싶으세요?

맹수아 선생님은요?

홍태오 (잠시 생각하다) 날씨도 더운데, 백숙 어떠세요? 능이백숙 잘하는 집 아는데.

맹수아 오... 능이백숙. 나, 나쁘지 않아요.

홍태오 그럼 가실까요?

나란히 걸어가는 두 사람.

#28. 학교 일각. 낮

가방을 메고 걷는 고해수. 저만치 같이 가는 홍태오와 맹수아를 보고는 멈춰 선다.
물끄러미 보는데.

고영선(E) 셋이 살고 싶다고?

> **인서트 > 커피숍. 낮**
> 결연한 얼굴로 끄덕이는 고해수. 그 옆에 당황한 얼굴의 홍태오.

고영선 고해수. 엄마는 너를 세상 누구보다 사랑해.
       하지만 사랑한다고 해서 니가 원하는 모든 걸 다 해줄 순 없어.
       (둘을 보며) 태오는 너한테 좋은 아빠가 될 거야.
       그런데 우리 셋이 가족이 될 순 없어. 엄마 얘기 이해하지?

작게 한숨을 쉬며 고해수, 돌아서면 엄기석이 서 있다.

엄기석, 고해수 너머 홍태오와 맹수아를 힐끗 본다.

엄기석 속상하냐? 보건쌤이 맹쌤이랑 썸 타서.

고해수 뭐래. 내가 무슨 애도 아니고. (다시 걸어가는데)

엄기석 안 답답해? 맨날 아닌 척 괜찮은 척 덤덤한 척하는 거.

고해수 척 아닌데. 너야말로 이런 오지랖 피곤하지 않니?

엄기석 오지랖... 뭔지 내가 찾아봤는데. 너한텐 그거 아니야, 나.

고해수 아님 뭔데.

엄기석 (침 꿀꺽 삼키고) 좋아해. 좋아해서 자꾸 너만 보이고, 도와주고, 옆에
있고 싶어. 오지랖 아니고.

고해수 (놀라서) 미... 미쳤나 봐.

엄기석 너는, 나 싫어?

고해수 (얼굴 빨개져서 허둥대는) 바, 반에서 꼴찌나 하고... 좋을 리가 있어?

엄기석 꼴찌 탈출하면? 2학기 중간고사에서 꼴찌 안 할게.
그럼 그때 나랑 사귀자, 고해수.

고해수 (입을 틀어막고 주변 두리번거리는)

엄기석 싫으면 싫다고 해. 그럼 다신 너 귀찮게 안 해.

고해수 (그건 또 싫은. 빤히 보다가) 해... 보든가. 등수 올리는 게 뭐 그렇게
쉬운 줄 아나.

휙 돌아서 가는 고해수, 스텝이 엉켜 비틀한다. 잠시 멍하다가 씩 웃고
가는 고해수를 따라가는 엄기석에서.

#29. 식당. 밤

보글보글 끓고 있는 백숙. 마주 앉은 홍태오와 맹수아.
홍태오 물티슈로 손을 닦고 물을 마시는 맹수아의 얼굴을 물끄러미
본다.

인서트 > 커피숍 앞. 낮

저만치 떨어져 있는 고해수. 고영선과 홍태오 문 앞에 마주 서서.

고영선   어떻게 해야 좋은 아빠가 될 수 있냐고? 홍태오 너로 행복하
        게 살아. 그걸 보여줘.

맹수아   다 끓었네요. (하며 국자를 드는데)

홍태오   (불쑥) 처음에 맹 선생님은 정말 이상한 사람이었어요.

맹수아   네?

홍태오   그다음은 무례하고 매사 장난만 치는 사람인 줄 알았고요.

맹수아   (시무룩) 그런 얘길 왜...

홍태오   그런데 그런 척하지만, 사실은 사람을 진심으로 위로할 줄 아는 멋진
        분이구나, 알게 됐어요.

맹수아   (씩 웃는데)

홍태오   그리고 아시겠지만 저는 해수의 아빠예요. 앞으로 좋은 아빠가 될 수
        있도록 노력할 거고요.

맹수아   (멈칫) 능이백숙 먹자고 하셔놓고 왜 롤러코스터를 태우시는지...
        정확히 하고 싶은 말이 뭔지 듣고 싶은데요.

홍태오   제가 하고 싶은 말은...

홍태오, 결심한 얼굴로 맹수아의 얼굴을 똑바로 보는 데서.

#30. 사택 앞. 차 안. 낮

차 뒷좌석에 나란히 앉은 윤재호와 석경태.

석경태   그놈 그거, 꼭 만나셔야 합니까?

윤재호   (한숨) 마지막으로 한번은 봐야지 싶어. 애들한테는 말하지 말게.

석경태, 신경 쓰이는 표정으로 윤재호 바라본다.

#31. 구치소 접견실. 낮

마주 앉아 있는 윤재호와 지경훈. 지경훈 핼쑥한 안색에 이마에 상처
가 나 있다.
윤재호 담담하게 지경훈을 보고 있고, 지경훈은 고개를 떨구고 있는.

윤재호   호석이가 고집을 부렸었지.
지경훈   (천천히 고개를 든다)
윤재호   혼자가 된 너를 집에 데려왔을 때 나는, 니 아버지, 어머니 장례 치러
         주고, 몇 달 데리고 있다가 보내려고 했거든.
         근데 호석이가 울며불며 매달리더라고. 너 아무 데도 보내지 말라고.
         내 친구 갈 데가 없다고.
지경훈   (다시 고개 숙이는데 후두둑 눈물이 떨어진다)
윤재호   그놈 말을... 그 착해빠진 놈 말을 듣지 말았어야 했는데.
지경훈   아버지...
윤재호   그렇게 부르지 말어. 더는 니 아버지... (하다 말을 못 잇고)
지경훈   죄송해요. 정말 죄송합니다, 아버지.
         저를 사람답게 살게 해주셨는데... 그래서 더 잘하고 싶었어요.
         아버지께 또 호석이한테 저는 평생을 미안하고 고마워야 하고.
         그게 싫었어요. 번듯하고 당당하게 아버지 진짜 아들이, 되고 싶었습
         니다, 저. 그래서 욕심을 냈어요.
         번듯하게 잘 해내서 이게 다, 니 덕분이다. 그런 말씀 듣고 싶어서요.
         호석이 다음이 아니라.
윤재호   (눈물로 보는) 못난 놈! 내가 널 한 번이라도 호석이하고 다르게 생각
         한 적이 있는 줄 아냐? 어째서 그런 생각을 해!!
지경훈   (무너지는) 죄송합니다... 저 절대 용서하지 마세요, 아버지.

윤재호   (목소리 떨리는) 아니...

지경훈   (눈물범벅이 된 채 윤재호를 보면)

윤재호   용서하마. 그러려고 왔다. 내 살날도 얼마 안 남았는데 너 같은 놈을
          붙잡고 미워하고 증오해서 뭘 해.
          그럴 필요도 가치도 없는 놈이니까... 용서한다.

지경훈   (흐느끼면)

윤재호   내가 용서 못 하는 거는, 내 아들 며느리를 그렇게 보내고 아무것도 모
          른 채 널 옆에 둔, 멍청한 윤재호... 나야, 이놈아.

          자리에서 일어나는 윤재호. 울컥 솟는 눈물을 삼키며 뒤돌아 접견실
          을 나간다. 혼자 남은 지경훈의 울음만 공간에 울려 퍼진다.

#32. 구치소 앞. 낮

          충혈된 눈으로 나오는 윤재호. 차 앞에 서서 기다리고 있던 석경태가
          얼른 다가온다.
          윤재호의 표정을 보며 석경태 마음이 아픈. 둘러보다가 근처 벤치로
          이끈다.

석경태   잠깐 쉬다 가십시다.

윤재호   (벤치에 앉으며) 여러 가지로 고맙네. 자네들 아니었으면 우리 호석이
          주희 볼 면목이 없었을 거야...

          두 사람 말없이 앞만 응시하고 있다.

석경태   (고개 돌려 윤재호 보며) 호석이... 날 찾아왔었습니다, 그때.

윤재호   (놀라서 보는) 호석이가 자넬?

석경태   (힘들게) 돈을 빌려달라고요. 물론 나는 거절했습니다.

윤재호   (침을 꿀꺽 삼키고)

석경태   나를 만나고 호석이 사고가 났단 말을 들었을 때, 후회를 안 했다면 거
         짓말이지만... 그 대신 나는 화를 냈어요.
         내 잘못이 아니라고. 날 그렇게 만든 건 영감님이라고 말이죠.
         그래서 이렇게 재단을 사고, 골프장을 올리는 게 옳은 일이라고 그렇
         게 믿고 싶어서 더 고집을 부린 것 같습니다.

윤재호   (목소리 떨리는) 자네 잘못이 아니긴 하지.

석경태   (회한의 한숨을 내쉬고) 호석이는 끝내 지경훈이 때문이라고 말을 안
         했어요.

윤재호   (고개를 돌리고 눈물을 쓱 훔치는) 그럴 놈이지. 그놈이.

석경태   내가 어쩌면 이 지독한 악연을 되돌릴 순간을 허무하게 놓쳤다는 걸
         이제야 인정했습니다.

윤재호   (보는)

석경태   다 관둡니다. 피곤해요, 아주 피곤해. 그리고 늦었지만 ...죄송합니
         다. 그때 호석이를 그렇게 돌려보내서.

윤재호   (회한으로 앞만 보며 끄덕이고 있다가) 다 흘러간 일이네.
         이제 애들이 우리가 끊지 못한 악연을 끊어줄 거야.

         석경태, 천천히 손을 내밀어 윤재호의 손을 꼭 부여잡는다.
         그 손을 마주 잡아주는 윤재호. 둘 마주 보며 비로소 웃는 얼굴에서.

#33. 한정식집 전경. 낮

         맑고 쾌청한 하늘. 지저귀는 새소리가 경쾌하다.
         단정하고 깨끗한 한정식집의 전경 비추며.

#34. 한정식집. 낮

웃음기 없이 서로를 째려보고 있는 윤재호와 석경태.

나란히 앉은 윤재호와 윤지원. 맞은편 문을 등지고 석경태 한영은과 석지원이 나란히 앉았다.

석경태 당연히 호텔이지 무슨 말씀 하십니까, 영감님?
윤재호 결혼식 한 번에 몇 억을 쓰는 게 이게 이치에 맞나?
석지원 (뭔가 말하려 입을 여는데) 그게,
석경태 (말 막듯) 사회적 체면이라는 게 있습니다, 저한테는.
       영감님이야 저를 벼멸구 취급 하시지만 제가 이래 봬도 기업 회장이
       란 말입니다.
윤지원 저희 생각엔...
윤재호 (끼어든다) 나한테는 품격이라는 게 있어. 허례허식, 쓸데없는 과시
       이런 건 용납 못 해. 어, 거기 있잖냐, 지원아. 교원공제회에서 빌려주
       는 웨딩홀!
석경태 (손 휘저으며) 아 거참! 비용은 우리가 댄다니까요?
윤재호 왜 자네가 다 내나? 내 손녀 결혼식인데!
한영은 (눈 반짝 해서 윤지원 보는) 참, 드레스는 나랑 보러 가요.
       내가 지원 씨한테 딱 맞는 웨딩드레스 몇 벌 벌써 초이스 해놨어!
윤지원 (뭐라 말하려는데)

세 어른, 동시에 각자 할 말만 한다.

석경태 아니, 내 손님만 해도 몇 명인데, 지금...
윤재호 추려! 쓸데없는 사람들 부르지 말고 제대로 된 지인들만 부르게.
한영은 (양손을 모으고) 내가 딸이 없어서 며느리 드레스는 꼭 내 손으로 골
       라 주고 싶었거든. 오랜 로망이었어.

석지원, 텅 빈 눈으로 절레절레 고개를 흔드는데, 작게 진동하는 석지
원의 핸드폰 들어서 메시지를 확인하고는, 얼른 답장을 보낸다.

석지원   어? 저 아버지, 지금... (하는데)
윤지원   (단호하게 큰 소리로) 저는!

모두 말을 멈추고 윤지원을 본다. 야무진 얼굴로 둘러보는 윤지원.

윤지원   어른들 말씀 잘 알겠습니다. 그래도 우선은 저희 둘이 생각한 대로,
          가진 예산대로 잘 의논해서 결정하겠습니다.
석지원   네, 그런 거로 다투지 마세요. 저희가 알아서 잘하겠습니다.
윤지원   (한영은 보며) 그리고 무엇보다 전 웨딩드레스 입고 신부대기실에만
          앉아 있고 싶지 않습니다.
석지원   예, 드레스... 응? 갑자기?
석경태   그럼 어디 있겠다는 거야?
윤지원   (침을 꿀꺽 삼키고) 저도 격식 있고 편한 슈트 입고,
          오는 손님들 맞이 같이할 겁니다. 예전부터 그러고 싶었어요.
          결혼을 한다면요. 그러니까 이건 제 오랜 로망...
윤재호   무슨 소리야, 이건?
한영은   (절망으로) 어머, 안 돼...
석경태   그건 아니지!
윤재호   그래, 지원아. 아무리 그래도 그건 좀...
          어떻게 신랑 신부가 둘 다 슈트를 입어?

그 말에 모두 석지원을 본다. 석지원 미간을 찌푸린 채 윤지원을 지그
시 보고 있다.

석지원   ...까만 슈트, 어울릴 것 같긴 해. 다들 아시겠지만 얘가 뭘 입어도 태
          가 나는...
석경태   (일어나며 버럭) 다 관둬. 안 해. 이 결혼 안 시켜!

하는데, 벌컥 열리는 문. 문을 마주하고 있던 윤재호의 눈이 커진다.

윤재호의 표정을 보고 돌아보려는 석경태의 뒤통수를 시원하게 치는
누군가.
석경태 비명을 지르고, 석지원과 한영은도 놀라 돌아본다.
크루즈 여행에서 돌아온 티가 나는 화려한 꽃무늬 원피스와 챙이 넓
은 밀짚모자 차림이다.

안수자 관두긴 뭘 관둬! 니 결혼이야?
석경태 (뒤통수를 쥐고, 놀라서 얼어붙어 있으면)
윤재호 수자야…! 그대로구나.

#35. 상동. 낮

윤재호의 옆자리에 앉은 안수자. 안광이 번쩍 빛난다.
흠칫 고개를 숙이는 석경태. 덩달아 윤재호도 눈을 내리깔고 있다.

석경태 (모기만 한 목소리로) 오시면 오신다고…
석지원 아까 저한테 연락하셨는데, 아무도 제 말을 듣지 않으셔서.
석경태 (괜히 석지원 노려보고)
한영은 (웃는) 어머니, 다음 주에나 오신다고 하셨잖아요?
안수자 좀 땡겼어. 웬수들끼리 화해의 결실을 보는 역사적인 자리에 내가 빠
        져서야 쓰나?
석경태 (긴 한숨을 내쉰다)
안수자 각설하고. 경태!
석경태 예.
안수자 재호 오빠!
윤재호 응…
안수자 둘이 저렇게 기특한 결심을 했는데, 괜히 늙은이들이 나서서 감 놔라
        배 놔라 하지 맙시다? 결혼식을 어디서 하든, 신부가 뭘 입든, 각설이

타령을 틀고 입장을 하겠대도 넵둬. 알겠어요들?

석경태   예.

윤재호   응...

안수자, 만족스럽다는 듯 끄덕이며 생긋 웃는 얼굴에서.

#36. 사택. 2층 거실. 밤

지친 얼굴로 소파에 나란히 앉은 윤지원과 석지원.

윤지원   우리 상견례 겨우 하나 했는데 이렇게 지치는 게 맞아?

석지원   (웃는) 이제 몇 개나 더 남은 거야?

윤지원   (머리가 아픈) 그냥 다 생략하고 혼인신고나 확 그냥?

석지원   ...애가 왜 이렇게 낭만이 없어.

윤지원   오늘 느꼈거든. 결혼은 지독한 현실이야. 일단 방학 동안 하나는 해치
우자.

석지원   어떤 거?

윤지원   웨딩 촬영.

석지원   (씩 웃는) 나 하고 싶은 게 있긴 한데.

윤지원   (보는) 뭔데?

석지원   화창하고 맑은 날, 나무도 많고 꽃도 많은 정원에서 찍는 거야.

윤지원   ...덥겠다.

석지원   (휙 째려보면)

윤지원   예쁘겠다. 사진은 야외지...

#37. 웨딩 촬영 업체 정원. 낮

맑고 화창한 여름 정원. 햇살이 강렬하다. 그 아래 서 있는 윤지원.
화를 참고 있는 얼굴이다. 하얀색의 단정한 실크 투피스 차림이다.

#38. 도로 + 석지원의 차 안. 낮

막히는 도로. 뒷좌석에서 안절부절못하고 있는 석지원.
운전석의 이기하 역시 초조한 얼굴이다.

석지원   얼마나 남았어?
이기하   30분이면 됩니다!
석지원   이미 20분 늦었는데...
이기하   회의가 길어진 건데 이해해 주시지 않을까요?

그때 라디오에서 날씨 뉴스가 흘러나온다.
"오늘 서울의 기온이 36도에 육박하면서 유례없는 더위가 찾아왔습
니다."
석지원, 손바닥으로 얼굴을 가리며 좌절한다.

#39. 촬영 업체 정원. 낮

촬영용 옷으로 갈아입은 석지원. 재킷을 입으면서 정원으로 달려 나
오는 중이다.
휙 돌아보는 윤지원. 분노로 걸음을 옮기다가 높은 구두에 발이 삐끗
하는.

윤지원   (무릎 꺾이며) 아!
석지원   (후다닥 달려오며) 지원아!

하다가, 쪼그리고 앉은 윤지원의 치마를 냅다 밟으며 살짝 미끄러지는 석지원.
어, 하며 발을 떼보지만 실크 치마가 이미 쭈욱 찢어졌다. 눈이 마주치는 둘.
윤지원 주먹을 쥐는 데서.

#40. 촬영 업체 스튜디오. 낮

이미 지쳐서 탈의실에서 나오는 윤지원. 갈아입은 원피스가 맘에 들지 않는다.
거울 앞에서 서서 입바람을 불어보는데 저만치 걸린 드레스들을 보고 있는 석지원.
한 드레스를 유심히 보다가 윤지원을 발견하고는 얼른 다가온다.

석지원   괜찮아?
윤지원   괜찮아 보여?
석지원   (시무룩한) 미안하다.
윤지원   (이 악물고) 일단 찍고 얘기하자.

#41. 촬영 업체 정원. 낮

커다란 나무 아래 서서 포즈를 취하는 두 사람.

사진사   자, 마주 보시고 살짝 미소만!

둘 마주 보고 어색한 미소를 짓는 순간. 우르르 쾅... 낮게 울리는 하늘.

석지원   (절레절레) 아니야. 제발.

속절없이 쏴아- 시원하게 내리는 소나기.
둘 동시에 질끈 눈을 감는 순간. 찰칵, 하며 사진이 찍히는 데서.

#42. 사택. 1층 거실. 밤

퀭한 얼굴로 들어오는 윤지원과 석지원. 서로 휙 째려본다.
윤재호가 깰까 봐 속삭이며 싸운다.

윤지원   (작게) 왜 니가 화를 내? 화를 내도 내가 내야지?
석지원   (역시 작게) 너한테 화낸 거 아니야.
윤지원   (다가서서) 그럼 오는 내내 왜 그런 표정인데?
석지원   (답답한) 몇 번 말해. 나! 나한테 화난 거라고.
윤지원   (어이가 없는) 봐, 지금도 나한테 화내잖아, 말만 그렇게 하고.
석지원   그만하자, 오늘은.
윤지원   할 말 없으니까 그만하재. 쪼잔해가지고.
석지원   ...쪼잔?
윤지원   (말이 심했나 싶지만) 쪼잔!

석지원, 상처받은 얼굴로 잠시 보다가 몸을 돌려 2층으로 올라가고,
윤지원 입을 삐죽이다가 역시 휙 방으로 들어가는 데서.

#43. 오봉집. 밤

둘러앉은 홍태오와 변덕수, 이재규, 차지혜, 장은유, 윤지원.
앞에 놓인 낙지볶음과 보쌈.

맹수아가 화장실에 다녀온 듯, 홍태오 맞은편 자리에 앉다가 눈이 마주치면 동시에 얼른 눈을 피한다.

변덕수 자자! 음식도 나왔으니 다들 한잔하자구. 홍쌤의 앞날을 위하여!
모두들 (다 같이 짠하며) 위하여!!

윤지원 앞에 놓인 잔을 들어 한 잔을 마시고, 안주도 하나 집어 먹는다.

cut. to
다들 적당히 취해 있다. 물끄러미 사람들을 둘러보던 맹수아,
핸드폰을 열어 메시지를 쓰기 시작하는.

차지혜 참, 홍쌤은 다른 자리 구하셨어요?
홍태오 아뇨, 당분간은 좀 쉬려고요.
이재규 부럽다. 홍쌤! 아주 긴 방학을 보내겠구만.
장은유 진짜 딱 일주일 아니 삼 일만 더 방학했으면 좋겠어요.
윤지원 (웃는) 우리 반 애들, 개학하면 맨날 하는 얘기랑 똑같네요.
차지혜 학생과 교사가 유일하게 서로를 이해하는 순간이지.

다들, 웃는데. 홍태오, 핸드폰을 꺼내 뭔가 확인하다가 멈칫 놀란다.

변덕수 (진지한) 근데 다들 개학이 그렇게 싫어?
        하루 종일 집에 심심하게 있는 거보다, 훨씬 좋지 않아?
        밥도 혼자 안 먹어도 되고. 난 어제부터 잠도 설쳤어, 설레서.
이재규 ...기러기아빠, 이거 법적으로 금지시켜야 돼.
홍태오 (불쑥, 어색하게) 하하 이것 참. 죄송해서 어쩌죠.
        제가 급한 일이 있어서 그만 일어나야 할 것 같습니다.
변덕수 엉? 갑자기? 마지막인데?
홍태오 다, 다들 더 드시고 오세요. 계산은 제가 해놓고 가겠습니다.

맹수아   (별안간 핸드폰을 들고) 엄마? 왜? (벌떡 일어나며) 진짜?
         알았어. 지금 바로 갈게. (전화 끊고) ...어쩌죠? 저 엄마가 의논할 일
         이 있으시다네요? 아쉽지만 먼저 가볼게요. 내일 봬요.

         홍태오와 맹수아, 인사를 하고 나가면서도 서로는 보지 않는다.
         선생님들 서로 얼굴을 마주 보며.

이재규   저 둘... 어쩌지? 너무 티 나는데?

         모두 흥미진진한 얼굴로 몸을 기울여 문밖을 보면, 어색하게 앞뒤로
         가고 있는 둘.

#44. 거리 일각. 밤

         사람들이 오가는 거리. 나란히 걷던 홍태오와 맹수아. 눈이 마주치면,
         웃는다.

         인서트 > #29. 식당. 밤 (이후 상황)
         홍태오   *제가 하고 싶은 말은... 이런 저여도, 괜찮으신지.*
         맹수아   *(지그시 보면)*
         홍태오   *(담담하게) 거절하셔도 돼요. 어쩌면 당연히 그래야 할지도요.*
                  그래도 한 번쯤은 솔직하고 싶었어요, 저도. 맹 선생님처럼.
         맹수아   *그 말은 선생님도 절 좋아한다는 뜻인가요?*
         홍태오   *네. 더 알아가고 싶습니다, 수아 씨를.*
         맹수아   *좋아요.*
         홍태오   *예?*
         맹수아   *(씩 웃고) 저는 당연한 건 재미없거든요.*
                  쉬운 길은 아니겠지만, 미리 겁먹는 것도 제 스타일은 아니고.

조심스럽게 맹수아의 손을 잡는 홍태오.

맹수아   아유, 낼부터는 자주 보지도 못하는데 다들 집에 갈 생각들이 없잖아
              요. 도저히 못 기다리겠어서.

홍태오   근데 나 연기가 어색하지 않았어요? 그냥 솔직히 말하는 게...

맹수아   저도 상관없는데 그래도 학교에 소문나면 혹시나 해수가 좀 불편할
              수도 있고. 또 비밀 연애 은근 스릴 있잖아요?

홍태오   (씩 웃고) 뭐 할까요, 이제?

맹수아   손잡고 걸으면서 천천히 생각해보죠. 밤은 기니까.

행복한 얼굴로 걸어가는 두 사람의 뒷모습에서.

#45. 오봉집 앞 · 밤

택시를 잡으려 서 있는 윤지원과 차지혜.
차지혜 오는 택시 한 대를 향해 손을 내밀어 보지만 그냥 지나간다.

윤지원   너나 나나 가까워서 더 안 잡히나 봐.

차지혜   석지원이 데리러 안 와? 본가 갔어?

윤지원   아니 요즘 사택에 있어. 할아버지 혼자 계시면 안 된다고.
              근데 좀 싸웠어. 냉전 중.

차지혜   치, 그리고 사택에 있다면서 그게 싸운 거야?

윤지원   (픽 웃고) 그런가.

차지혜   둘이 다시 만나 잘 지내서 좋아. 진심으로.

윤지원   (머쓱하게 웃는) 쑥스럽게... 우리 커피나 마시고 천천히 갈까, 차라리?

차지혜   그럴까?

#46. 편의점 앞 · 밤

캔 커피를 들고 있는 윤지원. 차지혜는 맥주 캔을 따서 그대로 쭉 마신다.

윤지원   술이 모자랐구나, 너.
차지혜   비겁하지만, 술의 힘을 좀 빌려서 너한테 고해성사하려고.
윤지원   나한테?
차지혜   (끄덕이고) 어디서부터 얘길 해야 할지 모르겠는데.
윤지원   무섭게 왜 이래, 얘가.
차지혜   (결심한 듯) 너 석지원 떠나고 아팠던 날 내가 갔던 거 기억해?
윤지원   고등학교 때 말하는 거야?
차지혜   응. 그날 너한테 걸려 온 석지원의 전활 내가... 지웠어.
윤지원   (혼란스러운) 지혜야?

인서트 > 3회 #81. 윤지원의 방
잠들어 있는 윤지원. 의자에 멍하니 앉아 잠든 윤지원을 보고 있는 차지혜.
그때 윤지원의 핸드폰이 진동한다.
차지혜 천천히 핸드폰을 열어 확인하면, 〈지원아〉
메시지가 다시 온다. 〈윤지원 나야. 여기로 전화해줘〉
가만히 보던 차지혜 입술을 깨물고 떨리는 손으로 메시지에 답장을 한다.
곧이어 석지원의 메시지와 자신이 보낸 메시지 모두 삭제한다.
핸드폰을 내려놓고, 천천히 일어나는 차지혜.
눈물이 툭 떨어지면 서둘러 닦고 방을 나간다.

차지혜   (작게 한숨을 내쉬고) 어이없게도 내가 석지원을 좋아했었거든.
         그러니까 그때 너희가 헤어진 건 나 때문이야.

윤지원   (보는) 그 얘길 지금 하는 이유가 뭐야?

차지혜   너무 많이 늦은 거 알아. 아무 소용이 없다는 것도.
        그래도 용서를 빌고 싶었어. 내가 얼마나 형편없는 사람인지 너한테
        들키더라도 말이야.

        눈을 질끈 감는 차지혜. 한참 윤지원의 대답을 기다려도 들리지 않고.
        조심히 눈을 뜨고 윤지원을 바라보는데.

윤지원   생각해 보니까, 그리고 우리 고3 되면서 조금씩 멀어졌어, 그치?
        난 그게 좀 서글프면서도 나이도 먹고 대학도 가고 그래서 어쩔 수 없
        나 보다, 했거든.

차지혜   널 보면 미안하기도 하고, 화가 나기도 하고... 그랬어, 내내.
        진심으로 미안해, 지원아.

윤지원   (서글픈 얼굴로 차지혜를 보고 있다)

차지혜   (긴장해서) 화내도 괜찮아.

윤지원   그동안 니가 이미 너한테 충분히 화를 낸 것 같은데.

차지혜   (!!)

윤지원   뭘 그딴 걸 끌어안고 있었어. 우리 어렸잖아.
        다들 실수투성이였다고. 그냥 빨리 털어버리고 말지,
        이게 뭐냐, 그 오랜 시간을. (자리에서 일어나면)

차지혜   (그렁해서) 윤지원...

        차지혜 따라 일어나 어정쩡하게 윤지원에게 다가온다.
        윤지원, 원망스럽기도 안쓰럽기도 한 차지혜를 보고 있으면,
        차지혜 윤지원을 와락 껴안고 꾹 눈을 감는다.

#47. 사택. 석지원의 방. 밤

침대에 누워 깊이 잠들어 있는 석지원. 벌컥 문을 열고 들어오는 윤지원.
책상 위에 도면 종이와 색연필들, 커피 잔 등이 어지럽게 놓여있다.
잠들어 있는 석지원을 물끄러미 본다.
인기척을 느낀 석지원이 설핏 눈을 뜨다가 윤지원을 보고 소스라치게 놀라는데.

석지원 으어억... 지원아?
윤지원 (말없이 석지원 옆에 누워, 석지원을 꽉 껴안는다)
석지원 (잠긴 목소리로) 뭐지? 뭐 하는 거지... 야, 너 이렇게 냅다 들이대면 내가 뭐, 자존심도 없이 그냥 화가 풀... 려.
다 풀렸어, 지금.
윤지원 (말없이 더 꽉 안으며) ...이렇게 다시 만났으니까 됐어.
석지원 뭔 소리야. 근데 우리 이러고 있다가 들키면 죽는데...
(하다가 푸스스 웃고) 모르겠다. 죽자 그냥.

윤지원을 마주 안아주는 석지원. 윤지원 복잡한 심경을 감추려는 듯 눈을 감는다.

#48. 사택. 2층 거실. 낮

동시에 내밀어지는 옷 2벌.
석지원, 윤지원이 입을 까만 여성용 슈트를 짠 내밀고 있다.
마주 선 윤지원, **#40.**에서 석지원이 보고 있던 드레스를 새침한 얼굴로 들고 있다.

윤지원 못되게 말한 거 미안. 홧김에 한 말이야.
석지원 쪼잔하긴 했어, 내가. 나 땜에 다 망쳐놓고.
윤지원 (웃는) 뭘 망치냐. 비 오는 웨딩 사진도 나쁘지 않던데?

둘 다 제대로 못 웃어서 그게 좀 걸리지만.

석지원   그래서 말인데, 오늘 다시 찍을까?

윤지원   웨딩 사진을? 어떻게?

석지원   그냥 우리를 찍는 거지. 멋들어진 정원 말고, 지금 여기서.

#49. 웨딩 촬영 몽타주. 낮

1. 사택 앞. 낮

석지원이 준 슈트 차림의 윤지원. 비슷한 무드의 슈트를 입은 석지원이 팔짱을 끼고 서 있다. 마주 보며 씩 웃는데, 벌컥 대문을 열고 나오는 윤재호.

놀란 세 사람의 얼굴이 그대로 사진에 찰칵, 담긴다.

2. 학교 교실. 낮

1과 같은 옷차림. 윤지원은 책상에 걸터앉고, 석지원은 의자에 앉은 채 마주 보는 두 사람에서 찰칵.

3. 학교 수돗가. 낮

두 사람 독고 체육복을 입고 나란히 서서 어린아이처럼 활짝 웃는 얼굴로 찰칵.

4. 동네 어느 골목. 낮

빨간 원피스를 입은 윤지원과 편안한 캐주얼 차림의 석지원이 브이를 그리며 찰칵.

5. 라일락 벤치. 낮

맑고 화창한 날씨다. 초록의 나무도 있다. 윤지원, 드레스를 입고 보라색 꽃으로 꾸며진 작고 소박한 부케를 들었다.

슈트 차림의 석지원과 나란히 벤치에 앉아 있다.

석지원 그땐 결혼식 끝까지 못 하지 않았어? 내가 울어서.
윤지원 (눈을 가늘게 뜨고 보는) 흐응... 그렇게 기억하고 있구나?
석지원 (갸웃) 아니야? (하는데)
사진사 자, 여기 보시고!

하면, 윤지원 장난스런 얼굴로 석지원의 넥타이를 잡고 살짝 당겨 입을 맞춘다.
웃음이 터지는 석지원의 얼굴. 그대로 찰칵, 사진이 찍히며 천천히 암전된다.

#50. 학교 전경. 낮

점점 등교하는 학생들과 선생님들로 가득 차는 학교의 활기찬 모습.

#51. 2-1반 교실. 낮

교탁 앞에 선 윤지원. 학생들을 둘러본다.

윤지원 자, 2학기 반장을 뽑아야 하는데. 누구 하고 싶은 사람 없어?
        지원 없으면 추천도 가능!

학생들, 침묵만 지키고, 정율은 엎드려 자고 있다. 그때 손을 드는 고해수.

윤지원 어, 해수.

고해수	추천합니다.
김유미	(난가 싶어서 웃으며 고해수 보는데)
고해수	정율이요.

조용해지는 교실. 김유미 입을 삐죽거리고. 천천히 몸을 일으키는 정율.
고개를 돌려 고해수를 보면, 고해수 뻔뻔한 얼굴로 맞받아본다.

cut. to
반 학생들 재밌다는 듯 키득거린다. 난감한 표정으로 선 윤지원.
칠판에는 정율 이름만 쓰여있다.

윤지원	진짜 율이 말고는 없어?
정율	(한숨을 내쉬고) 기권...
윤지원	...은 안 돼. 후보자가 너뿐이라서. 진짜 더 없지?
	그럼 투표할 것도 없이 2학기 우리 반 반장은... 정율이다.
정율	(어이가 없다는 듯 픽 웃고 만다)
고해수	(그런 정율을 보며 역시 씩 웃는다)

#52. 학교 일각. 낮

축구공을 들고 바삐 가는 엄기석. 가방을 메고 나무에 기대 서 있는
고해수를 본다.
고해수도 엄기석을 보고 다가오는. 엄기석 긴장해서 침을 꿀꺽 삼키는.

고해수	엄기석. 시간 있... (하다가) 축구하러 가?
엄기석	(공 휙 던지고) 아니. 시간 있어. 완전 있어. 가진 게 시간밖에 없어.
고해수	그럼 나랑 어디 좀 가자.
엄기석	가. 무조건 가. 어딘데?

고해수	도서관.
엄기석	(믿을 수 없는) 뭐? 다시 말해 봐. 어딜 가자고?
고해수	우리 집 뒤에 새로 생겼는데 깨끗하고 조용해.
	(딴 데 보며) 내가 너 공부 좀 봐줄게.
엄기석	(웃는) 내가 꼴찌 탈출 못 할까 봐 애가 타는구나, 너?
고해수	뭐래. 싫으면 말고.
엄기석	안 싫어. 가르쳐줘, 전부 다.

나란히 걷기 시작하는 둘. 그때 뒤에서 뛰어오는 김유미.
둘 사이를 가르며 중간에 선다.

김유미	나도 같이 가.
엄기석	(김유미 귀에 대고) 꺼져. 제발.
김유미	너네 나 빼고 놀면, 나 가만 안 있어. 썸 타기만 해?
고해수	(버럭) 아냐! 그런 거!

고해수, 빨개진 볼을 감싸쥐며 앞서 걸어가 버리면.
김유미와 엄기석 서로를 경계하듯 노려보다 후다닥 고해수를 따라간다.
그때 건물에서 막 나오는 정율.

김유미	야, 반장! 너도 같이 갈래?
정율	(귀찮은) 어딜?
김유미	우리 어디 가냐?
고해수	도서관 갈 건데. 오든지.
정율	(휙 지나쳐 가며) 안 가.

심드렁한 얼굴로 셋을 지나쳐 가는 정율. 나머지 절레절레 고개를 흔들고 다시 걷기 시작한다.
엄기석과 김유미가 정율을 툭툭 치며. "같이 가. 가서 자", "사실 너도

끼고 싶지? 그치?" 농담을 건네면,
정율 희미하게 웃으려다 얼른 표정 관리를 하고. 네 사람 함께 걸어가
는 모습에서.

#53. 사택 앞. 낮

막 문을 열고 나오는 윤지원. 걸음을 옮기다가 대문에 꽂힌 엽서 하나
를 발견한다.
보면 동해 어디쯤의 우체국 주소와 공문수의 이름이 써 있다.
〈할아버지, 선생님, 저예요. 〉로 시작하는 엽서다.
윤지원, 반가운 얼굴로 보면 엽서에 붙은 사진 한 장.
파란 바다에 몸을 담그고 활짝 웃고 있는 공문수의 셀카다.

인서트 > 사진 속 공문수로 이어지면서 (바다 또는 수영장)
자유롭게 헤엄치는 공문수. 한참을 수영하다 수면 위로 불쑥 솟아오
른다. 거칠게 숨을 내쉬면서도 행복하다.
물에 둥둥 뜬 채로 엽서 속 사진처럼 웃는 공문수의 얼굴에서 다시 현
실로.

윤지원   (흐뭇한) 진짜 뛰어들었네.

#54. 사택. 1층 거실. 낮

심각한 얼굴로 마주 앉은 윤재호와 안수자.
바둑판을 두고 알까기를 하는 중이다. 백을 잡은 윤재호의 알이 2개,
안수자의 흑은 1개만 남아 있다. 안수자 초조한데.
윤재호, 심혈을 기울여 돌을 조준한다. 손끝이 파르르 떨리고.

이윽고 돌을 날리면 안수자의 하나 남은 돌이 튕겨 나간다. 바둑판 끝에서 빙글 돌다가 그대로 추락하고, 윤재호의 돌은 남는다.

윤재호   (양 주먹을 치켜올리며 환호하는) 이겼다아!!
안수자   (신나니? 하는 얼굴로 보는데)
윤재호   (신이 난 얼굴로 안수자의 이마에 딱밤을 가차 없이 날린다)
안수자   악! (이마를 감싸쥐고 노려보면)
윤재호   (아차 싶은) 아이구, 내가 너무 몰입해서...!
안수자   몰입 두 번만 했다간, 몇십 년 만에 만난 첫사랑 이마 아작내겠수.
윤재호   (머쓱하게 웃는) 아팠구나.
안수자   예나 지금이나 눈치 없는 건 여전하시구만.
윤재호   (장난스레) 그래서 날 차고 석가 놈한테 간 거냐, 그놈이 눈치가 빠하고 빠릿빠릿했잖어.
안수자   (추억하는 듯 아련하게) 것보단, 우리 경태 아버지가...
윤재호   (보면)
안수자   ...잘생겼었어. 나는 남자 딴 거 다 필요 없고 얼굴 보거든.
윤재호   (!! 충격으로 보다가) 잘생긴 것들은 결국 다 얼굴값 해!
안수자   맞아요. 근데 못생기면 꼴값을 하더라구. 둘 중 고르라면 난 얼굴값.
윤재호   (!!!! 더 충격으로 보면)
안수자   (꺄르르 웃는) 아니, 오빠가 그렇다는 건 아니구!
          오빠는 사실 연애보단 일에 더 미쳐 살았지, 안 그래요?
윤재호   (피식 웃고 한숨을 내쉬는) 그랬지. 이제 하나둘 내려놓고 지내려니까 심심해. 재단도 이제 내 일 아니고, 지원이는 결혼하고.
안수자   맞아요. 크루즈도 타고 별별 것 다 해봐야, 늙으면 결국 심심해.

둘, 마주 보며 피식 웃는다.

#55. 사택. 2층 계단. 낮

서 있는 석지원. 윤재호와 안수자의 뒷모습이 보인다.

안수자   우리 알까기 말고, 차라리 화투를 칠까요? 점 백?
윤재호   (솔깃) 그라...?

일어나 방으로 가는 윤재호를 물끄러미 보는 석지원.

#56. 석반건설. 건축사업부 사무실. 낮

벽에 커다랗게 붙어있는 골프장 조감도. 그 앞에 서 있는 석경태와 김
부장.
석경태, 눈짓하면 김 부장 골프장 조감도를 떼어낸다.
텅 빈 벽을 보며, 씁쓸하게 웃는 석경태 돌아서는데,
문을 벌컥 열고 들어오는 석지원.

석경태   뭐야?
석지원   (손에 든 커다란 종이를 펼쳐서 벽에 붙인다)
석경태   (눈을 가늘게 뜨고 보는) 이게 뭔데?
석지원   골프장 대신 지을 거예요.
석경태   ...생태공원?
석지원   (끄덕이고) 산림청하고 접촉하고 있어요. 골프장보다는 아니겠지만
          지역 경제 활성화에도 나쁘지 않고요.
석경태   통보네, 이 자식이 아주?
석지원   제 사업이었잖아요. 잘 해보겠습니다. 아버지.
          독목산 전문가 한 분 모셔서 같이 해보려고요.
석경태   독목산이 뭐라고 전문가가 있어?
석지원   (씩 웃는 얼굴에서)

#57. 독목산 전경. 낮

푸른 여름에서 서서히 알록달록한 단풍이 든다. 가을이다.

#58. 한적한 야외 주차장 + 석지원의 차 안. 낮

가을 옷차림의 윤지원이 운전석에 앉아 있고, 조수석에 석지원.
이미 시동은 걸려 있다.

석지원   자, 이제 주차만 마스터하면 완벽해. 내가 볼 때 너 운전에 소질 있어.
윤지원   (신나서) 그래?

윤지원, 자신감 있게 핸들을 휘리릭 돌린다.

cut. to
차 문을 열고 내리는 윤지원. 화가 난 채 저벅저벅 간다.
뒤따라 내린 석지원, 윤지원을 쫓아가며.

석지원   (심각한 얼굴로) 지원아, 너 지금 방금 양쪽 차 차례로 다 긁으면서 나
         온 거야. 알고 있어?
윤지원   (휙 보는) 알아. 니가 이렇게 친절하게 여러 번, 강조해서 지적하는데
         모를 수가 있냐!

윤지원, 뒤도 안 보고 걸어가면, 석지원 아차 싶은. 뛰어가 와락 껴안고,
미안하다고, 다시 안 그럴 테니 한 번 더 해보자고 설득하는 석지원.
윤지원 씩씩대면서도 그런 석지원을 보며 화가 누그러진다.
윤지원을 껴안은 채 차로 다시 데려가는 석지원.
티격태격하는 둘의 모습을 멀리서 비춘다.

#59. 라일락 벤치. 낮

초겨울. 라일락 나무, 거의 앙상하다.
벤치 끝과 끝에 앉아 서로 등을 돌리고 태블릿PC에 뭔가 적고 있는 윤
지원과 석지원. 윤지원이 하나, 둘, 셋 하면, 동시에 화면을 서로에게
내민다.
윤지원은 〈스위스〉 석지원 〈앙코르와트〉를 적었다.
웃고 있다가 동시에 김이 샌다는 얼굴로 서로를 째려본다.

윤지원 안 맞다, 안 맞아...
석지원 가위바위보 하자. 나 신혼여행만큼은 양보 못 해.

둘, 비장한 얼굴로 가위, 바위, 보!를 외친다. 결과는 보여주지 않는다.

#60. 석반건설 앞 거리. 밤

연말 분위기의 거리. 캐롤이 흐르고 가게 앞에 트리를 둔 곳들도 보인다.
사람들이 옷차림을 여미며 서둘러 걸어가는 모습.

#61. 석반건설. 건축사업부 사무실. 낮

벽에 붙어있는 생태공원 조감도 옆에, 일이 더 진행된 듯, 다른 도면들
도 붙어있다. 앉아 있는 석지원. 이기하 그 앞에서 서서.

이기하 뉴질랜드 알버트 공원 통가리로, 아서스패스 국립공원 등 여러 곳 둘
러보실 수 있게 준비 마쳤고요.
석지원 (조감도 한번 보고, 끄덕인다)

이기하	그리고 말씀하신 3D 콘크리트 프린터 업체들이랑 미팅도 잡았습니다.
	여기는 브랜딩 마케팅팀에서 동행합니다.
석지원	얼마나 걸려?
이기하	한 달 정도 예상하고 있습니다. 전무님.

#62. 사택 앞. 저녁

마주 보고 서 있는 석지원과 윤지원.
석지원 서글픈 얼굴로 윤지원에게 매달리다시피 안겨 있다.

윤지원	겨우 한 달인데 뭘 이렇게까지 슬퍼해?
석지원	겨우?
윤지원	(달래듯) 영상통화 자주 걸게, 내가.
석지원	가기 싫다.
윤지원	일인데 가야지 어떡해… (하다가) 야, 가만있어 봐.
	한 달이면 너 우리 생일에 없는 거야?
석지원	(생각 못 한. 놀라서 보는) 어!!
윤지원	(놀리는) 섭섭하다. 사귀고 첫 생일인데, 그것도 공동 생일인데 심지
	어 크리스마슨데…! 이런 빅 이벤트를 놓치는구나.
석지원	(심각한) 아니, 그게 지원아…
윤지원	괜찮아. 뭐 쓸쓸하고 조용하게 나 혼자 있지 뭐.
	눈이라도 오면 어떡하지? 어떡하긴, 옛날처럼 혼자 남산 가 가지구 청
	승맞게 눈이나 맞는 거지.
석지원	(핸드폰 꺼내는) 잠깐만, 내가 당장…

하면, 윤지원 웃음이 터지며, 석지원의 핸드폰 뺏어 든다.

| 윤지원 | 농담이야, 매년 오는 생일인데 뭘. 가서 열심히 일해서 돈 많이 벌어 |

와. (하다가) 아! 내가 공항까지 너 태워다 줄까? 나 연습 많이 했는데.

석지원   (저도 모르게 고개를 젓다가)

윤지원   (휙 쳐다보면)

석지원   (얼른 끄덕인다) 그래. 고마워.

둘, 나란히 걸어가는 데서.

#63. 교무실. 낮

교무실 각자 자리에 앉아있는 윤지원, 맹수아, 차지혜.
다른 선생님들도 모두 자리에 앉아서 할 일을 하는 중이다.

차지혜   출장을 한 달씩이나 가?

윤지원   응. 그렇게 됐어.

차지혜   그럼 뭐야, 연말 다 지나고 오겠네. 크리스마스도?

윤지원   그렇지. (하다 맹수아 보고, 놀리는) 맹쌤! 이렇게 된 거 우리 지혜랑
셋이 크리스마스 때 모여서 놀까? 어때?

맹수아   (하얗게 질리는) 어? 조, 조, 좋지... 좋은데... 뭐랄까, 크리스마스는
원래 가족과 함께 보내는 날이라고 들었거든...

차지혜   맹쌤 울겠다. 야.

윤지원   (웃는) 농담이야. 지혜 너는? 크리스마스 때 뭐 할 거야?
너도 혹시 몰래 누구 만날 사람 있는 거 아냐?

맹수아   (침만 꿀꺽 삼킨다)

차지혜   됐네요. 크리스마스에 나가 봐야 복잡하기나 하고.
누구 만나고 연애하고 그런 거, 피곤해. 다 부질없어.

하는데, 앞문으로 들어오는 강영재.

강영재	(둘러보며) 자, 오늘 교무회의 별다른 전달 사항은 없고,
	어... 수학과에 새로 오신 선생님이 한 분 계십니다.
	(문 쪽 보며) 들어오시죠?

문으로 들어오는 남자. 뚜벅뚜벅 걸어와 강영재 옆에 선다.
차지혜, 보는 둥 마는 둥, 책상에 있는 서류들을 정리 중인데.

강영재	에... 많이 낯설 텐데 다들 따스하게 잘 대해주시고.
	(차지혜 맹수아 쪽 가리키며) 특히 같은 수학과 쌤들이 이것저것 많이
	좀 도와주십시오?

그 말에 고개를 들어 보는 차지혜.

김지웅	김지웅입니다. (차지혜를 똑바로 보며) 잘 부탁드립니다.

싱긋 웃는데, 차지혜 저도 모르게 넋이 나가 그 모습을 멍하니 보고 있다.
윤지원이 손을 뻗어 차지혜 눈앞에서 흔들어보지만, 반응이 없고.

맹수아	(씩 웃으며) ...부질 있구만.

윤지원과 맹수아 차지혜를 보며 웃는데,
차지혜 볼이 발그레해진 채 김지웅과 여전히 눈을 맞추고 있는 데서.

#64. 사택. 윤지원의 방. 아침

석지원과 화상통화를 하는 윤지원. 분할화면으로.
막 일어난 듯 하품을 하며 의자에 앉는 윤지원.
석지원 침대에 기대앉아 있는데 가슴선 위로만 화면에 보인다.

서류라도 보는지 시선이 종종 아래로 향하고, 손이 분주하다.

석지원(F) 잘 잤어?

윤지원 (너스레) 어? 누구시더라... 너무 오랜만이라 얼굴 까먹겠는데.

석지원(F) (웃는) 바빴어. 미안해.

윤지원 힘들어서 어떡하냐... 얼굴 봤으니까 통화 나중에 해도 돼. 얼른 자.

석지원(F) 응. 자야지. 지금 좀 할 일이 있어서.

윤지원 이 새벽에 무슨 할 일이 있어? 회사 너무하는 거 아냐?

석지원(F) (눈 감기는) 그치 너무하지.

윤지원 참, 학교에 수학쌤이 한 분 새로 오셨는데...

하는데, 이미 조용한. 보면 이미 눈이 감긴 석지원.

윤지원 (잠든 얼굴을 보다가, 웃는. 작게) ...잘 자.

막 끊으려는데, 뒤척이는 석지원. 핸드폰이 툭 떨어지며 빨간 털 뭉치가 잠시 보였다가 곧 핸드폰이 침대에 엎어진 듯 화면 깜깜해진다. 의아한 얼굴로 뭐지? 하다가 전화를 끊는 윤지원.

#65. 사택 앞. 낮

밝아지면 겨울 옷차림의 윤재호와 윤지원이 서 있다.
윤지원, 윤재호의 옷을 단단히 여며준다.
저만치 승합차 한 대가 오고 있다. 〈치매 안심 센터〉 붙어있고.

윤재호 왔다.

윤지원 요새 뭐 배우신다 그랬지?

윤재호 요새? 그 뭐냐 얼굴 삼행시. 센터에서 내가 제일 잘 외운다. 1등이야.

윤지원	(엄지척!) 역시 윤지원 할아버지답다.
윤재호	열심히 해서 똑똑해져야지. 그래야 생태공원 자문 노릇 제대로 허지. 안 그러냐?
윤지원	(웃는) 지금처럼만 하시면 돼. 조심히 다녀오세요, 할아버지!
윤재호	그래. 춥다, 어서 들어가.

손을 들어 인사하고 승합차를 향해 가는 윤재호. 가다가 뭔가 생각난 듯 얼른 몸을 돌려 다시 윤지원에게 온다.

윤지원	왜요, 할아버지? 뭐 두고 가신 거 있어?
윤재호	어, 저기 (하다가 갑자기 말문이 막히는) 너한테 할 말이 있었는데? 고 몇 걸음 오는 새 까먹었다야...
윤지원	(애써 웃는) 그럴 수 있어. 무슨 얘기 하시려고 했을까?
윤재호	(기억해 내려 애쓰지만 떠오르지 않는다)
윤지원	(얼른) 저녁때 맛있는 거 먹으러 가자?
윤재호	아닌데.
윤지원	음... 문단속 잘하고 있어라?
윤재호	그건 아까 나올 때 말했잖아.
윤지원	맞아. 그러면... 아? 나 용돈 주시려고?
윤재호	(씩 웃고) 아냐! 분명히 중요한 할 말이 생각났었는데. 하, 이것 참. (시무룩해지면)
윤지원	아깝다. 그럼, (하다가 윤재호 보며 환하게 웃고) 그러면 그냥. 이걸로 하자.
윤재호	뭐로?
윤지원	나 사랑한다는 말 하려고 오신 걸로.
윤재호	...에이.
윤지원	어? 할아버지 나 안 사랑해?
윤재호	사랑하지! 우리 손녀 세상에서 내가 제일 사랑하지.
윤지원	나두.

윤재호   (어쩔 수 없다는 듯 웃는) 그래. 그 말 하러 온 걸로 하자.
         다른 건 다 잊어도, 그건 내가 잊으면 안 되니까. 할애비, 간다.

         윤재호, 다시 걸음을 옮기고, 윤지원, 그 뒷모습을 오래 보고 서 있다.

#66. 사택. 윤지원의 방. 낮

         추운 듯 양손을 비비며 들어오는 윤지원. 책상에 놓인 핸드폰을 들어
         서 본다.

윤지원   (중얼거리는) 이 자식 봐라. 점점 연락이 뜸해져?

         전화를 거는 윤지원. 〈고객님의 전화기가 꺼져 있어 소리샘으로 연
         결됩니다〉 안내 멘트가 나오면 삐죽이며 끊고 침대에 툭 핸드폰을 내
         려놓는다.

#67. 상동. 밤

         손에 핸드폰을 꼭 쥐고, 잠든 윤지원. 잠에서 깨어난다.
         눈뜨자마자 핸드폰을 확인하고는 벌떡 몸을 일으키는.

윤지원   보자 보자 하니까, 심지어 전화를 다시 하지도 않아?
         (다시 걸며) 아주 가기 싫다고 찡찡댈 땐 언제고...

         여전히 꺼져 있다는 메시지 나오면, 슬슬 걱정이 된다.
         초조한 얼굴로 방 안을 서성이다가 문득 창으로 눈이 가는 윤지원.
         다가가 커튼을 확 걷어보면, 하얗게 눈이 내리고 있다.

심란한 얼굴로 내리는 눈을 보는 윤지원에서.

#68. 라일락 벤치. 밤

멍하니 앉아있는 윤지원. 눈이 내리는 하늘을 원망스레 올려다본다.

윤지원 (중얼) 첫눈이네. 석지원 오고 나서 내리지.
일기예보는 맨날 틀리기만 하더니 웃긴다, 진짜!

허탈하게 웃는다. 천천히 일어나 여느 때처럼 집으로 가는 방향으로
몇 걸음 걷던 윤지원. 문득 멈춰서 생각에 잠겼다가,
몸을 돌려 반대 방향으로 걸어가는 데서.

#69. 남산 타워. 밤

1회 #1.과 같은 장소. 윤지원 내가 왜 여기? 하는 얼굴로 서 있다.
하얗게 눈이 내리는 서울 시내를 내려다보다가, 천천히 몸을 돌려 그
날과 같은 벤치에 털썩 앉는다. 너무 춥다.

#70. 매점 앞. 밤

따뜻한 커피 하나를 들고 나오는 윤지원. 코를 훌쩍인다.

윤지원 무슨 청승이냐... 집에나 가자.

착잡한 얼굴로 걸음을 옮기는데, 울리는 전화벨.

커피를 대충 내려놓고 번개처럼 주머니에서 핸드폰을 꺼내서 보면, 석지원이다.

안심하면서도 미워서 받지 않고 잠시 보다가 받는 윤지원.

윤지원   (퉁명스럽게) 살아계셨네요?
석지원(F) (작게 웃는) 뭐 해?
윤지원   알아서 뭐 하시게? 뉴질랜드에 있는 주제에.
석지원(F) 지금, 여기... 눈 온다. 지원아.
윤지원   누굴 바보로 아나. 거기 지금 여름이잖아! 무슨 눈이 온...

하는데, 저 멀리 벤치 앞에 등을 돌리고 서 있는 누군가의 실루엣이 보인다.

눈을 가늘게 뜨고 보는 윤지원. 핸드폰을 끊고 빠르게 걷기 시작한다.

#71. 남산 타워. 밤

벤치를 향해 걷고 있는 윤지원. 상기된 얼굴이다. 그 위로,

윤지원(N) 우리는 자주 어긋났고.

인서트 > 3회 #71. 남산 타워 앞 광장. 밤 (과거)
희미한 가로등만 두어 개 켜져 있는 광장. 눈이 내린다.
사랑의 자물쇠들이 달린 철조망 앞 벤치에 윤지원이 앉아 있다.
윤지원, 울고 있다. 이를 악물고 참아보지만, 눈물이 멈추지 않고.
머리며 어깨, 발등에 속절없이 눈이 쌓여간다.

인서트 > 3회 #70. 윤지원의 집 담벼락. 밤 (과거)
입술을 깨물고, 석지원이 마지막 돌멩이를 던지는데 그 순간,

윤지원의 방 불이 무심하게 툭 꺼진다. 깜깜한 창에 힘없이 닿았다가
떨어지는 돌.
석지원 믿을 수 없다는 듯 보다가, 무너지듯 담벼락에 주저앉는다.
양손으로 눈을 가리고 눈물을 참아보지만 곧 어깨를 들썩이며 서럽게
운다.

윤지원의 걸음이 점점 빨라진다.

윤지원(N) 그리움을 말할 수 없는 날이 길었다.

　　　인서트 > 4회 #31. 병원 옥상. 밤 (과거)
　　　난간에 앉은 윤지원.

　　윤지원　　*(가만 생각한다)* 그럴 수 있겠다. 나도 그런 거 있어요.
　　　　　　　좋은데 밉고, 보고 싶은데 보기 싫은 새끼.

　　　인서트 > 4회 #71. 병원 옥상. 밤 (과거)
　　　윤지원과 공문수를 동시에 뒤로 잡아채는 석지원.
　　　공문수, 맥주 캔과 함께 나뒹굴며 스르르 눈을 감고. 비명을 지르는 윤
　　　지원의 등을 양팔로 받치며 받아내는 석지원. 거친 숨을 내쉰다.

　　　벤치를 향해 아예 달리고 있는 윤지원.
　　　긴 코트를 입고 돌아선 사람은 석지원이다.
　　　윤지원이 다다를 때쯤 인기척을 느낀 듯 천천히 몸을 돌리는 석지원.
　　　윤지원, 그대로 달려가 석지원에게 안긴다.
　　　놀라지도 않고 윤지원을 안아주며 행복하게 웃는 석지원.

　　윤지원　　어떻게 왔어! 이렇게 일찍?
　　석지원　　*(씩 웃고)* 잠을 좀 덜 잤어. 일기예보를 봤는데, 눈이 온다잖아.

이번에는 절대로 니가 나 기다리게 하고 싶지 않았거든.

석지원 주섬주섬 뭔가를 꺼내 윤지원의 목에 툭 둘러준다. 보면 서툰 솜씨로 직접 짠 빨간 목도리다. 놀라 눈을 동그랗게 뜨는 윤지원.

석지원   그때 꼭 주고 싶었는데 못 준 거.

윤지원(N) 오래전 나눈 작은 약속은 먼 길을 돌아 내게 닿았고.

   인서트> 도서관 휴게실. 밤 (과거, 여름)
   윤지원   *우리 생일은 겨울인데 무슨 벌써 선물을 물어?*
   윤지원   *그럼 목도리. 빨간색으로, 직접 떠서 줘.*

석지원   (긁적이며) 눈이 너무 빨리 오는 바람에, 아직 좀 짧아.

윤지원(N) 때론 다르게 기억하는 날들도 있지만.

   인서트 > 유치원 정원. 낮 (과거) (11회 #1.)
   석지원   *나 윤지원이랑 결혼 안 해! 난 김지수랑 결혼할 거야!*
            윤지원 싫어요, 선생님!!

   버둥거리는 석지원을 어이가 없다는 듯 내려다보는 윤지원.

   윤지원   *야 석지원! 이거 진짜로 하는 것도 아닌데 진짜 이럴래? 니가*
            애야?
   석지원   *(듣지 않고 계속 울며) 윤지원이랑 결혼하기 싫어요오...*

   와르르 웃는 하객들. 뒤로 선 학부모들도 웃음을 터뜨린다.
   달려와 석지원을 일으키며 달래는 선생님. 윤지원 하객 탁자 위에 놓인 요구르트 하나를 거칠게 뜯어 원샷하며.

윤지원   (노려보며) 바보 멍청이...

그러다 결심한 듯, 저벅저벅 석지원한테 가는 윤지원. 눈물을 매달고
훌쩍대는 석지원의 양쪽 귀를 야무지게 잡고 볼에 쪽 입을 맞춘다.

윤지원   난! 너 좋아. 그러니까 김지수 말고 나랑 결혼해. 무조건!
석지원   (눈 커진 채 멍하니 보고만 있다)

엉성한 목도리를 하고 행복하게 웃는 윤지원. 석지원 그런 윤지원의
입술에 짧게 입을 맞춘다. 두 사람의 머리 위로, 흰 눈이 하염없이 내
린다.

윤지원(N) 하지만 분명한 건 서로 모르는 게 있어도, 기억하지 못해도
         오랫동안 어긋나고 먼 길을 돌아왔어도 우리는, 우리는...

윤지원   보고 싶었어, 석지원.
석지원   나도 사랑해, 윤지원.

더 없이 사랑으로 가득 차, 서로만을 바라보는 두 사람의 얼굴에서.

사랑은 외나무다리에서 12회 끝.

에필로그

처음과 끝, 그리고 언제나

1. 봄.

#1. 차 안. 낮

도로를 시원하게 달리는 차.
둘 다 하얀 슈트 차림으로 나란히 앉은 윤지원과 석지원.
긴장한 얼굴의 윤지원, 저도 모르게 손에 든 부케의 꽃잎을 하나씩 뜯고 있다.
보다가 씩 웃으며 그 손을 잡아주는 석지원.

석지원　떨려?

윤지원　(고개 휙 돌려 보며) 그러니까! 대체 왜 떨리지, 나?

　　　　이게 뭐라고? 어젯밤에 한숨도 못 잤어.

　　　　할아버지 얼굴만 봐도 울 것 같고.

석지원　(불쑥) 지원아, 우리 웨딩홀에 샹들리에가 몇 개 달려 있었더라?

윤지원　갑자기 그건 왜? 3개 아닌가?

석지원　(고개 저으며) 아닌데. 내 기억에는 분명 4갠데.

윤지원　3개야. 내가 분명히 봤어. 근데 지금 그게 중요한 게 아니고 우리 나올

	때 뭐 다 챙겼나? 여권! 여권 챙겼어, 너?
석지원	우리 내기할까? 샹들리에 3갠지 4갠지? 분명 4개였어.
윤지원	뭐? 이 상황에서 무슨 얼어 죽을 내기야... 여권 챙겼냐니까?
석지원	안 해? 오... 겁나나 보네, 질까 봐.
윤지원	(발끈해서) 지긴 누가! (하다가 그제야 석지원 보며 픽 웃는)
석지원	해, 말어?
윤지원	해! 누가 뭐 겁나? 내 말대로 3개면 어쩔래?
석지원	어쩔까?
윤지원	(생각하다가) 설거지 니가 다 해라. 1년 동안.
석지원	평생도 하지. (고개 삐딱하게 보며) 그럼 내가 이기면...
윤지원	...이기면 뭐 할 건데?
석지원	나는 이따 결혼식에서 이제껏 없었던, 전무후무한, 그 누구도 듣도 보도 못한,
윤지원	....못한?
석지원	(씩 웃고) 최고로 찐하고 야한 키스를 할 거야.
윤지원	미친.

운전을 하고 있던 이기하, 저도 모르게.

이기하	(동시에 중얼) 미친... (하다가 화들짝) 아유 죄송합니다, 전무님!
석지원	어때? 긴장이 좀 풀리지?
윤지원	예. 아주 고오맙습니다. 이런저런 생각에 괜히 울컥했는데 내가 이런 미친놈이랑 결혼을 한다는 생각에 눈물이 쏙 들어간다야. 떨려 죽겠는데 뭐가 어째? 키스가 어째?
석지원	(아랑곳하지 않고 입술을 깨물며) 프렌치...

어이가 없다는 듯 고개를 젓는 윤지원과 의기양양하게 웃고 있는 석지원.
창밖은 벚꽃이 흐드러지게 핀, 온통 봄이다.

#2. 결혼식장. 낮

성혼선언문을 읽는 윤재호. 살짝 눈물이 고여 있지만 미소를 띠고 있다.

윤재호　에... 끝으로 두 사람의 앞날에 항상 행복과 기쁨만이...
　　　　있을 수는 없습니다. 세상살이가 그래요.
　　　　하지만 가끔 닥쳐오는 고통과 슬픔이 있더라도 지금처럼 서로를 아끼
　　　　고 사랑하는 마음으로 씩씩하게 헤쳐 나가길 바라며,
　　　　이 좋은 봄날, 내 사랑하는 손녀와 손녀사위...
　　　　두 사람의 성혼을 선언합니다.

　　　　하객들의 박수가 터진다.
　　　　윤재호 윤지원과 눈이 마주치면, 둘 누가 먼저랄 것도 없이 서로를 향
　　　　해 행복한 얼굴로 활짝 웃어주는.
　　　　석지원과 윤지원, 윤재호에게 깊이 허리를 숙여 인사를 한다.
　　　　사회자로 선 이기하가 웨딩홀 천장을 쳐다본다.
　　　　동시에 윤지원과 석지원 역시 시선을 올리면 늠름하게 자리 잡은 4개
　　　　의 샹들리에.
　　　　윤지원 작게 한숨을 내쉬다 슬쩍 옆을 보면, 석지원 태연한 얼굴이다.

이기하　(침을 꿀꺽 삼키고) 이제 신랑, 신부가 인생의 새로운 출발을 위해 힘
　　　　찬 행진을 시작하겠습니다.
　　　　다시 한번 뜨거운 박수로 성원해 주시기 바랍니다.

　　　　그 위로 울려 퍼지는 결혼 행진곡.

#3. 상동. 낮

사람들의 환호 속에서 나란히 행진 중인 석지원과 윤지원.
둘 다 은은한 미소를 띠고 있지만.

윤지원   (입만 움직여서) 너 진짜 장난치면 죽어.
석지원   (다정하게) 행복하게 잘 살자. 내가 잘할게.
윤지원   우리 반 애들도 왔어. 키스 말고 다른 거, 니가 시키는 거 다 할게.
석지원   (얄밉게) 응, 나도 사랑해.

이윽고 행진을 끝내고 서는 둘. 그 앞에 카메라를 든 사진작가가 온다.

사진사   자, 이제 두 분 마주 보시고, 제가 하나, 둘, 셋 하면 살짝 입 맞춰주시
         면 됩니다.
이기하   (사회자석에서 아련하게 울리는 목소리로) 예... 살짝이랍니다. 살짝...

윤지원, 긴장해서 석지원을 보면, 천천히 다가오는 석지원의 얼굴.
팔을 뻗어 윤지원의 허리를 감싸고 확 잡아당긴다.
안 된다고 짐짓 엄한 표정으로 살짝 고개를 젓는 윤지원.
커지는 환호 속에서 석지원, 장난스럽게 확 다가왔다가,
이내 다정하게 윤지원에게 살짝 입을 맞춘다.
윤지원, 입술을 맞댄 채 행복하게 웃는다.
쏟아져 내리는 꽃가루 속에서 키스하는 두 사람에서.

2. 여름.

#4. 거실. 밤

윤지원과 석지원의 집. 고층 아파트의 불이 꺼진 깜깜한 거실이다.
창문이 죄다 열려 있지만 한 점의 바람도 불지 않는다. 끈적한 열기만

이 가득하다.

소파에 다리를 올리고 바닥에 누워 있는 윤지원.

더위에 한껏 지친 얼굴이다. 핸드폰 플래시를 조명처럼 켜놨다.

옆에는 동작을 멈춘 선풍기가 놓여있고, 거실 한편 에어컨도 굳게 입을 다물었다.

그 옆으로 작은 그릇을 들고 와 앉는 석지원. 역시나 더위에 지친 표정이다.

윤지원 정전 이거 언제 끝나냐...
석지원 (그릇 속에서 얼음 몇 개를 꺼내서) 다 녹고 이거 남았어.

윤지원, 힘없이 입을 벌리면, 석지원 얼음을 먹여주려다가, 멈칫하더니 사악한 표정으로 웃고는 윤지원의 옷을 들쳐 얼음을 와르르 쏟는다.

아 차거! 비명을 지르며 일어나는 윤지원.

석지원 시원하지?!
윤지원 너, 일루 와!

도망치려는 석지원을 붙잡고 늘어지는 윤지원. 둘 바닥으로 나뒹군다.

윤지원 몸을 굴려 벗어나려는 석지원을 당겨 억지로 껴안고 버틴다.

석지원 아유 더워!
윤지원 복수다!

어둠 속에서 눈이 마주치면 동시에 웃음이 터진다.

석지원 덥지 너도?
윤지원 어. 뭐 그래서, 그만할까?
석지원 (더 껴안으며) 싫은데.

윤지원, 만족스럽다는 듯 웃으며 석지원의 몸에 다리까지 척 올리는.
때마침 창으로 미지근한 바람이 슬며시 불어 든다.
뜨겁고 고요한 여름밤 서로에게 엉겨 붙어, 덥고 행복한 두 사람의 모
습에서.

3. 가을과 겨울.

#5. 거리. 낮
~~~~~~~~

가을이 완연한 거리. 아주 커다란 장미 꽃다발을 양손으로 껴안은 윤
지원과 잔뜩 신이 난 석지원이 나란히 걷고 있다.
윤지원은 꽃다발에 가려져 얼굴이 거의 보이지 않을 지경이다.

윤지원 너 이거 얼마 주고 샀어? 몇 송이야, 이게 다?
석지원 몰라. 꽃집에 있는 거 죄다 쓸어와서.
윤지원 (삐죽 웃으며) 하여간 주책바가지...
석지원 자기야, 이게 왜 주책이야? 우리 베이비가 생긴 걸 축하하는 내 마음을
    표현하기에는 이 꽃다발도 작아. 너무 작다고. 티끌만 해.
윤지원 (고개 저으며) 그래서 뭘 더 준다는 거야?
석지원 (보고 방긋 웃는) 실은 우리 생일에 짠- 하고 싶었는데 못 참겠어서.
    다 와 가.
윤지원 아이구, 뭔데 또 이렇게 잔뜩 폼을 잡으실까...

하는데, 둘의 곁으로 스쿠터 한 대가 천천히 지난다.
석지원, 화들짝 놀라 눈이 커다래지며, 황급히 윤지원을 잡아 보호하
듯 등 뒤로 돌려 숨기는데.
평화롭게 가던 스쿠터 운전자가 이상하다는 듯 석지원을 보며 지나간다.
머쓱한 얼굴로 뒤를 돌아보다가, 경악하는.

보면 꽃다발과 함께 바닥에 주저앉아 어이없다는 얼굴로 올려다보고
있는 윤지원.
호들갑을 떨며 일으키는 석지원과 벌써 피곤한 듯 지그시 눈을 감는
윤지원.

#6. 집 앞·낮

작은 정원이 딸린 이층집이 한창 지어지는 중이다.
그 앞에 놀란 얼굴로 서 있는 윤지원과 뿌듯한 얼굴의 석지원 나란히
서 있다.
손가락으로 정원 한편을 가리키는 석지원.
보면 라일락 나무가 한 그루 서 있다.

석지원   내년 봄에 같이 라일락꽃 피는 거 보자, 여기서.
윤지원   (보면)
석지원   옆엔 그네도 하나 걸까? 날 좋으면 거기 앉아서 쉬게.
         같이 낙엽도 쓸고, 눈 오면 눈사람도 만드는 거야.
윤지원   (눈물이 반짝하는데 활짝 웃는다) 야, 석지원.
석지원   (눈을 맞추며) 평생 그렇게 살자. 알았지?

         윤지원, 뭔가 말하려다가 울컥해 입을 다물면,
         석지원, 윤지원의 어깨를 다정하게 감싸안으며.

석지원   알아, 윤지원. 나도 사랑해.

         두 사람, 반쯤 지어진 집을 올려다본다.

#7. 윤지원과 석지원의 집 전경

시간이 빠르게 흐르면서 집이 완성되고, 잔디가 자라고,
라일락 나무는 만개했다가 지고, 다시 핀다.
그렇게 몇 번의 사계절이 빠르게 흘러간다.

4. 그리고 다시, 봄.

#8. 정원. 낮

활짝 핀 라일락 나무 아래, 윤지원과 석지원.
그리고 여섯 살 딸이 둥글게 모여 앉아 있다. 셋 다 심각한 얼굴이다.

윤지원   석지우, 자꾸 유치원에서 싸우고 다닐 거야?
석지우   응! 다닐 거야. 지우 잘못한 거 없어. 우진이가 먼저 하율이 장난감 몰
          래 가져갔다니까?
윤지원   그래 그건 아는데, 그래도 우진이 울 때까지 뭐라 그러면 어떡해.
          선생님께 말씀...
석지우   (답답한) 선생님이 혼내도 우진이는 정신 못 차려!
윤지원   그걸 왜 니가 판단해!
석지우   (갸웃하는) 판단이 뭐야, 엄마?
윤지원   (지친) 그게 뭐냐면..
석지원   (윤지원 말리고) 지우야 근데, 니 장난감도 아닌데 굳이 왜 니가...
석지우   친구 장난감 뺏으면 나빠. 내 꺼 아니어도 지우는 하율이 도와줄 거야.
          그래야 한다고 했어.
석지원   (씩 웃는) 그건 또 그게 맞긴 해. 근데 누가 그렇게 가르쳐줬어?
석지우   (윤지원 본다) 엄마!!
윤지원   (할 말이 없고)

석지원	지우야 그래도 그런 일이 생기면 무조건 선생님께 말씀드려야 돼.
	친구 화장실로 불려가지고 울 때까지 쏘아붙이면 안 되고.
	큰일 나. 알았지?
석지우	(고민하다가) ...알았어.
석지원	(새끼손가락 내밀며) 약속.
석지우	(마지못해 걸며) 약속.
윤지원	(보다가, 푸념처럼) 하... 얜 누굴 닮아서...
석지원	(어이가 없는) 지원아? 완전히 똑같거든?
윤지원	뭐가?
석지원	너 어릴 때랑 완전히 똑같다고. 모르겠어?

윤지원, 흠칫 놀라 고개 돌려보면, 천진한 얼굴로 윤지원을 빤히 보고 있는 지우.
윤지원 한숨을 내쉬며 이마를 탁 짚는다.

윤지원	(석지원 보며) 너 나 땜에 진짜 고생 많았겠구나.
석지원	이제 알아주는 거야?
윤지원	사과한다.
석지원	말로만?

윤지원, 그대로 석지원의 얼굴을 양손으로 잡고 볼에 쪽 소리가 나게 뽀뽀를 한다.
배시시 웃는 석지원.

윤지원	됐지?
석지원	고작? 세월이 얼만데 사과가 짜다, 짜.
윤지원	어쭈?

바짝 붙어 앉으며 석지원의 얼굴 여기저기에 연거푸 입을 맞추는 윤

지원.

그런 윤지원과 석지원을 보다가, 질색하며 돌아앉는 지우.

그런 딸을 보며 웃음을 터뜨리는 두 사람.

지우를 돌려 앉히고 둘이 번갈아 가며 뽀뽀를 퍼붓는다.

행복한 세 사람의 모습 위로, 라일락 꽃잎들이 떨어지며 넘실거린다.

그들의 어느 봄날을 오래 비추며.

사랑은 외나무다리에서 에필로그 끝.

작가의 말

지망생 시절 제게 글을 가르쳐주신 선생님께서 하신 말씀이 있었습니다.
작가가 되면 생각보다 시간이 많이 없으니, 지금부터 서랍을 많이 채워두어라.

그때의 저는, 작가가 안 될 확률이 훨씬 높았던 초보 지망생이었지만
그래서 더욱 호기롭게 온갖 상상과 문장과 인물들을 서랍 속에 던져놓았고
이 드라마는, 작고 어지럽던 제 서랍의 아마도 가장 아래에 있던 이야기였습니다.

말하기 쑥스럽지만 그... 첫사랑 같은.

서툴고 삐뚠 글씨가 드문드문 적힌 빈약한 첫사랑을 드라마로 쓰기로 결심한 후,
틈만 나면 작업실이 있던 합정동 거리를 무작정 걸었습니다.
그렇게 같은 이름을 가진 두 사람을 떠올렸고, 그들이 태어나고 자라고
사랑하고 이별한 마을을 그렸습니다.

하지만 첫사랑은 이루어지지 않는다는 얄궂은 명제처럼
대본은 때로 제 맘도 모르고 멋대로 흘러가기도 했고, 제가 만들었음에도
인물들을 이해하느라 밤을 새우는 날이 많았습니다.

그래도 결국은 좋은 분들을 만나 모두의 노력으로 서랍 속 짧은 메모가
하나의 드라마가 될 수 있었습니다. 그리고 소중한 대본집까지 발간되어
더없이 기쁘고 부끄럽습니다.

이 자리를 빌려 모두에게 감사를 전합니다.

지인과 한탄처럼 이런 농담을 나눈 적이 있습니다.
서른 장의 한 회 대본을 쓴다고 치면 28장은 죽을 만큼 힘들고 외롭다가
2장 정도, 아주 잠시 찌르르한 기쁨과 만족을 느끼는 것 같다고요.
뭐 제 필력이 미천한 탓이겠지만요..^^

그럼에도 불구하고 저는 드라마를 아주 좋아합니다.
지금은 촌스럽고 오그라든다는 말로 치부되기 일쑤지만,
그래도 드라마를 통해서 희망과 화해, 그리고 결국 인간을 가장 인간답게 만드는
'사랑'을 맘껏 이야기할 수 있기 때문입니다.

그리고 이 드라마를 통해, 누구라도 그런 저의 진심을 알아봐 준다면,
그리고 잠깐의 행복과 즐거움을 느끼신다면 더없이 기쁘겠습니다.

〈사랑은 외나무다리에서〉를 예뻐해 주신 모든 분께 감사드리며
여러분의 나날이 언제나 향기로운 봄날이기를 바랍니다.
감사합니다.

2024. 12.

배우 친필 사인

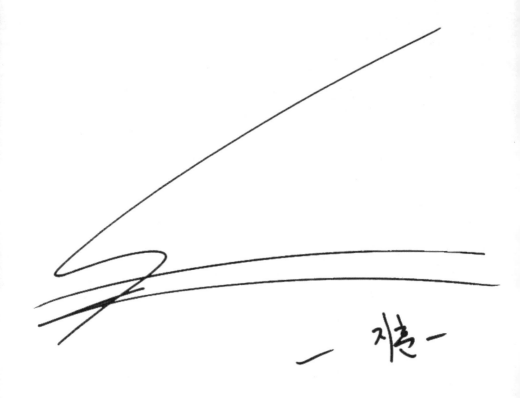

— 지훈 —

"다사다난한 한 해 보내며 저희 드라마 보시면서 따뜻함을 느끼셨다면 좋겠습니다.

함께한 모든 스태프, 배우분들과 끝까지 시청해 주신 시청자 여러분께 감사드립니다."

사랑은 외나무다리에서를 좋아해 주셔서 고맙습니다!

네 아픔 속 걸음을
외나무다리에서 마주치길...

오예주

풋풋함과 유쾌함으로 마음의 쉼을
느꼈을 작품이었길 바랍니다 - ♡
윤지 , 석지 영원하라 !! ><

이시수

사 . 외 . 다와 함께
웃음과 온기가 가득하셨길♡
문수도 잘 지내~!

윤라 성채령
예쁘고 소중한 사랑하세요 :)
자녀도 부디 그러하길 ♡
            김 예원 ❀

L.V.V.E

석지원에게

너를 저주해

니 남은 평생이 내내 불행하길 빌거야

길을 걸으면 세 걸음마다 넘어지길

원하는 대학은 전부 다 떨어지길

친구 하나 없이 외롭고 심심하길

맨날 감기로 골골대길

아무리 저주를 퍼부어도 분이 하나도 안 풀린다

사실은 그냥 나가 보고 싶어

그러니까 언젠가

세상의 모든 불운과 불행을 떠안고라도 나에게 와줘

석지원

석지원에게 - 오예주 배우 친필 편지

나한테 너는, 태어나 보니 옆에 있었고
엄마가 놀지 말라는데 놀고 싶었고
너만 이기면 된다는데 져도 상관없었고
만나면 싸우기만 하는데, 안 보면... 보고 싶었어.

우리는 자주 어긋났고
그리움을 말할 수 없는 날이 길었다.
하지만 분명한 건 서로 모르는 게 있어도, 기억하지 못해도
오랫동안 어긋나고 먼 길을 돌아왔어도 우리는, 우리는...

보고 싶었어, 석지원

나도 사랑해, 윤지원